Literaturwissen

für Schule und Studium

William Shakespeare

Von Reiner Poppe

Philipp Reclam jun. Stuttgart

Mit 15 Abbildungen und Schaubildern

Universal-Bibliothek Nr. 15224
Alle Rechte vorbehalten
© 2000 Philipp Reclam jun. GmbH & Co., Stuttgart
Umschlagabbildung: William Shakespeare.
Porträt von Martin Droeshout
Titelseite der Folio-Ausgabe von 1623
Gesamtherstellung: Reclam, Ditzingen. Printed in Germany 2000
RECLAM und UNIVERSAL-BIBLIOTHEK sind eingetragene Marken
der Philipp Reclam jun. GmbH & Co., Stuttgart
ISBN 3-15-015224-0

Inhalt

I. Zeittafel

1558 **Elisabeth I.**, Tochter Heinrichs VIII., wird englische Königin. Sie ermöglicht im Laufe ihrer Regentschaft eine bedeutende wirtschaftliche und kulturelle Blütezeit in England, die als das **Elisabethanische Zeitalter** in die Geschichte eingeht.

1561 Maria Stuart kehrt nach Schottland zurück und beansprucht den englischen Thron für sich.

1562 Beginn der Hugenottenkriege in Frankreich; dadurch fortgesetzte Glaubenskämpfe in Europa und in England.

1563 Piratenstreich englischer Seeräuber, die mehrere Hundert französische Schiffe im Kanal kapern.

1564 **William Shakespeare** wird am 26. April in **Stratford-on-Avon** getauft; Geburt wahrscheinlich am 23. April. – Christopher Marlowe, neben William Shakespeare der berühmteste englische Dramatiker des späten 16. Jahrhunderts, wird am 26. Februar in Canterbury getauft.

1565 Aufstände in den Niederlanden unter Führung Wilhelm von Oraniens und des Grafen Egmont gegen die spanische Herrschaft.

1566 Maria Stuarts Sohn Jakob geboren; er regiert ab 1603 als Nachfolger von Königin Elisabeth I. – John Shakespeare, Williams Vater, wird Ratsmitglied in Stratford.

1567 Calvinistischer Bildersturm in den Niederlanden. In England stellt sich die Reformierte Kirche gegen die Bischofsverfassung der Anglikanischen Kirche. – Maria Stuart wird in Schottland zur Abdankung gezwungen. – London hat mit dem »*Red Lion*« ein erstes festes Theater. – Gilbert Shakespeare wird am 13. Oktober getauft.

1568 Flucht Maria Stuarts zu Königin Elisabeth I.; sie wird in England gefangen genommen. – John Shakespeare wird Bürgermeister von Stratford. – In den Niederlanden werden Graf Hoorn und Graf Egmont hingerichtet.

1569 Joan Shakespeare wird am 15. April getauft.

1572 Bartholomäusnacht in Frankreich, in der Tausende von Protestanten niedergemetzelt werden. Anne Shakespeare am 28. September getauft. – John Shakespeare mehrfach vor Gericht (vgl. II. Autor und Werk).

1573 Henry Wriothesley, Graf von Southampton, geboren (vgl. III,6, *The Sonnets*).

1574 Richard Shakespeare wird am 11. März getauft.

1575 Der Protestantismus erreicht in Österreich seinen Höhepunkt; Gegenreformation. – Großstädte: Paris (300 000 Einwohner), London (180 000 E.), Köln (35 000 E.). Jakob wird König von Schottland.

1576 John Shakespeare beantragt die Erteilung eines Familienwappens und die Anerkennung als »gentleman«; beides wird ihm verweigert.

1577 Elisabeth I. gibt dem Weltumsegler und Abenteurer John Drake alle Handlungsfreiheiten, den spanischen Welthandel zu stören. – John Shakespeare nimmt nicht mehr an Ratssitzungen teil. Finanzielle Krise der Familie.

1579 Tod und Begräbnis Anne Shakespeares am 4. April.

1580 Edmund Shakespeare wird am 3. Mai getauft.

1581 Die Niederlande fallen unter Führung Wilhelm von Oraniens endgültig von Spanien ab. **William Shakespeare heiratet Anne Hathaway** aus Stratford (Ende November), die mit 26 Jahren nicht nur älter als ihr Bräutigam, sondern für damalige Verhältnisse eine »späte« Braut ist. – Über die Schulzeit und die Jahre danach bis zur Hochzeit ist aus dem Leben William Shakespeares nichts Zuverlässiges überliefert.

1583 Das erste Kind, Tochter **Susanna**, wird am 26. Mai getauft. – Neufundland wird englische Kolonie.

1584 Wilhelm von Oranien wird ermordet. – Sir Walter Raleigh gründet erste Niederlassungen in »Virginia«.

1585 Krieg zwischen England und Spanien. – Die Zwillinge **Hamnet** und **Judith** Shakespeare werden am 2. Februar getauft. Wenig gesicherte Kenntnis über William Shakespeare in diesem und den folgenden Jahren. Er verlässt aus persönlichen Gründen (wahrscheinlich nach einem Streit mit einem gewissen Sir Thomas Lucy) Stratford und geht nach **London**. Vielfältige Tätigkeiten; Schauspieler und Bühnenautor.

1587 Maria Stuart wird hingerichtet wegen des Verdachts, an einem Umsturzkomplott gegen Königin Elisabeth I. beteiligt zu sein. – Christopher Marlowes *Tamburlaine* (Drama) erscheint. – William Shakespeare arbeitet an verschiedenen Gedichten und Bühnenstücken.

1588 Die englische Flotte besiegt die spanische »Armada«. Beginn der englischen Vorherrschaft auf See. – Uraufführung eines weiteren Stückes von Marlowe, *The Tragicall History of D. Faustus*.

1589 *Titus Andronicus*, *Henry VI* und *The Taming of the Shrew* (Der Widerspenstigen Zähmung) leiten Shakespeares Londoner Bühnenerfolge ein.

1590 *The Comedy of Errors* (Komödie der Irrungen), *The Two Gentlemen of Verona* (Die zwei Herren aus Verona).

1591 *King John* (König John), *Romeo and Juliet* (Romeo und Julia).

1592 John Shakespeare verliert weitere Reputation wegen Nichtteilnahme am Gottesdienst (Anzeige). – Robert Greene (1558–92) schreibt ein Pamphlet gegen William Shakespeare, der sich in London inzwischen einen Namen gemacht hat. – Pest in London. Die Londoner Schauspielhäuser werden geschlossen.

1593 *Venus and Adonis* (Venus und Adonis), *Love's La-*

bour's Lost (Verlorene Liebesmühe); vermutlicher Beginn der Arbeit an den *Sonnets* (Sonetten). – Tod Christopher Marlowes durch einen tödlichen Messerstich.

1594 William Shakespeare Gründungsmitglied der »*Lord Chamberlain's Men*«, einer professionellen Theatertruppe. – Die Theater werden wieder geöffnet. – *The Rape of Lucrece* (Der Raub der Lukretia), *A Midsummer Night's Dream* (Ein Sommernachtstraum), *King Richard II.* (Richard II).

1596 Tod und Begräbnis von **Hamnet** Shakespeare am 11. August. – William Shakespeare wird die Erlaubnis erteilt, ein Familienwappen zu führen. Der Wappenspruch lautet: *Not Without Right.* Adelspatent für ihn und seinen Vater John. – *The Merchant of Venice* (Der Kaufmann von Venedig), *King Henry IV* (Heinrich IV.).

1597 England weist zusammen mit den Niederlanden erfolgreich Spaniens gegenreformatorische Bestrebungen ab. – William Shakespeare legt Geld durch den Kauf von mehreren Wohn- und Nutzgebäuden in Stratford an. *The Merry Wives of Windsor* (Die lustigen Weiber von Windsor.)

1598 Religionsfreiheit in Frankreich durch das Edikt von Nantes. Tod Philipps II. von Spanien. – Unruhen in Irland. – *Much Ado About Nothing* (Viel Lärm um nichts), *As You Like It* (Wie es euch gefällt).

1599 Eröffnung des »*Globe Theatre*«. William Shakespeare wird Teilhaber. *Henry V* (Heinrich V.), *Julius Caesar*, *Hamlet*. Beginn eines erfolgreichen und sehr produktiven Lebensabschnitts für den Dramatiker und Geschäftsmann William Shakespeare.

1600 *Twelfth Night, or What You Will.* (Was ihr wollt).

1601 John Shakespeares Tod; Begräbnis am 8. September. – *Troilus and Cressida* (Troilus und Cressida), *All's Well That Ends Well* (Ende gut, alles gut).

1602 William Shakespeare erwirbt weiteren Landbesitz in Stratford und Umgebung.

1603 **Tod Königin Elisabeths I. Ihr Nachfolger wird Jakob I.** – Umbenennung der »*Chamberlain's Men*« in »*King's Men*«. – **Othello, the Moor of Venice**, (Othello), **Measure for Measure** (Maß für Maß).

1605 Verschwörung in England gegen das Parlament und den König scheitert. – **King Lear** (König Lear), **Timon of Athens** (Timon von Athen), **Coriolanus** (Coriolan).

1606 Denunziation Susanna Shakespeares wegen Nichtteilnahme am Gottesdienst. – **Macbeth** (Macbeth), **Antony and Cleopatra** (Antonius und Cleopatra), **Pericles, Prince of Tyre** (Perikles).

1607 Tabakkulturen, Sklavenhaltung in Virginia. – Tod und Begräbnis Edmund Shakespeares in London (31. Dezember). – Hochzeit der Susanna Shakespeare mit Dr. John Hall in Stratford.

1608 Das »*Blackfriars*«-Theater in London geht über in die Hände der »*King's Men*«. – Shakespeares Mutter wird am 9. September in Stratford begraben. – **Cymbeline** (Cymbeline).

1609 Waffenstillstand zwischen den Niederlanden und Spanien. – Druck der **Sonnets** (Sonette).

1610 Ludwig XIII. König von Frankreich. – **The Winter's Tale** (Das Wintermärchen), **The Tempest** (Der Sturm). – William Shakespeare zieht sich aus der Londoner Theaterszene zurück.

1611 Erste englische Übersetzung von Homers **Ilias**; erste autorisierte Bibelübersetzung in England.

1612 Gilbert Shakespeare wird begraben (28. Januar). – William Shakespeare wohnt zeitweise in **London** und **Stratford**. – Zusammen mit John Fletcher arbeitet er an **King Henry VIII** (Heinrich VIII.) und an zwei weiteren Stücken (**The Two Noble Kinsmen** und **Cardenio**).

1613 Vernichtung des »*Globe Theatre*« durch Feuer während der Uraufführung von *Henry VIII.* – Richard Shakespeare wird begraben (14. März).

1616 Hochzeit von Judith Shakespeare mit Thomas Quiney am 10. Februar. – **William Shakespeares Tod am 23. April; Begräbnis am 25. April in Stratford.**

1623 Tod Anne Shakespeares, geb. Hathaway; sie wird am 8. November begraben. – Die **erste Folio-Ausgabe der Werke William Shakespeares** erscheint.

William Shakespeare im Alter von 45 Jahren.
Gemälde von Martin Droeshout, 1629

II. Autor und Werk

Vieles aus William Shakespeares Leben ist trotz intensiver Erforschung seiner biografischen Daten unbekannt geblieben und nicht dokumentiert.[1] Dies hat in erster Linie damit zu tun, dass so gut wie nichts Schriftliches von ihm selbst zu seinem Leben vorliegt. Seiner bis heute mit vielen Geheimnissen umgebenen Person steht jedoch ein nahezu vollständig überliefertes und erschlossenes Werk gegenüber. In ihm gibt es erfreulicherweise weniger »weiße Flecken«, obwohl viele Fragen zur Entstehung und Datierung einzelner Werke nach wie vor ungeklärt sind. Zusammen mit den wenigen als gesichert geltenden biografischen Daten, die sich zu Zeit und Geschichte des ausgehenden 16. und frühen 17. Jahrhunderts in Beziehung setzen lassen, hat die Shakespeare-Forschung daraus jedoch eine insgesamt verlässliche Physiognomie des Menschen und Künstlers William Shakespeare zeichnen können.

Im Leben Shakespeares können wir fünf größere Entwicklungs- und künstlerische Reifeabschnitte unterscheiden: Kindheit und Jugendzeit, zu denen es einige konkrete Anhaltspunkte gibt (1564–81); seine Heirat und die sich anschließende etwa über ein Dutzend Jahre entwickelnde Karriere als Schauspieler und Bühnenschriftsteller bis zur Schließung der Londoner Theater unter der großen Pest nehmen den zweiten Lebensabschnitt ein (1582–92); ein dritter, ausgefüllt mit großen künstlerischen und geschäftlichen Erfolgen, in dem Shakespeare sich die materiellen Voraussetzungen für eine gesicherte Zukunft schafft (1593–1598), schließt sich an; die vierte Lebensphase wird bestimmt durch gesellschaftliche und künstlerische Wertschätzung aufgrund einer Reihe von überwältigenden Bühnenstücken (1599–1609); schließlich die letzte Phase eines er-

---

1 Zu Shakespeares Leben s. V. Literaturhinweise.

Shakespeares Geburtshaus in Stratford-on-Avon

folgreichen, von Rückschlägen und Niederlagen jedoch keineswegs verschont gebliebenen Lebens: der allmähliche Rückzug Shakespeares aus dem Theaterleben Londons in seinen Geburtsort Stratford-on-Avon, in dem er bis zu seinem Tod lebte (1610–16).

William Shakespeare wurde vermutlich am 23. April 1564 als Sohn und erstes Kind des Ehepaares John Shakespeare und Mary Arden geboren. Er war 52 Jahre alt, als er am 23. April 1616 starb. Sind der gleiche Geburts- und Sterbetag bereits Teil der Legende? Vater John Shakespeare war ein Geschäftsmann im ländlichen Stratford-on-Avon, das damals ebenso unbekannt war wie viele andere Marktflecken in England. John Shakespeare war im Hauptberuf Handschuhmacher. Das war etwas im damaligen England, arbeitete er doch für Leute ›von Stand‹. Allein aus diesem Grunde dürfte er weitreichende Verbindungen unterhalten haben, die durch seine Ehe mit Mary Arden besonderes Gewicht bekamen. Die Ardens hatten landauf landab einen be-

deutenden Namen.[2] Als William Shakespeare geboren
wurde, waren seine Eltern gesellschaftlich etabliert. Freilich
hatten sie Neider und Feinde. Das mochte seinen Grund in
John Shakespeares nicht immer feinen Geschäftsmethoden
gehabt haben, die ihn mehrfach mit dem Gesetz in Konflikt
brachten, und mit seinem Privatleben, das nicht immer den
Vorstellungen seiner Mitbürger entsprach. Im Jahre 1568
wurde er jedoch erst einmal Bürgermeister von Stratford.
Gut zehn Jahre später musste er sich aus allen öffentlichen
Ämtern zurückziehen. Ob John Shakespeare sich an den
Rand des Ruins spekuliert hatte – er konnte sich nur retten,
indem er das Erbe seiner Frau verpfändete –, ob sein gesellschaftlicher Niedergang im Zusammenhang mit seiner Verbindung zu den vielfach angefeindeten Ardens stand, ob er
planmäßig ins politische Abseits manövriert wurde – wir
wissen es nicht.

William Shakespeare, der als Kleinkind das verheerende
Pestjahr 1564 überlebt hatte, wuchs bis zu dem Zeitpunkt,
als der Vater und mit ihm die Familie einen tiefen Fall tat,
in einer privilegierten Situation auf. Was auch immer er an
innerfamiliären Konflikten erlebt haben mochte – die Strei-
tigkeiten der Eltern (John Shakespeare sprach gern einem
gehaltvollen Getränk zu), die Bürde der Verantwortung des
Erstgeborenen und Eifersucht gegenüber den Jüngeren, An-
feindungen und Missgunst gegen die ganze Familie von außen: die ersten zehn Jahre seiner Kindheit dürften im Vergleich zu den Kinderjahren von Gleichaltrigen in seiner unmittelbaren Umgebung wenig belastet gewesen sein. Die
Familie Shakespeare hatte einen herausgehobenen gesellschaftlichen Stand. John Shakespeare hatte als Abgeordneter
und Bürgermeister der Stadt eine respektable, mit vielen
Vorteilen bedachte gesellschaftliche Position inne. William
durfte die Lateinschule besuchen, für die seine Eltern nicht

---

2 Die Ardens waren seit Generationen in Warwickshire ansässig. John
  Shakespeare hatte Land vom Vater seiner Frau gepachtet, die mit der Familie Henry Ardens, eines hohen Kommunalbeamten, verwandt war.

zu zahlen hatten. Sie besaß einen guten Ruf und konnte sich dank hervorragend ausgebildeter Lehrer mit anderen Schulen des Landes messen. Rhetorik, Latein und Literatur standen im Lehrplan, die Texte griechischer und römischer Klassiker. Obwohl William Shakespeare kein besonders begeisterter Schüler war, erwarb er dort Bildungsgrundlagen, die ihn weit über den Durchschnitt des damaligen »Allgemeinwissens« hinaushoben. Nach 4–6 Jahren Schulbesuch, der strenger Disziplin unterworfen war, galt die Schulzeit als beendet. Nun hätte eigentlich eine akademische Karriere folgen müssen. Doch eine solche blieb aus. Ob es an den sich dramatisch verändernden Lebensumständen der Familie lag, die möglicherweise ein Studium nicht mehr bezahlen konnte, an Williams ›unakademischen‹ Interessen, die auf Freiheit und Freizeit gerichtet waren, oder aber daran, dass er eine Brotarbeit annehmen musste – auch hier sind wir weitgehend auf Vermutungen angewiesen.

In Shakespeares Kindheit war das Leben in Stratford durch ländliche Zustände und durch kirchlichen Geist geprägt. Der Mist wuchs bis zum Dach, um es drastisch auszudrücken, Vieh bevölkerte die Weiden und Wiesen bis nahe an den Ortskern. Die Menschen lebten mit den Jahreszeiten. Die meisten mussten für ihren Lebensunterhalt als unfreie Bauern im Dienste irgendeines Adeligen hart arbeiten, andere verdienten als Handwerker oder Händler ihr Brot. Durchreisende, Bettler, Schausteller- und Schauspielergruppen belebten den kleinen Ort von Zeit zu Zeit, gelegentlich auch königliche Uniformierte auf ihrem Weg von London nach Nordengland oder von dort zurück. An Markttagen jedoch ging es hoch her. Für den heranwachsenden William, der sich mit Freunden am Fluss und in den nahen Wäldern austoben und in unbeschwertem Spiel vielleicht auch manchen Kummer hinter sich lassen konnte, mochte das alles paradiesisch sein. Vielleicht schrieb er hier bereits seine ersten Gedichte und Theaterszenen, nachdem er den Schauspielern zugesehen hatte, die in Stratford und mit Sicherheit

Das Leben auf dem Lande zu Shakespeares Zeit.
Sonne, Ernte, Vergnügen (oben). Leben mit den Schweinen
und wie die Schweine. Holzschnitte

bei den Ardens und anderen Angehörigen des Adels gastierten. In seinen Bühnenstücken kehrt manches Bild ländlichen Lebens lebhaft wieder, manche seiner Bühnenfiguren hat er nach Menschen geformt, die ihm in seiner Jugend in Stratford, später in London begegneten.

Offenbar kam Shakespeare nach dem Ende seiner Schulzeit in die Dienste des Grafen von Leicester, obwohl ihn sein Vater gern als Handschuhmacher ausgebildet und mit ihm eine berufliche Traditionslinie in der Familie ausgebaut hätte. Der Graf von Leicester, Robert Dudley mit bürgerlichem Namen, war Protestant aus Überzeugung und Eifer.[3]

Knapp achtzehnjährig heiratete Shakespeare die acht Jahre ältere Anne Hathaway aus einem Nachbardorf. Die eilig geschlossene Ehe – Anne war schwanger – dürfte einigen Staub aufgewirbelt haben. Es wäre für damalige Verhältnisse durchaus nichts Ungewöhnliches gewesen, wenn Shakespeare sie nicht geheiratet hätte. Viele schwangere Frauen blieben unverheiratet mit ihren Kindern sitzen. Wie und wovon die junge Familie lebte, die sich knapp zwei Jahre später durch die Geburt der beiden Zwillinge Hamnet und Julia vergrößerte, lässt sich mit einiger Fantasie vermuten. Allzu gut dürfte es der Familie nicht gegangen sein. Während dieser Zeit muss Shakespeare konkrete Pläne für seine Übersiedlung nach London gemacht haben.

Wann genau er nach London ging, ist ungeklärt, ebenso unter welchen Umständen. Mit großer Wahrscheinlichkeit hielt er sich bereits einige Jahre vor 1590 in London auf. Vieles spricht dafür, dass er Freunden folgte, die dort bereits Fuß gefasst hatten.[4] Denkbar ist, dass er durch Vermittlung

---

3 Robert Dudley hatte zu den Ardens, die katholisch waren, kein gutes Verhältnis. Er war verantwortlich für den Tod Henry Ardens, dem er eine Beteiligung an einem Anschlag auf Königin Elisabeth I. anhängte.

4 Es spricht einiges dafür, dass William Shakespeare einem Freund aus Stratford, Richard Field, nach London gefolgt ist, der dort als Drucker arbeitete. – Vgl. Alan Posener, *William Shakespeare*, Reinbek bei Hamburg 1995, S. 20. – Field brachte Shakespeares frühe Versepen *Venus and Adonis* und *The Rape of Lucrece* heraus.

von einflussreicheren Gönnern, die Verbindung zum Hof
nach London unterhielten, in die Hauptstadt kam und dort
für einige Zeit durch ihre Unterstützung einen gesicherten
Stand hatte. Deshalb ist es fraglich, ob die Trennung von
seiner Familie ihn wirklich in dem Maße belastet hat, wie
manchmal angenommen wird.[5]

Selbst mit Fürsprache und finanzieller Starthilfe, wenn wir
diese einmal unterstellen dürfen, hat er es anfänglich wohl
schwer gehabt, in der englischen Metropole Fuß zu fassen.
London genoss bereits gegen Ende des 16. Jahrhunderts
dank der die Künste fördernden Regentin, Elisabeth I., den
Ruf, ein einzigartiger kultureller Ort in Europa zu sein, an
dem italienischer Renaissance-Geist längst auf sehr eigenständige Weise aufgegangen und umgestaltet worden war.
Ein nahezu unbegrenztes Vertrauen in die eigene Stärke
wuchs in England nach dem Triumph über die für unbesiegbar gehaltene spanische »Armada« (1588). Ein Inselreich
war auf dem Weg, ein Weltreich zu werden. Abenteurer und
Entdecker, Gelehrte und Künstler gingen von England hinaus in alle Kontinente, umgekehrt zog die Insel mit ihrer
vor Lebendigkeit brodelnden Hauptstadt Menschen aus aller Welt an. Handel, Kunst und Wissenschaft blühten. Das
Theaterleben ›boomte‹ regelrecht, und große Namen machten in der Stadt die Runde: Thomas Kyd (1558–94), John
Lyly (1554–1606), Christopher Marlowe (1564–93)[6]. Sie alle
waren schon vor Shakespeare mit bedeutenden Werken her-
vorgetreten, bekannt und geschätzt; aber das Theaterleben
der Stadt zog auch mindere Talente an und solche, die recht
und schlecht am Rande des großen Spektakels lebten – Pla-
katmacher, Kostümschneider, Kopisten, Schauspieler, Sän-
ger, Kulissenmaler und tausend andere.

5 Diese Vermutung äußert A. Posener, der sogar von »traumatischen Erfahrungen« und Schuldgefühlen Shakespeares spricht. – Vgl. Posener (Anm. 4),
  S. 21.
6 Christopher Marlowe war vor Shakespeare der bedeutendste englische Dramatiker. Er wurde am 30. Mai 1593 in einem Streit erstochen. – Vgl. William
  Urry, *Christopher Marlowe and Canterbury*, London/Boston 1988.

Das elisabethanische Zeitalter war noch weitgehend von einem theozentrischen Weltbild geprägt, in dem alles in einem hierarchisch geordneten System den ihm zukommenden Platz einnahm. Im Ordnungsgefüge der irdischen Welt stand der Mensch als ein Ebenbild Gottes auf der höchsten Stufe. Seine vollkommenste, gottähnliche Gestalt nahm der Mensch in der Person des Königs (der Königin) an. Das im ursprünglichen Schöpfungsakt harmonische Gefüge der Welt wurde aber durch das mutwillig aufs Spiel gesetzte und verlorene Paradies (Adam und Eva) als brüchig, schwankend und verfallsbedroht angesehen. Die erschütterte Weltordnung spiegelte sich für den englischen Renaissance-Menschen im ungünstigen Einwirken natürlicher Phänomene auf das Leben (Gestirne!) ebenso wider wie in der Unausgeglichenheit der menschlichen Temperamente. Dem Spiegel als poetischer Abbildmetapher kam deshalb in der elisabethanischen Dichtung große Bedeutung zu.[7] Gleich allen Menschen seiner Zeit hatte Shakespeare dieses Weltbild verinnerlicht. Doch anders als die meisten stellte er seine Richtigkeit in Frage. Als Künstler setzte er in seinen Schauspielen die damals üblichen Maßstäbe der Welt- und Menschendeutung außer Kraft mit ›Denkmodellen‹, die ganz neue Vorstellungshorizonte eröffneten.

Schon 1592 hatte sich Shakespeare als Schauspieler und Bühnenschriftsteller einen Namen gemacht, auf den mancher Konkurrent mit Neid und Häme reagierte.[8] Das

---

7 Diese wenigen Sätze können und sollen lediglich den Hintergrund andeuten, vor dem die Ausführungen im Interpretationsteil zu sehen sind. – Besonders empfohlene Lektüre: Arthur H. Dodd, *Life in Elizabethan England*, London 1961; John A. Guy, *Tudor England*, Oxford 1988; Jasper G. Ridley, *Elizabeth I.*, Zürich 1990; Ulrich Suerbaum, *Das elisabethanische Zeitalter*, Stuttgart 1989.

8 Auch hier darf der Hinweis auf das Pamphlet des Dramatikers Robert Greene (1560–92) nicht fehlen, das in der begleitenden Literatur im Zusammenhang mit Shakespeares ersten Londoner Auftritten stets erwähnt wird: »Yes, trust them not«, heißt es bei Greene, »for there is an upstart crow, beautified with our feathers [...]«. – Vgl. Norrie Epstein, *The Friendly Shakespeare*, New York 1993, S. 25.

mochte seinen Ehrgeiz noch mehr beflügelt haben. 1594 war er Mitbegründer und Teilhaber eines berühmten Theaterensembles, der »*Lord Chamberlain's Men*«, das privilegiert war, vor der Königin zu spielen. In dieser erfolgreichen Theatertruppe, die sich selbst organisierte, verwaltete und mit immer neuen Stücken qualifizieren musste, war er zweifellos der am meisten gefragte und herausragende Stückeschreiber. Bei Hof anerkannt zu sein, galt in diesem Beruf als eine ›Lebensversicherung‹. Das war nicht hoch genug zu veranschlagen, denn der Beifall und das Interesse der Königin zogen unweigerlich auch die Neugier und die Anteilnahme der Öffentlichkeit nach sich, und damit neben der künstlerischen Anerkennung auch den materiellen Erfolg. Shakespeares Theatertruppe gastierte zwischen 1594 und 1603, dem Todesjahr Elisabeths I., nicht weniger als 32 Male am Hof.[9] Unter dieser englischen Königin, die musisch selbst sehr begabt und überaus gebildet war, vollzog sich im englischen Theater der Schritt in die Moderne. Shakespeare profitierte von einer unerhörten aufklärerischen Freiheit, die so fördernd gewesen ist, dass sogar die Ansicht vertreten wird, seine Karriere sei ohne Königin Elisabeth I. kaum vorstellbar.[10]

In der Tat schrieb er beinahe ausschließlich für das Theater. Seine beiden dem jungen Earl von Southampton gewidmeten Versepen *Venus and Adonis* und *The Rape of Lucrece* (1594) waren ein Zugeständnis an den literarischen Zeitgeschmack: Versepen in der Nachfolge der Ovid'schen Metamorphosen hatten im elisabethanischen England Hochkonjunktur. Der berühmte Gedichtzyklus der *Sonette*, die ebenfalls mit dem Earl of Southampton in Verbindung gebracht werden, ist das dritte, nicht-dramatische Werk Shakespeares (s. III,6). – Das Theatergeschäft jedenfalls machte ihn zu einem wohlhabenden Mann. Einen Teil sei-

---

9 Vgl. Posener (Anm. 4), S. 33.
10 Vgl. Herbert Nette, *Elisabeth I. mit Selbstzeugnissen und Bilddokumenten*, Reinbek bei Hamburg ⁵1999, S. 108.

nes Geldes legte er in Ländereien und Immobilien an. Es lässt sich denken, mit welchem Stolz er 1596 den Titel eines *gentleman* entgegennahm, der seinem Vater verwehrt worden war, und 1597 in seiner Heimatstadt das zweitgrößte Haus erwarb, New Place, in das seine Frau mit den Kindern und später er selbst einzog; es blieb bis 1670 im Familienbesitz. Im Jahr 1600 schon konnte er sich auch als Miteigentümer eines Theatergebäudes ausweisen, des *»Globe Theatre«*, das durch sein Mitwirken bekannt und bedeutend wurde. In London gab es seit 1567 feste Theatergebäude. Das erste war das *»Red Lion«*. Bis zur Jahrhundertwende waren es bereits zwölf.[11] Die Londoner Theater lagen außerhalb der eigentlichen Stadt, im Norden und Süden, und waren so dem unmittelbaren Zugriff behördlicher Kontrollen entzogen. Sie waren nicht überall gern gesehen und galten vielen als »Sündenpfuhl der Stadt«[12], insbesondere der Geistlichkeit und dem streng puritanisch denkenden Teil der Bevölkerung. In der Nähe der Theater wuchs die Zahl halbseidener Einrichtungen aller Schattierungen beängstigend rasch. Ins Theater zu gehen, war ein Alltagsvergnügen aller Schichten, obwohl es nicht allen zu jeder Zeit möglich war. Shakespeare schrieb für ein breites Publikum, aber wahrscheinlich rekrutierten sich die meisten seiner Zuschauer aus den gebildeten Schichten.[13]

Während der Aufführungen ging es auf den Publikumsrängen turbulent zu. Vornehmes Räuspern, angehaltener Atem, gelegentliches Flüstern mit dem Nachbarn? Nichts davon. Es herrschte ein lebhaftes Kommen und Gehen, es wurde

---

11 Weitere Theater: *»The Curtain«*, *»The Rose«*, *»The Swan«*, *»The Red Bull«*, *»The Blackfriars«*. – Vgl. Uwe Baumann, *Shakespeare und seine Zeit*, Stuttgart/Düsseldorf/Leipzig 1998, S. 14. Diesen Titel möchte ich dem Studierenden zur gründlichen Lektüre besonders empfehlen.

12 Vgl. Baumann (Anm. 11), S. 12.

13 »Many of Shakespeare's finest poetic passages were far above the heads of the groundlings«, schreibt Vera K. G. Dale, *Shakespeare and the age that made him*, Stuttgart/Düsseldorf/Leipzig 1994, S. 24. (*groundlings*: Gründlinge, zumeist ungebildete Leute auf den billigen Plätzen.)

gegessen und getrunken, dazwischengerufen, zustimmend gejohlt, mit Missfallensbekundungen nicht gespart. Die Theater waren nach den Vorbildern der »inn-yards« als Rundbauten errichtet. Sie waren nicht sehr komfortabel und dienten einzig dem Zweck, möglichst vielen Besuchern Platz zu bieten. Die etwas erhöhte Bühne war von einem Halbrund billiger Plätze umschlossen, auf denen die »Gründlinge« standen. Drei darüber liegende Etagen waren dem besseren Publikum vorbehalten. Man darf sie sich als kleine Logen vorstellen. Wort- und lautstarke Unterhaltungen zwischen ›oben‹ und ›unten‹ waren keineswegs die Ausnahme. Die Schauspieler, deren Kostüme ihre Rollen, aber auch ihren Stand anzeigten,[14] agierten in vier Bühnenbereichen: auf der *main stage* (Hauptgeschehen), *rear stage* (Hintergrund), *upper stage* und *under stage*. Auf Bühnenbilder (Kulissen) wurde verzichtet. Handlung und gesprochene Sprache versetzten das Publikum in die jeweilige Situation. Es gab keinen ›Zeitverlust‹ durch Vorhänge, hinter denen Szenenumbauten erfolgt wären. Alles war funktional und auf eine pausenlose Unterhaltung abgestimmt, um jedem Zuschauer die bestmögliche Teilnahme am Geschehen zu sichern, denn dafür hatte man bezahlt.[15] Es war damals nicht anders als heute: Wer zufrieden war, kam wieder. Und wie kein anderer stellte Shakespeare sein Publikum zufrieden. Jenseits seiner außergewöhnlichen dramatischen Schöpferkraft war er ein Geschäftsmann und ein ausgebuffter Theaterfuchs. Was seine Stücke so anziehend machte, fasst H. A. Frenzel sehr anschaulich zusammen: »Fesselnder Inhalt, ungewöhnliche Charaktere [...], grenzsprengende Leidenschaften [...], Waffenlärm und Stille, romantisch Stimmungsvolles und verschlüsselt Intellektuelles, unruhig glän-

---

14 Zur Ausstattung der Schauspieler gehörte, wollten sie etwas gelten, »kostbarer, reichhaltiger Kostümbesitz«. – Vgl. Herbert A. Frenzel, *Geschichte des Theaters*, München 1979, S. 116 f.

15 Die Preise waren gestaffelt. Für die billigsten (Steh-)Plätze bezahlten die Zuschauer einen *penny*, für bessere Plätze bis zu drei *pennies*.

Zeichnung des »Swan Theatre« von
Johannes de Witt, um 1596

zend Rhetorisches und stetig leuchtendes Poetisches erschienen jeweils mit wechselnden Anteilen im einzelnen Stück oder innerhalb einer kurzen Spielplanfolge.«[16]

Shakespeares Ruhm als Schauspieler war bis zur Jahrhundertwende größer als der des Schriftstellers. Mehrfach wird er als »principal comedian« und »principal tragedian« erwähnt.[17] Mit letzter Sicherheit ist nicht zu sagen, welche Rollen er in seinen Stücken verkörpert hat. Als die *»Lord Chamberlain's Men«* unter König James I., dem Nachfolger Königin Elisabeths I., sich ab 1603 *»King's Men«* nennen durften, war Shakespeare zum Hofdramatiker aufgerückt. 1609 erwarb er Anteile an dem Londoner *»Blackfriars«*-Theater, die er zusammen mit den am *»Globe«* gehaltenen Anteilen aber bald darauf verkaufte. Es deutet manches darauf hin, dass Shakespeare sich etwa ab 1611 auf einen Ruhestand in Stratford vorbereitete, obwohl er Londons Theaterwelt nicht endgültig den Rücken kehrte. In der Nähe des *»Blackfriars«* kaufte er sich im März 1613 ein Haus, möglicherweise um in der Nähe der Spielorte zu sein und mit John Fletcher, seinem Koautor, ungestört vom Theaterbetrieb, an den weiteren Werken zu arbeiten, an *The Two Noble Kinsmen*, an der verloren gegangenen Tragödie *Cardenio* und an *King Henry VIII*, die seine letzten wurden. Am 29. Juni 1613 brannte das *»Globe«* nieder, aber mit den Instandsetzungsarbeiten wurde unverzüglich begonnen, und nach einem Jahr konnte der Spielbetrieb wieder aufgenommen werden. Noch einmal musste Shakespeare bei einem Großfeuer um seinen Besitz bangen, 1614 in Stratford. Das Unheil ging diesmal an ihm vorüber.

Zwei Jahre später starb Shakespeare. Sein Tod wurde zum Anlass für wilde Gerüchte und Spekulationen. Selbst Mord, angeblich von seinem Schwiegersohn Thomas Quiney verübt, wurde nicht ausgeschlossen. Das Motiv: Habgier.

---

16 Vgl. Frenzel (Anm. 14), S. 112.
17 Vgl. Sylvan Barnet, *Shakespeare: An Overview*, New York 1998 (Signet Classic), S. IX.

Wurde Shakespeare mit Arsen vergiftet? Oder starb er eines natürlichen Todes, etwa an den Folgen eines Schlaganfalls? War er körperlich so verbraucht, dass er keine Abwehrkräfte mehr hatte und einer 1616 in Stratford grassierenden Influenza zum Opfer fiel? Belassen wir es bei diesen Fragen, auf die es keine definitiven Antworten geben kann.

Das Gesamtwerk William Shakespeares umfasst einschließlich der Versepen und Sonette 42 Titel; weitere werden ihm zugeschrieben.[18] Wenn von Shakespeares dramatischem Œuvre gesprochen wird, dann sind (meistens) die 36 Bühnenstücke der First Folio-Ausgabe von 1623 gemeint, von denen 18 schon zu seinen Lebzeiten gedruckt worden sind, weitere erstmals nach seinem Tode. Von den hier besprochenen Dramen gehören *Julius Caesar, Macbeth, Twelfth Night* und *The Winter's Tale* zu der zweiten Textgruppe.

Eine Unterteilung seines dramatischen Werkes in vier Kategorien hat sich trotz unvollkommener Trennschärfe als praktisch erwiesen: in Geschichtsdramen – Komödien – Tragödien – späte Romanzen.[19] Die großen Dramen Shakespeares zur englischen Geschichte sind als Doppelsequenz mit zwei umfassenden Tetralogien angelegt: die zuerst geschriebene »York-Tetralogie« mit *King Henry VI* (Teil 1–3), *King Richard III* und die »Lancaster-Tetralogie« mit den Werken *King Richard II, Henry IV* (Teil 1/2), *Henry V*. Beide werden eingerahmt von *The Life and Death of King John* (als »Prolog«) und *The Life of King Henry VIII* (»Epilog«).[20] Die Werke der beiden Tetralogien sind weit mehr als vordergründig dramatisierte englische Geschichte.

---

18 Trotz einiger Zweifel wird William Shakespeare auch als Autor des Schauspiels *Edward III.*, angegeben, das 1596 anonym erschien. Die Mitarbeit Shakespeares an *The Book of Sir Thomas More*, das als Gemeinschaftswerk mehrerer Autoren zwischen 1593 und 1601 entstand, wird ebenfalls angenommen. – Vgl. Baumann (Anm. 11), S. 106.

19 Epstein (Anm. 8) teilt das dramatische Werk in *Shakespearean Romantic Comedy – The Histories – The Problem Plays – Shakespearean Tragedy* ein.

20 Vgl. Baumann (Anm. 11), S. 53 f.

In ihnen stellte Shakespeare Fragen, die an den Nerv der Zeit gingen: Wie soll man künftige Könige erziehen? Haben Könige göttliche Rechte? Wie sollten sie regieren? Ist es gerechtfertigt, Könige zu töten, wenn sie ihre Macht missbrauchen? Diesen Fragen wird der Leser auch in einzelnen der ausgewählten Tragödien wieder begegnen. – Von den drei Römerdramen ist *Julius Caesar* das bedeutendste (siehe »Übersicht«, S. 28). Auch hier bemühte er Geschichte als Hintergrund für seine Auseinandersetzung mit dem Problem der Usurpation (s. III,5).

Die 17 Komödien können ebenfalls in vier Gruppen zusammengefasst werden. In der ersten finden wir fünf relativ einfach strukturierte Werke aus den frühen Schaffensjahren; zur zweiten rechnet man vier »fröhliche Komödien«, die »insgesamt komplexer« angelegt sind; die dritte wird von vier »Problemkomödien« eingenommen; noch einmal vier bilden eine Schlussgruppe, die wegen ihres übereinstimmenden Traditionsbezugs und ihres geschlossenen Entstehungszeitraums im Gegensatz zur Gruppierung der anderen eine natürliche Zusammengehörigkeit aufweisen.[21] Dazu wird im jeweiligen Interpretationszusammenhang noch mehr gesagt werden (s. III).

Bei einer chronologischen Gruppierung der Werke entlang der Entwicklung Shakespeares zum Mega-Star des Londoner Theaterlebens können in einer Schaffenszeit von etwa zwanzig Jahren (1590–1610) vier Abschnitte unterschieden werden. Aus der ersten, ungestüm-vorwärtsdrängenden Schaffensperiode, die zwischen 1589 und 1595 angesiedelt wird, ragt *King Richard III* heraus (1592/93). Einem zweiten Schaffensabschnitt zwischen 1595 und 1599 sind einige der heiteren Komödien zuzurechnen, aber auch *Romeo and Juliet* und *Richard II*. Der dritte Abschnitt (1599–1609), der düsterste und pessimistischste, wird mit dem historischen Drama *Julius Caesar* eingeleitet (1599), dem die vier großen Tragödien *Hamlet*, *Othello*, *King Lear* und *Macbeth* folgen.

---

21 Vgl. Baumann (Anm. 11), S. 37f.

In ihnen geht Shakespeare dem Menschen auf den Grund, dessen tiefstes Inneres er aufdeckt, Leidenschaften und Ängste, geheime Wünsche und gemeine Triebe.[22] Diesen Schaffensabschnitt löst ein vierter ab (1609–13), in dem sich Optimismus, Hoffnung und Abgeklärtheit offenbaren. Eigentümlich und befremdlich wirkt er durch die Märchen- und Phantasiewelt, von denen die in diesem Zeitraum entstandenen Werke bestimmt sind (*The Winter's Tale* und *The Tempest*). Zugleich künden sie von souveräner Beherrschung aller Ausdrucksmöglichkeiten der Bühnensprache.

Werk-Gruppierung (vereinfachte Übersicht)

● Comedies:

Comedies I: *The Comedy of Errors* (1590–94), *Love's Labour's Lost* (1593–95), *The Taming of the Shrew* (1589–1594?), *The Two Gentlemen of Verona* (1590–98), *The Merry Wives of Windsor* (1597–1602)

Comedies II: *A Midsummer Night's Dream* (1594–98), *Much Ado About Nothing* (1598–1600), *As You Like It* (1598–1600), *Twelfth Night* (1600–02)

Comedies III: *The Merchant of Venice* (1594–97), *Troilus and Cressida* (1601–03), *All's Well That Ends Well* (1601–1604), *Measure for Measure* (1603/04)

Comedies IV: *Pericles* (1606–08), *Cymbeline* (1608–11), *The Winter's Tale* (1610/11), *The Tempest* (1610/11)

---

22 »Shakespeare bringt uns das Entfernteste nahe und macht uns vertraut mit dem Wunderbaren; das Ereignis, das er darstellt, wird nicht geschehen, aber wenn es möglich wäre, dann würden seine Wirkungen vermutlich so ablaufen, wie er sie arrangiert hat. Man kann sagen, daß er nicht nur die menschliche Natur gezeigt hat, wie sie sich in realen kritischen Situationen verhält, sondern auch, wie sie sich in extremen Situationen verhalten würde, in die sie nicht geraten kann. Eben deswegen rühmt man das Drama Shakespeares als Spiegel des Lebens.« – Samuel Johnson, *Vorwort zum Werk Shakespeares*, Stuttgart 1987, S. 36 f. – Für Thomas Mann war Shakespeare »der größte Psychoanalytiker, der je gelebt hat«. – Zitiert in Posener (Anm. 4), S. 143.

- Chronicles: *»Lancaster-Tetralogie«*; *»York Tetralogie«* mit *»Prolog«* und *»Epilog«* (s. oben S. 25)

- Roman Plays: *Julius Caesar* (1599), *Antony and Cleopatra* (1606–08), *Coriolanus* (1605–10)

- Mature Tragedies: *Hamlet* (1599–1601), *Othello* (1603/1604), *King Lear* (1605/06), *Macbeth* (1606–11), *Timon of Athens* (1605–08)

- Last play: *The Two Noble Kinsmen* (1613/14)

Shakespeare gewann seine Themen aus unterschiedlichsten Quellen, denen er sie ohne Skrupel entnahm. Nicht mehr als drei Stücke sind Originalschöpfungen (*Love's Labour's Lost, A Midsummer Night's Dream, The Tempest*). Die Übernahme fremden geistigen Eigentums in eigene künstlerische Schöpfungen wurde vor 400 Jahren anders beurteilt als heute.[23] Doch beließ es Shakespeare nicht bei einer oberflächlichen Vermengung adaptierter Vorlagen mit eigenen Ideen, nur um damit unter seinem Namen schnell etwas Zugkräftiges auf die Bühne zu bringen. Er gestaltete daraus unverwechselbare Werke mit prallen, lebensechten Figuren. Als Subjekt bleibt er jedoch stets im Hintergrund.[24] Die Liebe ist eines seiner großen Themen; der ewige Kampf des Mannes gegen die Verführungen durch die Frau, Tod und Vergänglichkeit, menschliche Unzulänglichkeiten und Irrtümer mit den sich daraus ergebenden Konsequenzen sind andere. In den Interpretationen werde ich wiederholt auf

23 »Art was not so much an expression of private feelings as a formal and anonymous artifact mirroring the taste and style of the age.« – Epstein (Anm. 8), S. 67.

24 »He created a teeming world, yet he had the discipline to submerge his own personality to it [...]. His doctrines, political and social, remain dark and elusive, and he fascinates partly because he represents the mystery behind creation itself – the wizard who disappears in a cloud of smoke after conjuring wonderful creations that are more real than himself.« – Epstein (Anm. 8), S. 19.

Shakespeare als ›politischen Dichter‹ hinweisen (*Twelfth Night*, *Julius Caesar*, *Hamlet*, *Othello*, *Macbeth*, *The Winter's Tale*). Mir sind die Aspekte seiner Zeit- und Gesellschaftskritik wichtig, die ihm und seinem Werk in unserer Gegenwart ihre Modernität und Gültigkeit bewahren. Auf William Shakespeare trifft uneingeschränkt zu, was S. Melchinger zur Intention eines politischen, aber nichtideologischen Theaters schreibt: »[...] daß also nicht der Autor spricht, sondern die Figuren, daß schließlich das Urteil über deren Meinungen oder gar die Lehre, die daraus zu ziehen ist, nicht auf der Bühne gesprochen, ausgesprochen wird, sondern dem Publikum überlassen bleibt [...]. Wirklichkeit ist Fülle von Möglichkeiten, Wahrheit beweist sich durch Glaubwürdigkeit, glaubwürdig ist nur das Widersprüchliche. Was wahr ist, muß erst bewiesen werden, und nicht alles, was bewiesen wird, fordert das gleiche Urteil heraus.«[25]

Mit großer Ausdauer wurde (und wird gelegentlich noch) die Frage gestellt, ob William Shakespeare tatsächlich der Verfasser all dieser Werke war, die unter seinem Namen weltbekannt geworden sind. Mehr als vier Dutzend Männer und Frauen wurden als ›eigentliche und wirkliche‹ Autoren angeführt.[26] Den lautesten Zuschlag erhielten Christopher Marlowe, Francis Bacon (1561–1626) und Edmund de Vere, der 17. Earl von Oxford (1550–1604). Der wissenschaftlich vielleicht inspirierende, letztlich unergiebige Streit um die Verfasserschaftsfrage könnte mit der klugen Frage des Shakespeare-Forschers William Kittredge beigelegt sein: »If Bacon wrote Shakespeare, who wrote Bacon?«[27] Als sicher

---

25 Vgl. Siegfried Melchinger, *Geschichte des politischen Theaters*, Bd. 2. Frankfurt a. M. 1974, S. 136.

26 Sogar Anne Hathaway und Königin Elisabeth I. werden als Autoren geltend gemacht. – Vgl. Samuel Schoenbaum, *Shakespeare's Lives*, New York [2]1991, S. 385–451.

27 Zu den ›Zweiflern‹ zählen so bedeutende Schriftsteller wie John Galsworthy, Henry James oder Mark Twain. – Auf den Streit zwischen Oxfordians (Zweifler) und Stratfordians (Befürworter der Authentizität), der auch

gilt, dass sich viele seiner Stücke erst in der konkreten Spiel-
situation durch die Mitwirkung anderer formten und voll-
endeten (s. IV). Dass Shakespeare der Verfasser seiner
Stücke war, auch wenn er nicht jedes bis in das letzte Wort
hinein eigenhändig niedergeschrieben hat, wird inzwischen
kaum noch ernsthaft in Frage gestellt.

Mit einem Zitat des Shakespeare-Kenners Joseph Papp, der
aus einer lebenslangen Verbundenheit mit dem Werk des
englischen Dramatikers in Theorie und Praxis spricht,
möchte ich den Leser nunmehr in den Interpretationsteil
dieses Bandes entlassen und ihm Freude und Gewinn beim
Lesen wünschen: »It has taken me thirty years to under-
stand even some of these things, and so I'm not suggesting
that Shakespeare is immediately understandable [...]. I feel
that Shakespeare has enriched my understanding of life im-
measurably. I hope you'll let him do the same for you.«[28]

pseudowissenschaftlich geführt wird, will ich hier nicht eingehen. – Francis
Bacon war selber ein vielseitiger und produktiver Schreiber. – Zum Streit
um die Verfasserschaft vgl. Epstein (Anm. 8), S. 273–293. – Wer sich die
Mühe machen will, einen Wälzer darüber zu bearbeiten, bemühe sich um
Charlton Ogburn, *The Mysterious William Shakespeare: The Myth and the
Reality*, New York 1984 – ein ebenso bewundertes wie umstrittenes Buch.
28 Vgl. Joseph Papp, *Shakespeare, Four Tragedies*, »*Hamlet*«, »*Othello*«,
»*King Lear*«, »*Macbeth*«, hrsg. von David Bevington, New York 1988,
»Forword«, S. XV. – Papp produzierte u. a. den *Hamlet* in seinem New
Yorker Shakespeare-Festival (1982), *Twelfth Night* (1989) und *The Taming
of the Shrew* (1990).

III. Interpretationen

Was erwartet den Leser?
Die Zahl detaillierter Interpretationen zu Shakespeares
Werk ist Legion. Im Gegensatz zu ihnen kann ich hier nur
einzelne Aspekte ausgewählter Werke aufgreifen und darle-
gen. Bei der Entscheidung, immerhin zehn Bühnenstücke
und die Sonette auf relativ begrenztem Raum mit dem
»Mut zur Lücke« zu erörtern, haben mich drei Fragen beschäftigt: Wieviel Lücke ist vertretbar? Wieviel Information
und ›Belehrung‹ sind notwendig und dem (lernenden) Leser
zumutbar? Und: Wie soll das geschehen, ohne ihn zu lang-
weilen? Darauf sogleich die Antworten: In den Einzelinterpretationen mache ich jeweils *einen* Betrachtungsschwerpunkt zum Zentrum meiner Ausführungen. Repräsentative
Stellungnahmen aus der Sekundärliteratur, deren gewaltigen
Umfang ich nur andeuten kann, beziehe ich so differenziert
wie nötig ein. Besonders hilfreich war mir Norrie Epsteins
Reader *The Friendly Shakespeare* (siehe V. Literaturhinweise). Die Diskussion unterschiedlicher Thesen und Sichtweisen im Zusammenhang mit den besprochenen Werken
muss begrenzt bleiben. Illustrationen und einzelne Struk-
turskizzen entlasten optisch die Interpretationsfolge.
Die Reihenfolge der Werke, mit Ausnahme der Sonette, ist
chronologisch angelegt. Leitender Gesichtspunkt bei ihrer
Auswahl war die unterrichts- und/oder studienbezogene
Relevanz. Dies gilt insbesondere für sechs der hier interpre-
tierten Bühnenstücke (*Romeo and Juliet*, *The Merchant of
Venice*, *Julius Caesar*, *Hamlet*, *Macbeth*, *King Lear*) und die
Sonette. Diese nehmen eine Sonderstellung in Shakespeares
Leben und Werkkosmos ein und sollten in dieser Folge ein-
führender Werkerläuterungen nicht fehlen. Eine persön-
liche Vorliebe für einzelne Titel (*Romeo and Juliet*, *A Mid-
summer Night's Dream*, *The Merchant of Venice*, *Julius
Caesar*, *Othello*, *The Winter's Tale*) sei auch nicht ver-

schwiegen. Sie hat es mir manchmal schwer gemacht, die
Ausführungen in diesen Teilkapiteln zu begrenzen. – Die
großen Königsdramen habe ich ausgespart. Dies scheint
vertretbar, denn so bekannt und bedeutend Einzelne
von ihnen auch sind (*Henry V*, *King Richard II*, *King Richard III*), so wenig sind sie Schullektüren und Lesestoff.
Im Kapitel »Autor und Werk« und in Querverweisen beziehe ich sie jedoch in meine Ausführungen ein. Den Interpretationen liegen die zweisprachigen Shakespeare-Einzelausgaben von *Reclam*, der *Folger Library* und der Reihe *Signet Classic* zu Grunde (siehe V).
Zur ersten Orientierung des Lesers stelle ich eine inhaltliche Kurzübersicht der Stücke und ihre Szenenverteilung
voran:

Romeo and Juliet: Zwei junge Liebende aus zwei miteinander zerstrittenen Familien finden gegen den Willen der
Menschen und den Gestirnen zum Trotz zu einem kurzen Glück, mit dem sie der Welt ein Vermächtnis hinterlassen.

A Midsummer Night's Dream: Der Elfenkönig liegt wieder einmal im Zwist mit seiner Gemahlin. Zwei junge Liebespaare haben eine komplizierte Verbindung miteinander.
Richtig kompliziert werden die Verhältnisse, als ein Waldgeist alles gänzlich durcheinander bringt. Am Ende einer
Zaubernacht fügt sich alles glücklich zueinander.

The Merchant of Venice: Ein junger Edelmann möchte ein
ebenso schönes wie reiches Mädchen heiraten. Leider fehlt
ihm das nötige Geld dazu. Er leiht es sich bei Shylock, der
– wenn das Heiratsunternehmen fehlschlägt – sein Leben
will. Es kommt ganz anders.

The Twelfth Night, or What You Will: Ein als Knabe verkleidetes Mädchen liebt einen Mann, der eine andere will, aber nicht erhört wird. Viele mischen mit, wollen auch lieben oder geliebt werden; nicht alle haben Erfolg. Ein Narr behält die Übersicht. Am Ende reicht es für das Glück zweier Paare; ein Unsympath geht leer aus.

Julius Caesar: Ein politischer Mord mit Folgen. Brutus und Cassius leiten eine Verschwörung gegen den Triumphator Roms ein, töten ihn und werden selbst Opfer ihrer Verfolger, die den Tod Cäsars rächen und sich selbst in das Namenbuch der Weltgeschichte eintragen.

The Sonnets: In einer Folge von 154 feingebildeten Gedichten geht Shakespeare tiefen Fragen um Liebe, Tod und Vergänglichkeit nach. Sie sind gelegentlich übermütig, manchmal obszön, ebenso frech wie geheimnisvoll, vor allem aber vollendete sprachliche Kunstwerke.

Hamlet: Ein geistvoller, sensibler junger Prinz gerät über das Leben und letzte Dinge allzu sehr ins Grübeln, dem ein wild entschlossenes, leider glückloses Handeln folgt. Hamlet verliert alles, auch sich selbst und sein Leben.

Othello: Ein raffiniert hinters Licht geführter Mohr tötet seine Frau aus Eifersucht und übergroßer Liebe. Wer genauer hinsieht, entdeckt einen schwachen, ichbezogenen und unter Komplexen leidenden Menschen, der den Vorbehalten der Gesellschaft und den Intrigen eines intelligenten Widersachers zum Opfer fällt.

King Lear: Die Tragödie der Blindheit eines großen Königs. Alles Böse ist in diesem Spiel um Macht und Missgunst, Hass und Liebe, blinden Eifer und Vernunft. Für Augenblicke scheint die Welt auf den Kopf gestellt, und einige wertvolle, zum Glück auch minderwertige Charaktere gehen dabei zugrunde. Erst im Angesicht der drohenden Apokalypse wird die Ordnung wieder aufgerichtet.

Macbeth: Das Drama der Obsessionen und der Gewalt. Hexen bringen Macbeth dazu, dass er für seine Frau den Freund, den König und andere tötet. Macbeth und Lady Macbeth werden Opfer ihrer eigenen Verfehlungen und Untaten.

The Winter's Tale: Wieder missbraucht ein eifersüchtiger König grenzenlos seine Macht und schießt in seinem Handeln weit über das Maß hinaus. Er verstößt seine Frau, sein Kind und einen Freund. Jahre gehen dahin. Ausgerechnet das eigene Kind, ein Mädchen, verliebt sich in das Kind des verstoßenen Freundes. Dann: späte Reue eines Königs, doch früh genug, um alles zu einem glücklichen Ende zu führen.

Szeneneinteilung

Bühnenstücke	1. Akt	2. Akt	3. Akt	4. Akt	5. Akt
Romeo and Juliet	xxxxx	xxxxxx	xxxxx	xxxxx	xxx
A Midsummer	xx	xx	xx	xx	x
The Merchant	xxx	xxxxxxxxx	xxxxx	xx	x
Twelfth Night	xxxxx	xxxxx	xxxx	xxx	x
Julius Caesar	xxx	xxxx	xxx	xxx	xxxxx
Hamlet	xxxxx	xx	xxxx	xxxxxxx	xx
Othello	xxx	xxx	xxxx	xxx	xx
Macbeth	xxxxxxx	xxxx	xxxxxx	xxx	xxxxxxxxx
King Lear	xxxxx	xxxx	xxxxxxx	xxxxxxx	xxx
The Winter's Tale	xx	xxx	xxx	xxxx	xxx

Der Szeneneinteilung der einzelnen Schauspiele werde ich mich in den Einzelinterpretationen unter den Stichwörtern ›formale Ökonomie‹ und ›dramaturgische Funktionalität‹ zuwenden.

Romeo and Juliet / Romeo und Julia. Tragödie in 5 Akten. Erstveröffentlichung 1597. Erste deutsche Übersetzung von August Wilhelm Schlegel 1797. Hauptquellen: Arthur Brooke, *The Tragicall History of Romeus and Juliet* (1562). Ursprünglicher Text von Masuccio Salernitano (1476), der von Luigi da Porta aufgegriffen worden ist (1525). – Zugrunde liegender Text: William Shakespeare, *Romeo and Juliet / Romeo und Julia*, übers. und hrsg. von Herbert Geisen, Stuttgart 1979 (RUB 9942).

Romeo and Juliet ist Shakespeares bekanntestes Bühnenstück und sein unverwüstlichstes. Was hat es in den 400 Jahren seit seinem Erscheinen auf den Bühnen Englands und der Welt nicht alles über sich ergehen lassen müssen, und doch zählt es noch immer weltweit zu den Favoriten des Theaterpublikums![1] Die Liebestragödie entstand ungefähr zur selben Zeit wie *A Midsummer Night's Dream*, nachdem Shakespeare bereits zuvor mit einer Reihe erfolgreicher Stücke die Theaterwelt Londons erobert hatte.[2] Nur drei von seinen Stücken weisen im Titel die Namen ihrer weiblichen und männlichen Helden aus; *Romeo and Juliet* ist eines davon, *Troilus and Cressida* und *Antony and Cleopatra* sind die anderen. Die Tragödie um die beiden Liebenden

---

1 Mit der weltweiten Rezeptions- und Wirkungsgeschichte gerade dieses Dramas befasse ich mich ausführlicher in Kapitel IV. Soviel sei hier gesagt: Keines von Shakespeares Werken hat so viele »spin-offs« erzeugt, hat so viele (oft fragwürdige) künstlerische Anverwandlungen erfahren wie *Romeo and Juliet*. – Vgl. Norrie Epstein, *The Friendly Shakespeare*, New York 1993, S. 464 ff.

2 Vor dem Erscheinen dieser Tragödie hatte Shakespeare unter anderen so bekannte Stücke wie *The Taming of the Shrew*, einige seiner großen Königsdramen und *The Comedy of Errors* aufgeführt.

aus verfeindeten Elternhäusern wird jenseits ihrer Beliebtheit beim Publikum zu den bedeutendsten und reifster
Werken Shakespeares gerechnet,[3] und ihre Heldin, die jugendliche Juliet, zählt zu seinen eindrucksvollsten Frauengestalten der Weltliteratur überhaupt. In den Ausführunger
zu diesem Stück werde ich mich schwerpunktmäßig auf ihre
Lebenstragödie konzentrieren, mit der die des Romeo
schicksalhaft verbunden ist. Dabei werden die beiden vordergründig wahrzunehmenden Themen des Stückes, die
Feindschaft der beiden Häuser Capulet/Montague und die
daraus erwachsenden Momente der Bedrohung für das Liebespaar, mit berührt, damit die zentrale Problemstellung ir
Romeo and Juliet, der Aufeinanderprall von »Idealismus
und Wirklichkeit«[4]. In diesem Zusammenhang wird eir
weiterer Blick auf die übrigen Figuren zu richten sein. Es is
nicht zufällig und deshalb verfolgenswert, dass Shakespeare
hier wie in keinem seiner übrigen Stücke Repräsentanter
der unteren sozialen Schichten sehr differenziert ins Spie
gebracht hat, die über weite Strecken die Handlung der Tragödie anführen.[5] Doch die Welten stehen nicht »oben« unc
»unten« gegeneinander. Die Missverständnisse, handfester
Auseinandersetzungen, Spannungen und dramatischen Zu-
spitzungen, aber auch die Bande von Loyalität und Vertrauen, laufen in *Romeo and Juliet* quer durch die gesell-

---

3 Ulrich Suerbaum, *Shakespeares Dramen*, Tübingen/Basel, 1996, S. 181.
4 »The underlying subject of Romeo and Juliet is the clash between idealism
   and the real world«, stellen Kenneth McLeish und Stephen Unwin in ihrem
   Buch *A Pocket Guide to Shakespeare's Plays*, London 1998, S. 188, kurz unc
   bündig fest. – Ähnlich formuliert Uwe Baumann: »Shakespeares tragischen
   Liebespaar Romeo und Juliet gelingt es, wenn auch nur für Stunden, in einer
   durch Instabilität und Gewalt geprägten Gesellschaft, sich eine von hinge-
   bungsvoller Leidenschaft erfüllte private Welt zu schaffen.« – Uwe Baumann, *Shakespeare und seine Zeit*, Stuttgart/Düsseldorf/Leipzig 1998, S. 94.
5 Zu nennen sind Gregory, Sampson, Balthasar, Peter, Abram, der Apotheke
   und andere. – Herausragende Repräsentantin der unteren sozialen Schich
   (ihrer Geburt und Sprache nach) ist Juliets Amme. Im weiteren Interpretationszusammenhang gehe ich auf wesentliche Personen der Tragödie
   – neben Romeo und Juliet – noch näher ein.

Die »Balkonszene« (II,2).
BBC-Fernsehproduktion »Romeo and Juliet«

schaftlichen Stände und umfassen alle, die der einen oder
der anderen Seite nahe stehen – Diener, enge Freunde, Juliets Amme, die Geistlichkeit. Vor dem Hintergrund des
unglücklichen Schicksals der beiden Liebenden in Verona,
dem Hauptschauplatz des Geschehens, werden für einige Momente die Klassenunterschiede aufgehoben. Hinter
Masken und Posen, Floskeln und Attitüden werden Menschen sichtbar (gemacht). Das gilt für alle großen Gestalten
in Shakespeares Stücken und sei an dieser Stelle noch einmal
nachdrücklich mit einem Zitat von Samuel Johnson ins Bewusstsein des Lesers gehoben: »Bei Shakespeare gibt es
keine Heroen; in seinen Szenen erscheinen nur Menschen,
die so handeln und sprechen, wie der Leser selbst in einem
solchen Fall gehandelt oder gesprochen hätte: Selbst da, wo
die Handlung jenseits des Natürlichen angesiedelt ist, bleibt
der Dialog dem Leben angepaßt.«[6] Erstmals aber steht mit
Romeo und Juliet ein jugendliches Paar auf der Bühne, das
der Zeit und ihren ehernen Gesetzen trotzt, gar die Sterne
herausfordert und mit seiner Liebe versteinerte Herzen er-
weicht. Das lebhafte Geschehen entwickelt sich in teilweise
hochdramatischer Steigerung über fünf Akte mit insgesamt
24 Szenen und erreicht im Doppelselbstmord der Liebenden seinen absoluten Höhepunkt. Dabei entsprechen die
Intensität der Handlung und das ungeheure Tempo, mit
dem sich die Ereignisse vollziehen, vollkommen den Gefühlen der beteiligten Menschen – tödlicher Liebe und töd-
lichem Hass.[7]

---

6 Samuel Johnson, *Vorwort zum Werk Shakespeares*, Stuttgart 1987, S. 36.
7 Hierin besteht ein herausragendes Charakteristikum der Tragödie, das in
   der Sekundärliteratur vielfach unterstrichen wird. In einem Essay der *Signet
   Classic*-Ausgabe von *Romeo and Juliet* heißt es sehr komprimiert: »Every-
   thing in Romeo and Juliet is intensive, impatient, threatening, explosive. We
   are caught up in speed, heat, desire, riots, running, jumping, rapid-fire puns,
   dirty jokes, extravagance, compressed and urgent passion, the pressure of
   secrets, fire, blood and death.« – Michael Goldman, *»Romeo and Juliet«: The
   Meaning of Theatrical Experience«*, in: William Shakespeare, *Romeo and
   Juliet*, New York / London 1998 (Signet Classic), S. 160.

Ausbrüche eines lange schwelenden Unfriedens zwischen den Familien Capulet und Montague versetzen von Zeit zu Zeit die Stadt Verona in Aufregung. Prinz Escalus hat beide Seiten aufgefordert Zurückhaltung zu wahren. Der alte Capulet will dem Prinzen seinen guten Willen beweisen. Er erklärt sich einverstanden, dem Werben von Paris – einem Neffen Escalus' – nachzugeben, der sich um Juliet, die einzige Tochter der Capulets, bemüht. Ein Fest soll gefeiert werden, um die Verlobung anzuzeigen (I,2,20 ff.). – Auch Romeo, der sich in Melancholie ergeht, weil er vergeblich einem Liebestraum nachhängt, findet sich mit seinem Freund Benvolio auf dem Ball ein. Dort kann gerade noch eine Auseinandersetzung zwischen dem hitzigen Tybalt, einem Neffen der Gräfin Capulet, und Romeo verhindert werden. Die versprochene Juliet und Romeo verlieben sich ineinander (I,5). – Obwohl beide um die Feindschaft der Elternhäuser wissen, wollen sie unverzüglich heiraten. Der Franziskanerpater Laurence wird eingeweiht. Er vollzieht eine geheime Trauung und will auf diese Weise zum Frieden zwischen den beiden Familien beitragen (II,6,34). – In den Straßen von Verona begegnen Romeo und seine Freunde (Mercutio und Benvolio) Juliets Vetter Tybalt, der den jungen Montague hasst. Es kommt zunächst zu hitzigen Wortgefechten, ehe die Klingen gekreuzt werden. Tybalt tötet Mercutio, einen der besten Freunde Romeos. Dann rächt Romeo den Tod des Freundes und ersticht Tybalt. Der hinzugerufene Prinz Escalus verhängt den Bann über Romeo, der fortan Verona nicht mehr betreten darf (III,1,186–197). Das Geschehene spricht sich rasch herum. – Romeo und Juliet treffen einander und verbringen eine kurze Hochzeitsnacht miteinander (III,5,1 ff.). – Um die Trauer und den Verlust Tybalts zu überwinden, soll die Hochzeit zwischen Paris und Juliet beschleunigt werden. Juliet weigert sich; es kommt zu einer erregten Auseinandersetzung mit ihren Eltern (III,5,160 ff.). Hilfesuchend wendet sich Juliet an Pater Laurence, der Rat weiß. Durch eine äußerst gewagte List kann Zeit gewonnen werden: Juliet soll am vorgesehenen Hochzeitstag einen Trank einnehmen, der sie für einige Zeit in einen todesähnlichen Schlaf versetzt. Da man annehmen würde, dass sie wirklich tot sei, würde sie in der Familiengruft der Capulets beigesetzt. In der Zwischenzeit würde Romeo einen Brief erhalten und mit ihr zu der Stunde, da sie aus ihrem Schlaf erwacht, nach Mantua fliehen können (IV,1,89–120). – Das Haus Capulet trauert um Juliet, die von ihrer Amme ›tot‹ aufgefunden wird (IV,5,1 ff.). – Wie vorausgedacht, wird Juliet in der Familiengruft aufgebahrt. – Inzwischen hat Romeo von Juliets (vermeintlichem) Tod erfahren, ohne die Wahrheit zu kennen. Pater Laurences Brief hat ihn nicht erreicht. Er will an Juliets Seite sterben und beschafft sich von einem Apotheker Gift (V,1,58 ff.). – Auf dem Friedhof stößt Romeo mit Paris zusammen, der gekommen ist, um von Juliet Abschied zu nehmen. Romeo tötet Paris, in dem er zu spät einen edlen Gleichgesinnten erkennt (V,3,74–87). Dann trinkt er das Gift. Als Juliet erwacht und Romeo tot neben sich liegen sieht, ersticht sie sich mit Romeos Dolch (V,3,170). – Die Eltern Capulet und Montague und auch Prinz Escalus werden verständigt. Sie erscheinen im Morgengrauen auf dem Friedhof. Dort bleibt es Pater Laurence vorbehalten, die ganze Wahrheit zu enthüllen, die von den Beteiligten mit Erschütterung aufgenommen wird. Ihre toten Kinder zu Füßen, versprechen die Eltern Capulet und Montague einander Frieden. Ein endgültiges Ende der Feindschaft wird auch von Prinz Escalus eingefordert, der in den abschließenden Worten des Stückes das einzigartig unglückliche Schicksal der beiden Liebenden betrauert: »For never was a story of more woe / Than this of Juliet and her Romeo« (V,3,309 f.).

Für den Streit der Häuser Capulet und Montague, der für die Liebesbeziehung Romeos und Juliets den bewegten Hintergrund abgibt, wird kein konkreter Grund genannt. Der einführende Prolog teilt lediglich mit, dass die Ursachen weit in der Vergangenheit liegen (»ancient grudge« –

Prologue, 3). Die in der 1. Szene des I. Aktes gefährlich auf-
brechenden Temperamente erfahren in der 1. Szene des
III. Aktes ihre Steigerung, in V,3 ihren leidenschaftlichen
Höhepunkt. Dort bricht das Geschehen in sich zusammen.
Die 1. Szene der Tragödie, in der es zu einer handfesten
Auseinandersetzung in den Straßen der Stadt kommt, ist
atmosphärisch sehr dicht und spannungsreich aufgeladen.
Sie stellt ein anschauliches Beispiel für Shakespeares Kunst
dramatischer Exposition, Handlungs- und Figurenführung[8]
dar, in dem bereits alle Elemente des sich steigernden Fami-
lienkonflikts und der Liebestragödie enthalten sind, obwohl
weder Romeo noch Juliet in Erscheinung treten. Das Geschehen dieser 1. Szene zeigt drei Aufschwünge von Gewalt:
verbale Kampfrituale der Diener beider Häuser; Duell-
bereitschaft der jugendlichen Vertreter des Adels und Eingreifen der Vertreter der älteren Generation; machtvoll-
ohnmächtiges Auftreten des Prinzen Escalus. In diesem
dreifachen Aufschwung fällt das klar abgegrenzte Sprechen
und Handeln der beteiligten Personen auf. Die Vertreter der
unteren sozialen Schicht treten großsprecherisch in Erscheinung. Sex und Gewalt sind ihre Themen, und sie übertreffen einander in zotigen Sprüchen. Dies entspricht ihren All-
tagsgewohnheiten und dem, was bei ihnen umgangssprach-
lich üblich ist.[9] – Für Benvolio und Tybalt ist das Duell die
angemessene und konventionell übliche Art, um Meinungs-

---

8 Dazu allgemein: Ulrich Suerbaum (Anm. 3). Im engeren Sinne gegenstands-
bezogen: Inge Lemberg, »Shakespeare, *Romeo and Juliet*«, in: Dieter Mehl
(Hrsg.), *Das englische Drama I*, Düsseldorf 1970, S. 60 ff.
9 Shakespeares Figuren benutzen natürlich die Sprache ihrer Zeit, und die war
derb. Der Dramatiker konnte sich ihrer ungehemmt bedienen, je drastischer
– desto willkommener beim Publikum: »Shakespeare was […] stunningly
vulgar. And his audience loved it. Bodily functions, secretions, smells, refer-
ences that we would consider tasteless or private, were to them the pinnacle
of wit. Privacy, particularly concerning personal hygiene, is a relatively modern idea, and the Elizabethans were far less squeamish than we are today.«
– Epstein (Anm. 1), S. 117. – Zur Sexual-Sprache seiner Stücke siehe Frankie
Rubinstein, *A Dictionary of Shakespeare's Sexual Puns and Their Signifi-
cance*. Basingstoke 1989.

verschiedenheiten zu regeln. Sie handeln damit gemäß ihrer Erziehung, ihrem Stand und dem Normenverständnis der älteren Adelsgeneration. An der Spitze der Pyramide sehen wir Prinz Escalus als die höchste staatliche Autorität. Alles in dieser Szene nimmt sich wie ein einstudiertes komödiantisches Spiel aus, das sich so oder ähnlich in Verona zu wiederholten Malen zugetragen hat. Nichts scheint auf die düsteren Vorhersagen des Prologs hinzudeuten; kein bedeutendes Ereignis, das die »unsternbedrohte« Situation der beiden Liebenden aufzeigte (»A pair of star-crossed lovers ...« – Prologue, 6), kaum etwas von dem »Wüten der Eltern« (»their parents' rage« – Prologue, 10). Die Ermahnung des Prinzen an beide Elternhäuser, feierlich und gewichtig vorgetragen, signalisiert zwar den Ernst der Lage in einem Streit, der außer Kontrolle zu geraten droht (»If ever you disturb our streets again, / Your lives shall pay the forfeit of the peace« – I,1,96–98), aber man mag nicht glauben, dass dies wenig später tatsächlich eintritt. Deklamatorisches Pathos, so will es scheinen, deckt das Bedrohliche pompös zu. – Die in dieser 1. Szene trotz witziger und komischer Momente angedeutete Konfliktentladung setzt sich aber in der Schlussszene des 1. Aktes fort, in der Tybalt mit einer finsteren Drohung die weitere Entwicklung der Familienfehde vorausbestimmt: »I will withdraw. But this intrusion shall, / Now seeming sweet, convert to bitterest gall.« (I,5,91 f.) Zu diesem Zeitpunkt sind Romeo und Juliet bereits in das Geschehen eingetreten und im Begriff durch ihre Verbindung alle Schranken der Konvention zu durchbrechen und damit auch aus ihrem gesellschaftlichen Schutzraum hinauszutreten. – Die angesprochene Szene III,1 enthält als Kulminationspunkte Mercutios und Tybalts Tod sowie Romeos Verbannung aus Verona. Sie ist für den Gesamtaufbau der Tragödie von zentraler Bedeutung insofern, als in ihr jene Motive krass sichtbar werden, die in beiden ersten Akten nur vorzeichenhaft aufleuchteten: Mit dem unbedingten Tötungswillen der jungen Edelleute, der nacheinander zwei (hitzköpfige) Opfer fordert, erreicht die Familienfehde einen ersten manifesten Gewalthöhepunkt, die Tragödie insgesamt ihre unmittelbar zur Katastrophe führende Steigerung. Mit Romeos Verbannung, die Herbert Geisen in seiner Interpretation des Dramas als »den vorläufigen Sieg des den Liebenden feindlich gesonnenen Haß-Prinzips«[10] bezeichnet, beschleunigen und verwirren sich die Begleitumstände ihrer so hoffnungslosen und verzweifelten Beziehung. – Das Fortschreiten von Gewalt sowie eine Reihe von Zufällen und Irrtümern führen im V. Akt zur letztmaligen Gipfelung der Ereignisse. Diesmal sind drei Tote zu beklagen. Ohnmächtig stehen die Mitgestalter des Verhängnisses – die Eltern, Pater Laurence, die Amme und Prinz Escalus – vor den Trümmern ihrer aus Vorurteilen und überlebten Konventionen zusammengesetzten Welt. Das Unbegreifliche, das geschehen ist, hätte nicht geschehen müssen. Kein unauflösbarer Konflikt lag als Voraussetzung zu Grunde. Eigentlich ist man des Streitens überdrüssig und hat erkannt, wie sinnlos die Fortsetzung der alten Fehde ist (I,2,1–3). Dazu bemerkt Wolfgang Clemen: »Was daher die äußere Motivierung anbelangt, so werden wir nicht in einen unentrinnbaren tragischen Ablauf hineingestellt, sondern in eine Entwicklung, die immer wieder jenes ›Es hätte auch gutgehen können‹ aufweist […]. Es ergibt sich ein Begriff von Tragik, der in gewisser Weise die mittelalterliche Vorstellung der blind waltenden, unberechenbaren Fortuna noch fortsetzt, obschon in verfeinerter Form und mit neuen Wechselbeziehungen, die die mittelalterliche Auffassung, außer auf der Ebene der von Shakespeare ja ausdrücklich vermiedenen moralischen Begründung, nicht kannte.«[11] Natürlich tragen Romeo und Juliet –

---

10 Herbert Geisen, »Nachwort« in: »William Shakespeare, *Romeo and Juliet / Romeo und Julia*« (RUB 5), S. 119.

11 Wolfgang Clemen, *Romeo und Julia*, Reinbek bei Hamburg 1957, zitiert in: Edgar Neis, *William Shakespeare, »Romeo und Julia«*, Hollfeld [11]1998, S. 27 f.

jung und ungestüm, unerfahren und hemmungslos leidenschaftlich – einen Teil der Verantwortung für die Rapidität
und erschreckende Zwangsläufigkeit der Ereignisse, selbst
wenn die Rezeptionsgeschichte sie immer wieder gern zu
den unglücklichen »star-crossed lovers« gemacht hat.[12] Romeo tritt in vier der fünf Akte in Erscheinung (im IV. Akt
sehen wir ihn nicht auf der Bühne); Juliet erscheint als einzige Person des Dramas in jedem Akt. Nur viermal treffen
beide einander; eine einzige Szene gehört ihnen ganz allein
(II,2), sonst sind überall bei ihrem Auftreten weitere Personen zugegen. Diese Verteilung unterstreicht die Bedeutung
der beiden Protagonisten, die Kurzlebigkeit ihres persönlichen Glücks und hebt gleichzeitig ihre schier unlösbare
Verbundenheit mit den anderen Personen hervor. Beide sehen sich erstmals auf dem Ball in Juliets Elternhaus. Romeo,
kurz zuvor noch ganz in poetischer Schwärmerei für die angebetete Rosaline aufgehend (I,1,171 ff.), ist beim Anblick
Juliets wie verwandelt. Er verliert buchstäblich seine Sprache: die gezierten Reime, mit denen er gegenüber seinem
Freund Benvolio eine Art Herzensbeichte abgelegt hat, zerbrechen unter der Macht aufkommender echter Gefühle.
Ohne auf die Anwesenheit der übrigen Gäste zu achten,
kommen sich Romeo und Juliet in anspielungsreichen Sonetten nahe (I,5,93 ff.). Sie scheinen, mit sich allein, der
»Magie des Augenblicks«[13] widerstandslos hingegeben.
Hier passiert etwas Ungeheures, das den beiden jungen
Menschen in diesem Moment nicht klar ist. Beide über-

---

12 »So liegt wohl über der Wirkungsgeschichte der Tragödie [...] ein feiner
   Hauch von Ironie, indem sie eben dieses Liebespaar wiederum zum Kli-
   schee erstarren lässt, zur Verkörperung der ›star-crossed lovers‹.« Baumann (Anm. 4), S. 99.
13 Baumann (Anm. 4), S. 95. – Tatsächlich erscheinen beide wie gebannt und
   vergessen alles um sich herum. Gleichzeitig werden beide in nahezu kon-
   gruenten (Sprach-)Handlungen initiativ. Auch Marianne Novy stellt das in
   ihrer Interpretation heraus: »Romeo and Juliet at once match their shared
   imagery with [...] emotional openness.« – Marianne Novy, »Violence,
   Love and Gender in *Romeo and Juliet*«, in: William Shakespeare, *Romeo
   and Juliet* (Anm. 7), S. 189.

schreiten Grenzen, vor denen sie gemäß höfischer Etikette Halt machen müssten. Wissentlich und ohne eingeladen zu sein, geht Romeo in das Haus der Capulets und provoziert damit eine scharfe Reaktion (Tybalt). Juliet ihrerseits weist den ›zudringlichen‹ Gast nicht in seine Schranken, im Gegenteil – sie macht ihm Avancen. Schließlich ist ihr öffentlicher Kuss unschicklich; in herausfordernder Weise verletzen beide ein höfisches Tabu. Bereits in diesen wenigen Minuten ihres ersten Zusammentreffens haben sich Romeo und Juliet der ihnen von Haus und Stand aus auferlegten Zwänge entledigt. Dass sie sich als Kinder der miteinander verfeindeten Elternhäuser auf ein gefährliches Terrain begeben haben und Konsequenzen unausweichlich sind, erkennen beide mit Erschrecken zu spät. »My only love, sprung from my only hate! / Too early seen unknown, and known too late!«, ruft Juliet aus, »Prodigious birth of love it is to me / That I must love a loathed enemy« (I,5,140 f.). Die Unbekümmertheit, mit der bei dieser ersten Begegnung Grenzen verletzt und Schranken überschritten werden, ist erstaunlich. Der Zuschauer ist auf nichts dergleichen vorbereitet. Nicht weniger überraschen im Anschluss an diese Szene die Hast, die Konsequenz und die Rücksichtslosigkeit, mit denen die beiden Liebenden ihr Glück erzwingen wollen. Herbert Geisen weist auf die »Todesverfallenheit von Romeos und Julias Liebe« hin[14], die – zumindest in vielen Momenten des Handelns – durch ihre selbstzerstörerische Leidenschaftlichkeit unaufhebbar wird. – Schon beim nächsten Zusammentreffen werden alle Stufen der Förmlichkeiten zielstrebig überwunden (II,2). Romeo schleicht sich in den Garten der Capulets, um Juliet nahe zu sein. Diese erneute Grenzüberschreitung wird von ihr geduldet und unterstützt. In Reim und Gegenreim versichern sich beide ihrer Liebe. ›Licht‹ ist das vorherrschende Wort, mit dem ihre Gefühle füreinander verklärt werden. Romeos Er-

---

14 Geisen (Anm. 10), S. 111.

öffnungsverse setzen das geliebte Mädchen mit der strahlenden Sonne gleich: »But soft! What light through yonder
window breaks? / It is the East, and Juliet is the sun!«
(II,2,1 f.). – In dem von poetischem Zauber getragenen Dialog umschreiben *daylight, silver moon* und *stars* den reinen
Glanz ihrer Liebe. Doch die Bilder des Lichts haben ihre
Gegenbilder der Bedrohung (*darkness, clouds, night, light-
ning, death*), in denen die Tragik der Beziehung antizipiert
wird.[15] Jäh wird den verliebten Worten und Wendungen
jede Unverbindlichkeit genommen, als das Wort »Ehe« ins
Gespräch gebracht wird: »Three words, dear Romeo, and
good night indeed. / If that thy bent of love be honoura-
ble, / Thy purpose marriage, send me word tomorrow«
(II,2,142–144). Es wird zum wirklichen Schicksalswort, das
Romeo ohne jedes Nachdenken beglückt aufgreift. Diese
2. Szene hat eine wichtige Brückenfunktion. Mit ihr endet
die im I. Akt begonnene ›Vorgeschichte‹. Das Geschehen
tritt nun in ein neues Stadium, in dem das Handeln der beiden Liebenden von gefährlicher Eile und ihre Situation von
zunehmender Isoliertheit geprägt ist.[16] Es bahnt sich eine
zusätzliche Komplikation des Verhältnisses zwischen den
beiden verfeindeten Elternhäusern an und das Zerwürfnis
Juliets mit ihrem Vater. – Nach dieser ›Gartenszene‹ haben
beide nur noch zwei Gelegenheiten einander nahe zu sein.
Zunächst werden Pater Laurence und die Amme zu Helfern
ihres geheimen Ehebundes gemacht, der am Schluss dieses
II. Aktes förmlich vollzogen wird (II,6,35–37). Dann erleben Romeo und Juliet unter dem Druck der geheim gehaltenen Trauung und im Wissen um Romeos Verbannung ihre
erste und einzige Liebesnacht (III,5). Im Geschehen selbst

---

15 »The love of Romeo and Juliet is already imaged as a flash of light swal-
lowed by darkness, an image invoking inexorable natural law« – Susan
Snyder, »Beyond Comedy: *Romeo and Juliet*«, in: William Shakespeare,
Romeo and Juliet (Anm. 7), S. 176.
16 Dazu schreibt Marianne Novy: »The secrecy of their love heightens at
once its purity and its intensity and its vulnerability. When the private world
is established it is already threatened.« – Novy (Anm. 13), S. 196.

und in den sprachlichen Details fehlt es nicht an Vorzeichen und Hinweisen, dass ihre Entscheidung in einer Katastrophe enden muss: Mahnende Worte Pater Laurences stehen im Raum (II,3,90); die Freunde sind nicht ins Vertrauen gezogen; Juliet zeigt sich resigniert und hoffnungslos nach Romeos Verbannung, sie spricht von früher Witwenschaft (III,2,134 f.); die Vorbereitungen für die Hochzeit mit Paris, vor der sie gezwungen wäre, sich zu offenbaren, nehmen konkrete Gestalt an; auch Romeo ahnt die Aussichtslosigkeit ihrer Liebe; ein zweifaches »Adieu« verhallt am Ende der letzten Begegnung zwischen ihm und Juliet, als er sie verlassen muss (III,5,59).

Warum halten Romeo und Juliet ihre Beziehung geheim? Könnte durch ihr öffentliches Bekennen zueinander die Familienfehde nicht beendet und ihr persönliches Glück geschützt werden? Abgesehen von den dramaturgischen Notwendigkeiten dieser Tragödie gibt es für ihr Schweigen verschiedene psychologisch vertretbare Begründungen: Das Vertrauen der beiden jungen Menschen in die ältere Generation ist arg beschädigt.[17] Romeos Freunde haben mehrfach bewiesen, dass sie nicht reif genug sind; sie könnten die Besonderheit und die Ernsthaftigkeit der Beziehung gar nicht verstehen; überdies wären sie durch ein Mitwissen verpflichtet, aus Freundschaft zu Romeo auf weitere gewaltbetonte Beweise von Ehre und Männlichkeit zu verzichten (Mercutio).

Mit ihrer Verschwiegenheit nach außen entwickeln Romeo und Juliet jedoch einen ihrem Sprachcode absolut analogen Verhaltenscode, durch den sie sich bewusst außerhalb des gesellschaftlichen Rahmens stellen. In dieser so aussichtslosen Lage können beide ihren Weg nur bis zum Ende gehen, der in der Folge von einer Kette unglücklicher Zufälle be-

---

17 »It is in part because of the difference between their experience of love and Verona's expected distortion of it that Romeo and Juliet try to keep their relationship private.« – Novy (Anm. 13), S. 194.

gleitet und überschattet wird.[18] Betrachtet man die denkbar
ungünstigen Bedingungen, unter denen sich die Liebe von
Romeo und Juliet entwickelt, so erscheint es nur folgerichtig, dass beide ihr Glück auf Erden nicht haben und halten
können. So schreibt Herbert Geisen: »Wenn die Liebe zwei
Menschen zu einer unauflösbaren Einheit verbindet, muß
die Trennung als Tod, als Ende der Identität wirken. Nur
im Zusammenspiel mit dem Partner erhält ja der Liebende
seine eigentliche Identität, sein eigentliches Menschsein.«[19]
Bis hierher habe ich deshalb Romeo und Juliet entsprechend
dem Geschehensverlauf gewissermaßen als eine ›personale
Einheit‹ dargestellt. Es darf aber nicht davon ausgegangen
werden, dass es sich bei ihnen als den beiden zentralen Figuren der Tragödie um eine Zwillings-Identität handelt. Im
Gegenteil, sie treten als zwei starke und gegensätzliche, in
Liebe verbundene Charaktere in Erscheinung, auf deren individuelle und persönliche Eigenarten nunmehr genauer
eingegangen werden soll.
Romeo ist die einzige Gestalt der Tragödie, die einen auffallenden Persönlichkeitswandel erlebt, wie ich meine ›statio-
nenhafter‹ als dies mit Juliet geschieht, obwohl auch sie einen gewaltigen Sprung aus der beschützten Jugendzeit in
die Erwachsenenwelt macht. Wir sehen ihn in drei Stadien
seiner Entwicklung: Von einem unausgeglichenen jungen
Mann, nicht älter als 16 Jahre, der anfangs in eine Traumge-
stalt (Rosaline) und ins Verseschmieden verliebt ist, gelangt
er zu einer Haltung beinahe gelassener Weltverachtung und
reift über Nacht zu einem Mann, der alles Verspielte und
Unreife hinter sich gelassen hat und für sein Handeln entschieden Verantwortung übernimmt. Bevorteilt durch sei-

---

18 »Die Handlung selbst entwickelt sich mit Konsequenz und Spannung aus
einer Reihe von puren Zufällen, d. h. so, daß der Ablauf der Geschehnisse
nur in der wahren Konsequenz der eigentlichen überirdischen Liebe liegt,
daß ihn aber im einzelnen eine Reihe von Zufällen vorwärtstreibt, die
selbst ganz von außen hineinwirken.« – Kurt Schilling in: Neis (Anm. 11),
S. 30.
19 Geisen (Anm. 10), S. 120.

nen Stand, durch äußere Anmut und mit Schönheitssinn begabt, hat er keine Mühe die Menschen für sich einzunehmen. Sogar die Capulets sind ihm eigentlich gewogen. Doch zeigt sich in seinem Verhalten ein Hang zur Melancholie, die ihre Ursache in der Sehnsucht nach erfüllter Liebe hat.[20] Romeo kapselt sich ab, hängt dichtend seinen Träumen und einem ungestillten Liebesverlangen nach. Er erscheint selbst seinen Freunden und Eltern fremd (I,1,118 ff.). Mehr aus Solidarität den Freunden und ihrem Männlichkeitsideal gegenüber ist Romeo bereit, zum Maskenball der Capulets zu gehen. Er hört eine warnende innere Stimme, folgt ihr jedoch nicht: »I fear, too early; for my mind misgives / Some consequence, yet hanging in the stars« (I,4,106 f.). – Mit den Versen der geträumten und gedichteten Liebe Romeos kontrastieren die in der ersten Begegnung mit Juliet plötzlich befreiten wirklichen Gefühle nunmehr auch sprachlich. Sie drängen den jungen Mann von schwärmerischen Huldigungen zu Worten und Handlungen jenseits von zuvor eloquent, jedoch hülsenhaft verwendeten Floskeln literarischer Vorbilder und höfischer Konventionen.[21] Zwar fällt Romeo anfänglich immer wieder in den Tonfall romantisierender Schwärmerei zurück, doch zwingen ihm die Ereignisse immer mehr sprachliche Direktheit und Nüchternheit ab. Dies wird bereits in der Gartenszene mit Pater Laurence sehr deutlich. Romeos Sprachanteile sind dort knapp und von vorwärts drängender Sachlichkeit (II,3). Ganz Ähnliches ist in der anderen Gesprächsszene mit Pater Laurence zu er-

---

20 Mit augenzwinkernder Respektlosigkeit schreibt Rolf Vollmann über Romeo: »Wenn es ein Sanatorium für Liebende gäbe, gehörte er hinein.« – Rolf Vollmann, *Who's who bei Shakespeare?*, München ²1998, S. 230. – Diesem saloppen Urteil möchte ich mich nur bedingt anschließen. Richtig daran ist, dass Shakespeares große Gestalten immer ›gespaltene‹ Persönlichkeiten sind, stets absturzgefährdet auch dort, wo sie nicht tatsächlich untergehen.

21 »As soon as Romeo meets Juliet, however, he changes. Instead of merely phrase-making about love, he begins to devote his whole being and his intelligence to it and to its object, Juliet.« – McLeish/Unwin (Anm. 4), S. 185.

kennen, doch ist Romeos Sprache dort bereits stark von
Weltschmerz und Entsagungsbereitschaft getragen (III,3).
In Gegenwart Juliets hingegen nehmen seine Worte ekstati-
schen, beinahe hymnischen Glanz an und gewinnen an
Transzendenz (III,5 und V,3). Romeo, in seiner wachsenden
Entschlossenheit einem ›Hamlet‹ nicht unähnlich, übernimmt in mehreren entscheidenden Situationen die Initiative: zweimal geht er mutig auf Juliet zu und eröffnet ihr
damit die Möglichkeit zur steuernden Gegen-Initiative, die
von dem jungen Mädchen sofort wahrgenommen wird. –
Romeo ist es, der (von Juliet angestoßen) den entscheidenden Vorstoß bei Pater Laurence unternimmt und dessen
Unterstützung erbittet, von der jene Verkettung von unseli-
gen Zufällen ausgeht, die mit dem gewaltsamen Tod von
fünf jungen Menschen endet. – Wenn auch im Zorn, so
nimmt Romeo doch bewusst und ohne Zögern Tybalts Tod
in Kauf (»Away to heaven respective lenity, / And fire-eyed
fury be my conduct now!« – III,1,123 f.), der dem Verhängnis weit das Tor öffnet. Schließlich besorgt Romeo auch das
Gift (V,1), mit dem er Juliet im Tod vorangeht. Wohl steht
er anfangs Juliet an Reife, Entschlossenheit und Tiefe des
Gefühls nach; in seiner nie schwankenden Liebe erweist er
sich jedoch im Verlauf ihrer Beziehung als ein ebenbürtiger
Partner.
Juliet ist noch jünger als Romeo, nach unserem Empfinden
zu jung an Jahren, um mit Paris vermählt zu werden oder
sich aller Folgen bewusst zu sein, die ihre Bindung an einen
Geliebten mit sich bringen würde.[22] Wir sehen Juliet erst-
mals auf der Bühne im Gespräch mit ihrer Mutter und ihrer
Amme. Dort wirkt sie zurückhaltend, fast passiv. Nur we-

---

22 Junge Männer von Adel heirateten nicht selten im Alter von 20 Jahren.
   Entsprechend jünger waren die ausgewählten Frauen. Nach den Maßstäben der Zeit ist Juliet demnach durchaus in einem »heiratsfähigen« Alter.
   Jugendliche Darstellerinnen der Juliet entsprechen deshalb generell Shakespeares Intentionen weit eher als ältere Darstellerinnen, selbst wenn sie
   noch nicht die sprachlich-interpretatorische Reife besitzen, um dem Text
   gerecht zu werden.

nige Male kommt sie kurz zu Wort. Sehr ruhig, wohlerzogen und äußerst diplomatisch reagiert sie auf die Nachricht von Paris' Heiratsantrag (I,3,98–100). Wie sehr sich ihre Amme, von der sie großgezogen worden ist, auch bemüht, sie in die ›niederen Weihen‹ des Lebens einzuweisen – Juliet hat allem widerstehen können, sich ihre kindliche Reinheit bewahrt. Im Augenblick der ersten Begegnung mit Romeo aber wird aus dem vierzehnjährigen Mädchen, das sein bisheriges Leben in einem goldenen Käfig verbracht hat, eine erwachsene, mit aller Kraft ihres Gefühls und Verstandes kompromisslos liebende Frau. Anders als Romeo, besitzt sie trotz ihrer Jugend eine erstaunliche Reife, die es befähigt Gefühl und Vernunft miteinander in Einklang zu bringen. Entschlossen, umsichtig und konsequent setzt sie ihr Verlangen um, mit Romeo – dem Mann *ihrer* Wahl und Liebe – vereint zu sein. Sie geht auf sein verspieltes Liebeswerben ein, lenkt es aber intelligent und taktvoll in die von ihr (und auch von Romeo) gewünschte Richtung. Nicht als eine Petrarca-Figur[23] möchte sie ›besungen‹, sondern als Juliet geliebt werden. Sie ihrerseits ist bereit, sich Romeo als Frau ganz hinzugeben.[24] Entschlossen drängt sie auf den kirchlichen Segen für ihren Liebesbund. Dabei ist sie sich im Klaren darüber, dass er niemals legalisiert werden kann. Juliets auffälligster Charakterzug, der sich in der Folge zunehmend behaupten wird, ist ihre ungeheure Willenskraft,

---

23 Francesco Petrarca (1304–74), großer Dichter und Humanist, entwickelte die Sonett-Form zu einer absoluten Höhe. Petrarca wird 1341 sogar wegen seiner Dichtkunst in Rom gekrönt. – Im Interpretationskapitel *Sonnets* komme ich auf den historischen Hintergrund der Sonett-Dichtungen zu sprechen.

24 Shakespeare-Interpreten weisen immer wieder darauf hin, dass Juliets Gedanken entschieden weiter gehen als die Romeos: »In losing her virginity, she will win Romeo; in surrendering she will triumph.« – Epstein (Anm. 1), S. 321. – Auf ein anderes bemerkenswertes Motiv macht Wolfgang G. Müller aufmerksam, wenn er davon spricht, dass es Juliet vorrangig »um die Sicherung ihrer eigenen Identität« geht. – Vgl. Wolfgang G. Müller, *Das Problem weiblicher Identität bei Shakespeare*, zitiert bei Uwe Baumann (Anm. 4), S. 98 f.

die sie im Vergleich mit Romeo zu der stärkeren Persönlichkeit macht. Auf sie treffen besonders die von Alan Posener konstatierten Merkmale von Shakespeares großen Frauengestalten zu: »Shakespeares Heldinnen [...] sind keine Dulderinnen und auch keine symbolischen Idealgestalten, sondern lebende Frauen aus Fleisch und Blut, die eigene Ziele verfolgen und aktiv die Lösung des dramatischen Knotens, die Erlösung der darin heillos verhedderten Männer betreiben.«[25] – Als sie die Zusammenhänge erfährt, die zu Romeos Verbannung geführt haben, bekennt sie sich trotzig und mutig zu ihm und ist bereit, sich mit ihrem Vater zu überwerfen (III,5). Im Bewusstsein des vollen Risikos trinkt sie Pater Laurences Betäubungstrank (IV,3). In dieser Szene, die einen weiteren Höhepunkt des Geschehens darstellt, ist Juliet wie in keiner anderen Situation zutiefst einsam, mit sich und ihren Ängsten allein, »an isolated girl inside the tragic heroine«[26]. – Mit ihrem Selbstmord beendet sie radikal die Beziehung, die sie in jedem Moment ihres Handelns klarsichtig als bedroht und ohne jede Zukunft erkannt hat, und sichert der gemeinsamen Liebe über den Tod hinaus ihren Wert und Bestand. – Neben der ergreifenden Szene, in der Juliet allein mit sich ist, ihre Ängste niederringt und die Phiole mit dem Betäubungsgift leert, erleben wir zwei weitere Auftritte, in denen sich ihre leidenschaftliche Liebe und wunderbare Kraft offenbaren – ihre Hochzeitsnacht und ihre Todesstunde. Juliet spricht vor ihrer Vereinigung mit Romeo einige der kühnsten und glühendsten Verse aus, die der Dichter überhaupt geschrieben hat: »Give me my Romeo, and when he shall die, / Take him and cut him out in little stars, / and he will make the face of heaven so fine / That all the world will be in love with night / And pay no worship to the garish sun« (III,2,21-25). Juliet nimmt hier in leidenschaftlicher Entschlossenheit ihren Tod voraus. Sie zeigt in dieser Situation eine Größe

25 Posener, *William Shakespeare*, Reinbek bei Hamburg 1995, S. 85.
26 Epstein (Anm. 1), S. 322.

und Entwicklungsreife, die sich deutlich von der Romeos unterscheiden. Ihren Worten ist eine dramatisch bedeutsame Sinnverschmelzung unterlegt, die sich in abgewandelter Weise in der Leichenhalle der Capulets wiederholen wird.[27] Mit ihrem Tod triumphiert das idealistische Prinzip endgültig über den Hass und über die Macht der Verhältnisse, die von den Zurückgebliebenen nunmehr zu überdenken und neu zu ordnen sind.

In dieser Tragödie bilden Romeo und Juliet eine Personenachse. Durch sie wird die erwähnte pyramidale Personenkonstellation[28] horizontal durchbrochen. Weitere kontrastiv angelegte Paarbeziehungen erzeugen dann jene Figurensymmetrie, durch die das Schauspiel seine besondere formale Ausgewogenheit erhält. Auf der einen Seite sehen wir die Eltern Montague, ihnen entgegenstehend die Capulets. Benvolio auf der einen, Paris auf der anderen Seite verkörpern den gemäßigten jugendlichen Adel, Mercutio und Tybalt das Gegenteil. Beide unterstützen temperamentvoll jeweils ›ihr‹ Lager. Komplementär einander zugeordnet sind die beiden nachgeordneten Hauptfiguren Pater Laurence und die Amme. Zahlreiche andere Figuren-Paare vervollständigen den sozialen Rahmen und setzen die Parallelbeziehungen bis in die Nebenrollen hinein fort. – Eine der schillerndsten Figuren der Tragödie ist Mercutio. Er hat einen brillanten Verstand und eine scharfe Zunge. Sein intellektueller Zynismus bildet einen starken Kontrast zur primitiven, stets anzüglichen Schlagfertigkeit der Amme. Als ›Paar‹ bringen sie im Gegensatz zu Romeo und Juliet Er-

---

27 Im elisabethanischen Englisch hatte *to die* auch die Bedeutung von Orgasmus. – »Juliet invokes her own death, both sexual and literal. Thus their wedding night and its ecstasy anticipate their final consummation in the crypt.« – Epstein (Anm. 1), S. 322. – Bei ihrem Selbstmord hören wir Juliet ausrufen: »O happy dagger! This is thy sheath; there rust and let me die« (V,3,169–170). Noch einmal werden hier sexuelle Erfüllung und Tod gleichgesetzt (sheath = Scheide). Das Endgültige dieses Aktes kommt in *rust* deutlich zum Ausdruck.

28 Vgl. auch Hinweise unter Anm. 8, besonders Inge Lemberg.

denfestigkeit und Realitätssinn ins Spiel, mit denen sie das Stück häufig drastisch beleben. In der beinahe visionären »Queen Mab«-Rede (I,4,53–94), der ich mich weiter unten (S. 56) noch zuwenden werde, erweist sich Mercutio als tief blickender und sprachgewaltiger Philosoph, in seiner Weitsicht und Unabhängigkeit allen übrigen Personen des Dramas turmhoch überlegen.[29] – Neben Juliet stellt die Amme die zweite zentrale weibliche Figur dieser Tragödie dar; für sie ist Sex das alles beherrschende Thema. Auf der Bühne muss man sie sich nicht als eine in die Jahre gekommene Matrone vorstellen. Es mag richtig sein, sie wegen ihres primitiv-sinnlichen Verständnisses von Liebe als Komplementärpart von Juliet zu sehen, ähnlich wie Mercutio als den von Romeo. Sie tritt in zehn der insgesamt 24 Szenen auf, davon in einigen wichtigen zusammen mit Juliet und ist – mit Herbert Geisens Worten – »eine der in ihrer erdgebundenen, deftigen, redseligen und prinzipienlosen Art größten komischen Gestalten Shakespeares«[30]. Mit ihren Zoten und schlüpfrigen Wortspielen wirkt sie erfrischend, ist aber in dem Augenblick auf der Bühne entbehrlich, als Juliet Frau geworden ist, ihre eigene Sexualität erfahren hat und sich mit ihrer ganz eigenen Auffassung von Liebe außerhalb des für ihre Zeit und die Menschen gültigen Rahmens bewegt. – Ein kurzer Blick soll noch Pater Laurence gelten. Auch er gehört zu dem inneren Personenkreis der Tragödie. Wie die Amme Juliets weltliche Vertraute ist, so genießt Pater Laurence als Geistlicher Romeos Vertrauen und begleitet dessen Entscheidungen mit zunehmendem Verständnis. Er wurzelt tief in seinem (katholischen) Glauben, und als An-

---

29 »Witty, bawdy, fanciful, bored and dangerous« – mit solchen Zuweisungen wird Mercutio als eigenständige Figur meistens charakterisiert. Vgl. McLeish/Unwin (Anm. 4), S. 186. – Mercutio ist jedoch komplexer angelegt. Es macht Sinn in ihm die zweite, lebenspraktisch orientierte Seite Romeos zu sehen. Er bleibt so lange auf der Bühne, bis Romeo allein handlungsfähig wird. Erst mit Mercutios Tod erringt Romeo seine volle Handlungsfähigkeit als Mann unter Männern.
30 Geisen (Anm. 10), S. 114.

hänger des Hl. Franz von Assisi ist ihm alles Leben schüt-
zenswert. In ihm hat das Stück eine der tragischsten und
menschlichsten Gestalten, in dem die »Ohnmacht jedes
Menschen gegen die entsetzlich stille Raserei der Verliebtheit«[31] offenbar wird. Er hat kein kleinliches, banges Gemüt
bei allem Unbehagen, das ihn in der Gruft der Capulets be-
schleicht (V,3,135 ff.). Seine wirkliche Größe stellt er unter
Beweis, als er sich zu seiner ›Schuld‹ bekennt und sich den
Folgen der übermächtigen Liebe jener beugt, die er beschüt-
zen wollte.[32]

Das Publikum liebt dieses Stück wie kaum ein anderes nicht
allein wegen der anrührenden Geschichte seiner beiden jugendlichen Helden oder wegen der spannenden Handlung.
Die treffen wir auch in anderen Stücken an. Man liebt es
ganz besonders wegen seiner Sprache. Die bereits erwähnten glanzvollen Textstellen lassen sich mühelos um Dutzende vergleichbarer erweitern. Sie gehören zum Schönsten
und Eingängigsten, was Shakespeare geschrieben hat. So
wird die ganze Bandbreite seiner Dichtkunst lebendig in der
Rede der Amme (I,3,17–49); im zweiten Begegnungsdialog
zwischen Romeo und Juliet (II,2); in den von Gefühlen zerrissenen Monologen Juliets, als sie von Tybalts Tod erfährt
(III,2); in Pater Laurences Reaktion auf Romeos Tempe-
ramentsausbruch, nachdem die Amme über Juliets Stimmung und Befinden berichtet hat (III,3,); im letzten Zwie-
gespräch der beiden Liebenden (III,5); in Juliets einsamem
Entscheidungsmonolog, ehe sie den Betäubungstrank
nimmt (IV,3,14–59); in Romeos Monolog auf dem Weg
zum Apotheker (V,1,34–57), schließlich in seinem Sterbe-

---

31 Vollmann (Anm. 20), S. 162, durchaus mit einiger Sympathie für den »gift-
    mischenden Franziskaner«.

32 Diese Sicht bringen McLeish und Unwin sehr schön zum Ausdruck:
    »Everyone treats him with affection and respect – and in this light, when
    he realizes and proclaims his guilt in the play's final scene, he shares the
    lovers' tragedy, and thus the defeat of true love by circumstances is also the
    destruction of Nature by manmade convention.« – McLeish/Unwin
    (Anm. 4), S. 186 f.

monolog (V,3,74–120). Wie kein anderer hat Shakespeare die Bühnensprache seiner Zeit modernisiert. Zumeist bediente er sich des Blankverses, eines ungereimten fünfhebigen Jambus, den er derart verfeinerte, dass er der gesprochenen Sprache beinahe gleichkam.[33] Die von ihm vielfach verwendete nüchterne Prosa, den Menschen und jeweiligen Situationsbedürfnissen angepasst, war einer seiner radikalsten sprachlichen Eingriffe in die Bühnentradition. Weit mehr noch als in *Romeo and Juliet* greift Shakespeare in anderen Dramen darauf zurück.[34]

Zum Kanon der bedeutendsten Textpassagen der Liebes-Tragödie zählt Mercutios 42 Zeilen lange »Queen-Mab«-Rede. Mercutio schildert in entfesselter Sprachgewalt die »Queen Mab« als eine Phantasiegestalt (»the fairies' midwife« – I,4,54), die durch die Träume der Menschen kommt und geht, wie und wann sie will, und ungehindert ihren Traumspuk treibt. Wie sie eine Traum-Gestalt ist, die nur in Träumen erscheint, sind Träume auch nichts als Phantasieprodukte (»children of an idle brain« – I,4,97). Mercutio möchte in dieser geheimnisvoll klingenden Rede seinen Freund Romeo von trüben Gedanken und schlechten Träumen ablenken. Es handelt sich insofern um eine Schlüsselpassage der Tragödie, als in phantastischen Sprachbildern die mehrfache Bedeutung des Wortes »Schlaf«, eines der zentralen Themen (gleichgesetzt mit Liebe und Tod) der Tragödie, eingeführt wird. In seiner Rede zeigt Mercutio etwas von der philosophischen Gelassenheit dessen, der um

---

33 »Shakespeare's mature blank verse has much of the rhythmic flexibility of his prose; both the language, though richly figurative and sometimes dense, and the syntax seems natural.« – Sylvan Barnet, »An Overview«, in: William Shakespeare, *Romeo and Juliet* (Anm. 7), S. XLII. – Der Blankvers wurde in der deutschen Literatur erstmals von Wieland in einer Übersetzung verwendet.

34 »In characterization Shakespeare had always been able to make language work for him, but with Romeo and Juliet he mastered it so completely that the play almost became a gallery of individuals.« – J. A. Bryant, »Introduction«, in: William Shakespeare, *Romeo and Juliet* (Anm. 7), S. LXXI.

die »vanitas vitae« weiß, um die Vergeblichkeit und Eitelkeit des Lebens, aber auch um die unkontrollierbare Gewalt der sexuellen Begierde und Liebe.

Eine zusammenfassende Kurzdeutung dieses Stückes erscheint bei aller Vielschichtigkeit und allem Facettenreichtum, die jedes einzelne Werk Shakespeares kennzeichnen, verhältnismäßig einfach. *Romeo and Juliet* wird als »die erste vollgültige und überzeugende Liebestragödie der englischen Literatur«[35] eingestuft und als die »künstlerisch bedeutendste Darstellung der *courtly love* auf der Elisabethanischen Bühne«.[36] Die aufgewiesenen gesellschaftskritischen und politischen Momente treten demgegenüber zurück und haben hier nicht den Stellenwert, den sie in anderen Shakespeare-Dramen besitzen (*Julius Caesar, Hamlet, Macbeth*). Der Gesellschaftsbezug ist jedoch keineswegs als zufällig oder marginal anzusehen.[37]

A Midsummer Night's Dream / Ein Sommernachtstraum. Komödie in 5 Akten. Entstehungszeit 1594–98. Erstveröffentlichung 1600. Deutsche Übersetzung von August Wilhelm Schlegel 1843. Hauptquelle: Ovid, *Metamorphosen*. – Zugrunde liegender Text: William Shakespeare, *A Midsummer Night's Dream / Ein Sommernachtstraum*, übersetzt mit Erl. und einem Nachw. hrsg. von Wolfgang Franke, Stuttgart 1975 (RUB 9755).

Ganz ohne Blut und tragische Konstellationen geht es im Gegensatz zu *Romeo and Juliet* in diesem überaus beliebten Bühnenstück zu, oder wenigstens beinahe. Eine Liebestragödie zieht auch hier vorüber, diesmal eine aus der Antike,

35 Geisen (Anm. 10), S. 127.
36 Baumann (Anm. 4), S. 97.
37 »The play's social world sometimes takes second place to the lyricism and magnetism of the central pair, but it is vital to Shakespeare's purpose.« – McLeish/Unwin (Anm. 4), S. 188.

jedoch lediglich als Spiel im Spiel (V. Akt), das von einer
Personengruppe innerhalb der Komödie inszeniert und un-
beholfen aufgeführt wird. *A Midsummer Night's Dream*
entstand etwa zur selben Zeit wie *Romeo and Juliet* und
wurde wahrscheinlich für ein Hochzeitsfest verfasst. Der
genaue Anlass ist nicht bekannt.[38] Aufgrund der Angaben
auf dem Titelblatt der Quarto-Ausgabe von 1600 wird allgemein davon ausgegangen, dass Shakespeare und seine eigene Schauspieltruppe, die vor der Jahrhundertwende noch
Chamberlain's Men hießen, die Komödie uraufgeführt haben: »[...] publicly acted by the Right Honorable the Lord
Chamberlain his servants.«[39] Sie wird wegen der Leichtigkeit ihres Inhalts zusammen mit *Much Ado About Nothing*,
As You Like It und *Twelfth Night* den »fröhlichen Komödien« zugerechnet.[40] Sie alle haben ein verbindendes Hauptthema – die Liebe. Gewöhnlich geht es turbulent und mit-
unter recht frivol in ihnen zu. Ob nun *A Midsummer
Night's Dream* die »erotischste« Komödie ist, wie ein nam-
hafter Theaterkritiker schrieb,[41] mag dahingestellt sein. In
jedem Fall ist sie eines der atmosphärisch dichtesten und
strafften Bühnenstücke Shakespeares, das mit nur neun
Szenen auskommt. Kein anderes der hier besprochenen
Stücke ist kompositorisch so knapp angelegt. Es bietet sich
daher an, in diesem Kapitel neben anderen Aspekten den

---

38 Zwei Hochzeitsereignisse kommen in Betracht, die zwischen Shakespeares
    Förderer und Gönner Southampton mit einer gewissen Elizabeth Vernon
    oder die des Earl of Essex mit einer Lady Sidney. – Vgl. die sich auf akribi-
    sche Forschungsergebnisse stützenden Ausführungen von Edward Dow-
    den, »From Shakespeare: A Critical Study of His Mind and Art«, in: Wil-
    liam Shakespeare, *A Midsummer Night's Dream*, New York 1987 (Signet
    Classic), S. 137 f.

39 Zitiert aus dem Nachwort der deutschsprachigen Reclam-Ausgabe von
    »*Ein Sommernachtstraum*« (RUB 73), S. 70 f.

40 Siehe Kapitel II, Anm. 11.

41 So der bekannte Kölner Theaterkritiker Wilhelm Unger in einer begeister-
    ten Rezension vom 13. November 1972 im Anschluss an eine Aufführung
    von *A Midsummer Night's Dream* unter dem englischen Regisseur Peter
    Brook im Kölner Schauspielhaus. In: Wilhelm Unger, *Wofür ist das ein
    Zeichen?*, Köln 1984, S. 36–37.

Aufbau der Komödie zum zentralen Betrachtungspunkt zu machen.

In Athen stehen Hochzeitsfeierlichkeiten bevor: Herzog Theseus rüstet sich zur Ehe mit der Amazonenkönigin Hippolyta. Da erscheint Egeus, ein Angehöriger des gehobenen Standes, um sich bei ihm über seine Tochter Hermia zu beschweren und eine schwere Strafe gegen sie einzufordern, denn sie hat sich in den jungen Lysander verliebt und seinetwegen Demetrius stehen lassen, der eigentlich für sie vorgesehen ist. Tod oder Verbannung in ein Kloster – so lautet die harte Alternative bei so viel Ungehorsam (I,1,65 ff.). Da alles Bitten umsonst ist, schlägt Lysander seiner Hermia vor, gemeinsam durchzubrennen und sich in den Wäldern außerhalb Athens dem Zugriff des Theseus und des Egeus zu entziehen. Als Treffpunkt bietet sich das Haus einer seiner betagten Tanten an (I,1,156–168). Nur Helena wird ins Vertrauen gezogen, die ihrerseits Demetrius liebt, aber von diesem stets abgewiesen worden ist. – In einer bescheidenen Stube des Zimmermanns Quince kommt derweil eine buntgewürfelte Gruppe von Handwerkern zusammen. Die Männer wollen an Theseus' Festtag ein selbst verfasstes Stück mit einem zugkräftigen Titel aufführen: *The most lamentable comedy, and most cruel death of Pyramus and Thisby.* Lautstark werden die Rollen unter Peter Quinces Regie an die Anwesenden – nicht ohne übermütige Kommentare – verteilt. Es wird vereinbart, sich in der folgenden Nacht gut gerüstet bei Mondschein im Wald an der Eiche des Theseus zur Probe zu treffen (I,2,97). – Zunächst aber kommt es zu einem lebhaften Elfenaufzug; der ganze Wald scheint in Aufruhr. Puck, der Kobold, kennt den Grund: Der Elfenkönig Oberon liegt mit seiner Gemahlin Titania im Streit wegen eines entführten Kindes, das er, der oberste Waldgeist, für sich beansprucht. Titania will es nicht hergeben. Der aufgebrachte Oberon möchte Titania zeigen, wer Herr im Haus ist, und weist Puck an, unverzüglich das Wunderkraut zu besorgen, das – auf die

Augen eines Schlafenden geträufelt – diesen dazu bringt, sich in denjenigen zu verlieben, den er beim Erwachen zuerst vor sich sieht. – Währenddessen erscheinen Helena und Demetrius. Inständig bittet das Mädchen um die Liebe des Mannes, der es abermals abweist (II,1,235–238). Aus einer anderen Richtung kommt Titania mit ihrem Gefolge und lässt sich von den Elfen in den Schlaf singen. Oberon, im Besitz des Wunderkrauts, beträufelt die Augen der schlummernden Titania und weidet sich in der Vorfreude der zu erwartenden Überraschung (II,2,27–34). – Auch Lysander und Hermia halten sich im Walde auf. Müdigkeit übermannt sie. Puck, der von Oberon den Auftrag erhalten hat, Demetrius mit dem Saft der Wunderblüte ›sehend‹ zu machen, verwechselt ihn mit dem neben Hermia liegenden Lysander und benetzt dessen Lider. – Helena, von Demetrius allein gelassen, bittet den schlafenden Lysander um Hilfe. Welch ein Erwachen! Lysander entflammt in Liebe zu Helena, die nicht weiß, wie ihr geschieht (II,2,104 ff.). Unfassbar ist das auch für Hermia, die tief verstört den Ort ihrer Demütigung verlässt (II,2,145–156). – Noch ärger wird es Titania bei ihrem Erwachen treffen. Vorher bevölkern die ›Schauspieler‹ jedoch die Szene, von Puck bei ihrer nächtlichen Probe neugierig beobachtet (III,1,70 f.). Puck verpasst dem Spieler Bottom einen Eselskopf, und während seine Mitspieler aufgeregt durcheinander laufen, erwacht Titania und verliebt sich in die Maske des Esels (III,1,135–148). Den und keinen anderen liebt sie, und ihr Gefolge wird angewiesen, ihn mit allem Erdenklichen zu verwöhnen. – Hermia trifft auch Demetrius und wäscht ihm gründlich den Kopf, doch dieser weist kühl alle Vorwürfe zurück und legt sich zum Schlafen nieder, ganz im Reinen mit sich und der Welt, in der sich schon alles wieder richten wird. Nun sieht sich der Elfenkönig Oberon gezwungen einzuschreiten und Pucks Fehler zu korrigieren (III,2,88 ff.). Er selbst beträufelt den schlafenden Demetrius. Helena soll

»Titanias Erwachen«.
Gemälde von Johann Heinrich Füssli, 1793/94

schnellstens herbeigeholt werden, damit sie bei ihm ist,
wenn er aufwacht. – Helena und Lysander, die gemeinsam
erscheinen, entdecken den noch schlafenden Demetrius.
Helena muss sich immer noch gegen Lysanders Liebes-
schwüre wehren; gänzlich veralbert kommt sie sich vor, als
auch Demetrius, aus seinen Träumen erwacht, ihr sogleich
den Hof macht (III,2,145). Als Folge der Verwechslungen
kommt es nun zu einer Auseinandersetzung zwischen den
genarrten Männern, dann auch zwischen den Mädchen, die
alle miteinander nichts von dem Spiel wissen, das die Waldgeister mit ihnen treiben. – Doch ehe der Tag anbricht, hat
Oberon alles wieder unter Kontrolle gebracht. Puck narrt
Lysander und Demetrius, die im Wald einander nachlaufen,
bis sie endlich müde werden. Auch die beiden Mädchen,
des Argumentierens überdrüssig, schlafen erschöpft ein
(III,2,431–447). Beim Erwachen werden sie jeweils den
Richtigen vor sich sehen. – Inzwischen hat Oberon den um-
kämpften Knaben in seine Obhut gebracht und ist nun auch
bereit Titanias Verblendung wieder aufzuheben (IV,1,54–
67). – Theseus, Hippolyta und Egeus betreten unter Hör-
nerklang das Waldgelände. Sie sind überrascht, die vier jungen Menschen einträchtig vereint vorzufinden (IV,1,74–
175). Nicht mehr von einer Bestrafung der aufsässigen Hermia, sondern von einem Fest, wie es in Athen noch keins
gegeben hat, ist nun die Rede (IV,1,181–183). – Die Schauspieltruppe der Handwerker ist in großer Erregung, denn
ihr Spiel soll im Palast des Herzogs wirklich stattfinden.
Umsonst bemüht sich Philostrate, des Herzogs Zeremo-
nienmeister, das Stück und die Darsteller schlecht zu machen
(V,1,61–70). Theseus besteht auf der Ausführung des vorgesehenen Programms. Er ist von den Darbietungen sogar
sehr angetan und sieht in ihnen einen gelungenen Auftakt
für weitere vierzehn Festtage der Unterhaltung und des
Frohsinns (V,1,351–359). – Das letzte Wort haben die Waldgeister, die mit Gesang in den Palast einziehen, nachdem

der erste Festtag beendet ist. Puck segnet alle Paare und verspricht ihnen Glück für die Dauer ihres ganzen Lebens. Man kann das Geschehen der fünf Akte als eine Rahmenhandlung um eine Binnenhandlung beschreiben.

In den neun Szenen werden Realität und Traumwelten in einem beständigen Wechsel einander entgegengestellt, kunstvoll miteinander verzahnt und schließlich harmonisch wieder aufgelöst.[42] Vier Handlungsstränge werden nebeneinander entwickelt und in IV,1 erstmals, in V,1 endgültig zusammengeführt. Mit den Worten McLeishs und Unwins können sie als »an exploration of four different kinds of ›innocence‹« verstanden werden: »court convention, young love, the supernatural and the world of ›honest toil‹.«[43] Zwar sind der Rahmencharakter und das auf Polarisation und Ergänzung angelegte Aufbauschema der Komödie aus der Inhaltsangabe abzulesen, doch bedürfen sie nunmehr einiger zusätzlicher Erläuterungen: Aus einem höfisch-zeremoniellen Auftakt (Rahmen I) entwickelt sich ein verwirrendes Spiel um die Liebe und das ›Sehen mit den richtigen Augen‹, an dem Repräsentanten aus vier ganz unterschiedlichen Daseinsbereichen beteiligt sind: ein fürwahr erhabener weltlicher Herrscher (Theseus), zwei junge Paare, Elfen und Waldgeister und gebildete Handwerker. Die Personen werden hierarchisch gestaffelt, nach einem ähnlichen gesellschaftlichen Grundmuster wie in *Romeo and Juliet* eingeführt. So verschieden ihre Welten auch sind, so kommen sie doch sehr eng miteinander in Berührung. Für einige Augen-

---

42 »Like a dream itself, *A Midsummer Night's Dream* presents a startling mixture of disparate elements: homely and realistic characters are placed within a fantastic, almost surrealistic plot; the lowest level of society mixes the highest; prosaic speech is uttered along with sublime poetry, and the supernatural, the human and the bestial worlds commingle.« – Epstein (Anm. 1), S. 110. – Auf alle hier angesprochenen Elemente kann ich nicht eingehen; so verzichte ich auch auf detaillierte Angaben zur »sublime poetry«, von der die Komödie überquillt. Was wollte man herausheben? – Shakespeares subtiler Sprachkunst wird im Kapitel *The Sonnets* nachgegangen.

43 McLeish/Unwin (Anm. 4), S. 146.

blicke verlieren alle in das nächtliche Spiel Einbezogenen
die Übersicht und das nötige·Augenmaß. Überlegen bleibt
allein Theseus, aber es kostet ihn und Oberon, sein Pendant
aus der übernatürlichen Welt, einige Mühe die Ordnung
wieder herzustellen.

Von der Athener Gesellschaftsspitze (Theseus, Hippolyta,
Egeus) und von den jungen Paaren, die einer harten Probe
unterzogen werden (Lysander/Hermia – Demetrius/He-
lena), wird das Hauptthema der Komödie – die Liebe – angeschlagen, zunächst in dem gegen Lysander gerichteten
Vorwurf, er habe Hermias Sinne verwirrt (I,1,26–45).[44] Es
bleibt während des ganzen Stückes beherrschend. – Im unmittelbar folgenden Auftritt der Handwerker erweitert sich
das Personal und damit der gesellschaftliche Rahmen der
Komödie. Sie greifen in ihrem Spiel das Hauptthema auf.
Ihr Auftritt leitet zu dem der Elfen und Waldgeister über
(II,1). Auch bei ihnen sind Liebesbeziehungen, die gestört
sind (Oberon und Titania), das Hauptthema. Durch die
Waldwesen wird dem Geschehen und der Atmosphäre eine
gänzlich neue Dimension hinzugefügt. Der nächste Auftritt
der Handwerker (III,1) zerfällt in drei Episoden (Schau-
spielprobe, Pucks Eingreifen, Titanias/Bottoms Blindsein)
und wird eingeschlossen von den beiden überkreuz-paral-
lelen Verwandlungssituationen im Verwirrspiel, das Puck mit
Lysander/Hermia und Demetrius/Helena treibt (II,2 und
III,2). Bottoms Verwandlung zum Esel bildet einen der
köstlich-komischsten Gipfelpunkte der ganzen Komödie
überhaupt (III,1). Sodann werden die Verwechslungen aufgelöst und die Liebenden paarweise ›geordnet‹ in die Wirklichkeit zurückgeführt (IV,1,138–142). Auch Bottom erhält
wieder sein menschliches Gesicht. Mit seinem Appell an die
Mitstreiter tritt die Komödie erneut in eine ›realistische‹
Phase ein (IV,2,30), und der zu Beginn geöffnete Rahmen
wird nun geschlossen (Rahmen II). Der letzte Akt gehört

44 Frank Kermode, in: William Shakespeare, *A Midsummer Night's Dream*
    (Anm. 38), S. 180 f.

nahezu vollständig den Handwerkern und ihrem Spiel. Hier heben sich die Gegensätze von Traum und Wirklichkeit endgültig auf, und in einer zweiten Verdichtungsphase laufen die Handlungsstränge nunmehr endgültig zusammen, wobei das Spiel um Pyramus und Thisbe den Kristallisationspunkt der ganzen Komödie bildet (V,1,108 ff.).

Das Spiel der Handwerker mit seinem hochtrabenden und dramatisch klingenden Titel, von den begeisterten Amateuren recht und schlecht aufgeführt, scheint nicht zum Anlass einer dreifachen Hochzeit zu passen. Man müsste Philostrate Recht geben, der ein Stück mit einem so traurigen Charakter zurückweisen möchte: Der Sage nach wird Pyramus und Thisbe der elterliche Segen für ihre Verbindung nicht erteilt, und nach Schwierigkeiten und Missverständnissen gehen sie in den Tod (*Romeo and Juliet!*). Die dramaturgische Funktion dieses Spiels im Spiel indes ist eindeutig: In relativer Ausführlichkeit an das Ende der Komödie gesetzt, will es noch einmal das Traumgeschehen der voraufgegangenen Akte erklären, ironisch den Abstand zu einer harmonischeren Wirklichkeit beschreiben, an dem auch das Publikum teilhat.

In der Literatur wird das Bedeutungsspektrum dieses ›Spiels im Spiel‹ ausgeweitet, besonders vor dem zeitgenössischen Hintergrund, auf dem die Komödie entstand und für dessen Publikum sie geschrieben wurde. Dabei wird Shakespeares ironisches Spiel mit den Elementen der elisabethanischen Tragödie betont, der parodistische Charakter des Spiels als ein Signal deutlicher Distanz des Verfassers zum Theaterverständnis seiner Zeit gesehen, als ein selbstbewusstes Beispiel, in dem er sich zu der größtmöglichen schöpferischen Freiheit und Fantasie des Dichters bekennt. Den Schlüsselsatz für eine solche Deutung liefert Shakespeare in den Worten des Theseus, der zu Beginn des Schlussaktes sagt: »The lunatic, the lover and the poet / Are of imagination all compact« (V,1,7 f.). Es ist wohl so, dass

»Wahnwitzige, Liebende und Dichter« oft seltsame (Gedanken-)Wege gehen, aber der Dichter ist der Einzige unter ihnen, der uns dies bewusst machen kann.[45]

Die vier Personengruppen der Komödie unterscheiden sich in der Art ihres Auftretens und in ihrer Sprache deutlich voneinander (Hof, Liebende, Elfen/Waldgeister und Handwerker). Dem Charakter einer Traum-Dichtung gemäß sind die Figuren stark stilisiert[46], obwohl individuelle Charaktermerkmale bei allen zum Tragen kommen, am deutlichsten bei Puck und Bottom. – Mit dem Personal der höfischen Figurengruppe folgt Shakespeare der formalen Tradition: einem würdigen Herrscher steht eine ebenso würdige Partnerin zur Seite. Theseus ist als die zentrale Gestalt (»the central figure«) der Komödie anzusehen.[47] Die Auftritte des Herrscherpaares scheinen choreografisch festgelegt, und ihre Sprache trägt Züge formelhafter Gespreiztheit. Sie repräsentieren in dem wechselvollen Geschehen Beständigkeit und zeichnen sich durch vernunftbetontes Verhalten aus. Dadurch heben sie sich von allen übrigen Personen entschieden ab. Ihr gemessenes Auftreten am Anfang und zum Ende der Komödie hat etwas sehr Definitives. Dramaturgisch wird durch sie das Stück in der Waage gehalten. Ihre bevorstehende Hochzeit, die in keiner Situation der Komödie in Frage gestellt wird, bildet die Achse, um die das üb-

---

45 Auf diesen Aspekt geht Wolfgang Clemen in seiner »Introduction« zu *A Midsummer Night's Dream* differenziert ein. In: William Shakespeare, *A Midsummer Night's Dream* (Anm. 38), S. XXIII–XXXII; weiterhin: Rainer Lengeler, *Das Theater der leidenschaftlichen Phantasie. Shakespeares Sommernachtstraum als Spiegel seiner Dichtungstheorie*, Neumünster 1975.

46 Deshalb und wegen der den nächtlichen Szenen eigenen tänzerischen Vers-Rhythmen werden der Komödie Merkmale mittelalterlicher Maskenspiele zugeschrieben. Bei Enid Welsford heißt es u. a.: »The appearance and disappearance and reappearance of the various lovers […] form a kind of figured ballet […]. The dancelike structure makes it inevitable that the lovers should be almost as devoid of character as masquers or masque presenters.« – Enid Welsford, »The Court Masque«, in: William Shakespeare, *A Midsummer Night's Dream* (Anm. 38), S. 151 f.

47 Dowden, (Anm. 38), S. 138.

rige Geschehen sich dreht. – Als Paare stellen Lysander und Hermia zu Demetrius und Helena ebenso lebhafte Gegensätze dar wie als Einzelcharaktere untereinander. Die beiden jungen Männer unterscheiden sich in ihrem Wesen und Temperament deutlich voneinander. Dem Romantiker Lysander steht der Zyniker Demetrius gegenüber; der selbstbewussten und mutigen Hermia die zweifelnde und verzweifelte Helena. Dem Verwirrspiel Pucks jedoch sind sie alle ausgeliefert. Was sie nicht erkennen können, das sehen und wissen wir – wie verletzbar die (junge) Liebe ist. Doch sie sind gut geleitet. Nicht allein, dass sie von keinem ›Unstern‹ bedroht sind wie die unglücklichen Romeo und Juliet. Ein gerechter und großzügiger Herrscher (Theseus) und ein Waldkönig, der es mit den Liebenden gut meint (Oberon), beweisen Verständnis und Großmut. So kann Egeus der Tochter den Bräutigam seiner Wahl nicht aufzwingen. In einem Gefüge, in dem andere Mächte wirksam sind als Schablonen von Tradition und höfischer Etikette, kann er seine Patriarchenrolle nicht durchsetzen. Er muss es sich gefallen lassen, dass seine Tochter ihren Partner in freier Entscheidung selbst wählt und darin von Theseus unterstützt wird (IV,1,176–178). Was in *Romeo and Juliet* ausblieb, das »happy end« der Liebenden, wird in dieser Komödie gleich mehrfach erfüllt.

Aus der Welt der Elfen und Waldgeister vervollständigen Oberon und Titania das ›Quartett der Paare‹. Titania hat ihr eigenes Gefolge, eine Gruppe singender und tanzender Elfen. Sie sind den männlichen Figuren aus der Märchenwelt des Stückes, dem Elfenkönig Oberon und seinem Helfer Puck, deutlich untergeordnet. Hier greifen ›gesellschaftliche Veränderungen‹ nicht. Oberon setzt seinen Anspruch gegenüber Titania ziemlich leicht durch. Er ist ein gutmütiger, gönnerhafter Herrscher über sein Völkchen, der seinen Spaß haben, aber niemandem ernstlich Schaden zufügen möchte. Das gute Einvernehmen mit Titania wird selbstver-

ständlich wieder hergestellt.[48] Dramaturgisch gesehen ist
sein Eingreifen zur Korrektur der Fehler Pucks die Parallele
zu den Entscheidungen Theseus'. In der Figurenkonstella-
tion des Textes stellt das Waldkönigspaar die symmetrische
Entsprechung zu dem Athener Herrscherpaar dar. Beide
Paare setzen mit ihren letztlich ›heilen‹ Beziehungen (hier
Hochzeit – dort Versöhnung) die Maßstäbe für das Verhalten der übrigen Personen.[49]

Einer der am differenziertesten entwickelten Charaktere dieser Komödie ist zweifellos Puck (auch Robin Goodfellow
oder Hobgoblin genannt). Er prägt das Bild der »Queen
Mab« zum Leben, das Mercutio in *Romeo and Juliet* entworfen hatte. Auf der einen Seite ein liebenswerter Kobold,
verkörpert Puck auf der anderen Seite in seinem mit Bösartigkeit und Sarkasmus gepaarten Übermut auch die dunkle
Welt des Überwirklichen. Puck bewegt sich in diesem Zwi-
schenreich zwar ohne die böse Macht der Hexen in *Macbeth*, die Zerstörung und Untergang herbeiführen, aber von
seiner Anwesenheit geht stets eine Bedrohung aus. Man
weiß: wo er auftaucht, geschieht nichts Gutes.[50] Die vielen
Lieder und lustigen Reime, mit denen ihn Shakespeare reich
ausstattet (II,1,42 ff.; II,2,66–83; III,2,396–400,437–441,

---

48 Eine wirkliche Entzweiung hat nie stattgefunden; wie sollte sie auch, denn
   im Elfenreich kann die Ordnung wohl erschüttert, aber nie aufgehoben
   werden.
49 »Ihre Beziehungen sind nicht nur Rahmen, sondern zugleich Reflektions-
   horizont aller weiteren Beziehungen« schreibt Bernhard Reitz im Nachwort zu der englischsprachigen Reclam-Ausgabe, Stuttgart 1997 (RUB
   9247), S. 146.
50 Zur Verteilung von »gut« und »böse« im Werk Shakespeares sei an dieser
   Stelle ein Zitat Samuel Johnson unkommentiert angeführt: »Die Kategorien von Gut und Böse sind in seinem Werk nicht angemessen verteilt,
   auch gibt er sich nicht immer Mühe, in der Darstellung des Tugendhaften
   die Verurteilung des Schlechten deutlich zu zeigen; er führt seine Personen,
   ohne Stellung zu beziehen, durch Gut und Böse, entläßt sie am Schluß,
   ohne sich weiter um sie zu kümmern, und überläßt ihre beispielgebende
   Wirkung dem Zufall.« – Johnson, *Vorwort zum Werk Shakespeares*
   (Anm. 6), S. 44. Im Zusammenhang mit der Interpretation der späteren
   Tragödien greife ich dieses zentrale Begriffspaar noch einmal auf.

448–463; V,1,360–379, 412–427) sichern ihm trotz seiner gelegentlichen Diabolie die Zuneigung der Zuschauer. Offenbar verzeiht man Puck, weil man in ihm auch sehr menschliche Seiten erkennt, die er als Nicht-Erdenwesen ungehemmt ausleben darf. Die Rollenkomplexität Pucks erweist sich auch in den vielen Szenen, in denen er außenstehender Beobachter ist, allwissend Details erläutert (II,1,18 ff.), sein eigenes Handeln kommentiert (II,2,66–83) oder sich direkt an das Publikum wendet. So erläutert er, der das nahezu schwindelerregende Spiel der Verwechslungen inszeniert hat, am Schluss der Komödie sozusagen von höherer Warte aus den Zuschauern die nächtlichen Turbulenzen: »Think but this, and all is mended, / That you have but slumb'red here / While these visions did appear. / And this weak and idle theme, / No more yielding but a dream« (V,1,413–417).

In der Gruppe der redlichen Handwerker stellt Peter Quince den Spiritus Rector dar. Er ist Ideenträger, Direktor, Produzent und Akteur des Stückes, das einerseits sehr aufgetragen und bemüht, andererseits sehr bescheiden und ehrlich ist. Die einprägsamste Einzelfigur der Gruppe, wenn nicht der Komödie überhaupt, stellt allerdings Bottom dar. Er ist der Chaot der Truppe, der alles spielen will, sich gern in Nebensächlichkeiten verliert, seinen Rollentext nie richtig kann. In seinem vermessenen Übereifer (I,2,20 ff.), seinem anspruchslosen Denken und mit seiner zumeist groben Sprache (III,1,15–20) setzt er sich ständig dem Gelächter aus. Zugleich ist er rührend in seiner Schlichtheit, als er sich gar für den König der Elfen hält (IV,1), und erweist sich als ein tief horchender Mensch, der für Wunderbares noch empfänglich ist: »The eye of man hath not heard, the ear of man hath not seen, man's hand is not able to taste, his tongue to conceive, nor his heart to report, what my dream was. I will get Peter Quince to write a ballet of this dream. It shall be called ›Bottom's Dream‹, because it hath no bottom ...« (IV,1,206–211). Darum ist er auch der einzige, der zu den Elfen und Waldgeistern in Verbindung treten kann.

Als ›fünfte Mitspieler-Gruppe‹ können in dieser Komödie, in der »Poesie und Weisheit auf Engelsflügeln schweben«[51], Natur und Naturstimmungen bezeichnet werden. Dem ganzen Stück ist eine besondere Atmosphäre eigen, die durch das wieder und wieder in den Dialogen der handelnden Personen beschworene »Mondlicht« geschaffen wird. Dazu einige Beispiele: Theseus leitet mit wenigen Worten die vielen Mondlicht-Szenen ein: »Four happy days bring in / Another moon; but, o, methinks, how slow / This old moon wanes!« (I,1,2–4); Hermia erhält von Theseus den Rat, bis zum nächsten »Neumond« ihre Wahl noch einmal zu überdenken (I,1,83); um »Mitternacht« wollen sich Lysander und Hermia heimlich an der verabredeten Stelle im Wald treffen; zur Probe wollen die Schauspieler ebenfalls »bei Mondschein« (I,2,90) zusammenkommen; Oberon und Titania begegnen einander im Wald bei »Mondschein« (II,1,60); Titania spricht von ihren üblichen »lustigen Mondscheinspielen« (II,1,141); Quince macht seine Mitspieler auf ein technisches Problem aufmerksam, das darin besteht, in ihrer Aufführung beim Zusammentreffen von Pyramus und Thisbe »den Mondschein in die Kammer zu bringen« (III,1,41–47); dem verwandelten Bottom sollen die Elfen den »Mondenschein von den Augen fächeln« (III,1,159 f.); im Spiel der Handwerker tritt der Mond sogar auf (V,1,126 ff.); erst nach dem Ende des Spiels und dem Abgang der Schauspieler wandelt sich durch Pucks Worte das bis dahin milde Licht des Mondes und geht beim Zuschauer in eine andere Sinneswahrnehmung über: »Now the hungry lion roars, / And the wolf behowls the moon« (V,1,360 f.). Der Zauber ist beendet, ein neuer Tag bricht an. – In Shakespeares Zeiten, da die Menschen einen weit geringeren Abstand zum Numinosen hatten als die

51 Unger (Anm. 41), S. 36.

meisten von uns heute, mochte das Publikum angesichts der unwirklichen Szenerie ein Schaudern und Frösteln überlaufen haben, denn mit dem Eintritt in den Wald Oberons ist die Wirklichkeit für die Handelnden (und die Betrachter) ›ausgeschaltet‹. Nennt Hippolyta den ganzen nächtlichen Zauber nicht »strange and admirable«? (V,1,27). Alles erscheint, wie Norrie Epstein es ausdrückt, in einem anderen Licht: »Shakespeare's moon-drenched fairy world is a symbolic dreamscape where traditional distinctions blur and disappear.«[52]

Greifen wir an dieser Stelle noch einmal das zweite zentrale Wort der Komödie auf – »Traum«. Ebenso oft ist vom richtigen Sehen die Rede. Alles in diesem nächtlichen Traumspiel trägt ein Gesicht. Manchmal ist es befremdlich, manchmal sitzen die Betroffenen ihm in heiterer Weise auf, ein anderes Mal ist es nicht zu erkennen. »I would my father look'd but with my eyes«, sagt Hermia zu Theseus (I,1,56), doch Egeus kann nicht mit den Augen seiner (verliebten) Tochter sehen. Jeder der Betroffenen vermag nur mit seinen Augen zu sehen, und manchmal orientieren sie sich in die falsche Richtung – oder werden falsch orientiert. Dann kann es unheilvoll werden. Oberon, den die Folgen der von Puck verursachten ›falschen Optik‹ bei den Liebenden beunruhigen, verhilft ihnen schnellstens wieder zum ›Durchblick‹ (auch Titania wird ja wieder sehend), und allen bleibt nach ihrem Erwachen nur Verwunderung und die Erinnerung an etwas Unerklärliches: »Hermia: Methinks I see these things with parted eye, / When every thing seems double« (IV,1,186 f.).

Was wollte Shakespeare die Adressaten seines Stückes, das Brautpaar und die Zuschauer, sehen machen? Eigentlich doch nur dies: Was sie sahen, war ein Spiel, und in diesem Spiel ein zweites. Jedes der Spiele hat seine eigenen Gesetzmäßigkeiten, wobei Traum und Wirklichkeit nicht so ein-

52 Epstein (Anm. 1), S. 11.

fach zu trennen sind. Unsere Sinne können uns manchmal trügen, und zuweilen wissen wir selbst nicht genau, wer wir sind. Als wen oder was sehen wir uns, sehen uns andere? Wer, wie Bottom, sah sich nicht schon als »König«, während er für andere ein »Esel« war? – Zum doppelten Sehen fügt sich gut die Vorstellung von der Gespaltenheit oder Doppelheit unserer eigenen Existenz, von den zwei Gesichtern, die wir (zur Schau) tragen, von dem Ausgeliefertsein an widerstreitende Gefühle und Bilder in uns selbst. Das Spiel – ein Spiegel der Welt. *Twelfth Night* wird Ähnliches offenbaren.

Die Komödie mit ihrem in fernen mythologischen Räumen angesiedelten Geschehen und ihrer unwirklichen Mondlicht-Atmosphäre ist offen für viele Ausdeutungen trotz ihres scheinbar so eindeutigen Endes. Das haben in der Vergangenheit Künstler in zahlreichen Bearbeitungen und Nachschöpfungen, denen ich hier nicht nachgehen kann, immer wieder bewiesen.[53] Auch der mitgestaltenden Fantasie und Einbildungskraft der Leser sollten keine Grenzen gesetzt werden.

The Merchant of Venice / Der Kaufmann von Venedig. Komödie in 5 Akten. Uraufführung 1598 in London. Hauptquellen: Ser Giovanni (*Il Pecorrone*, 1558); *Gesta Romanorum* (eine im 12./13. Jahrhundert in lateinischer Sprache geschriebene Sammlung von Erzählungen; in englischer Übersetzung erstmals 1577, in einem Neudruck 1595 vorliegend). – Zugrunde liegender Text: William Shakespeare, *The Merchant of Venice / Der Kaufmann von Venedig*, übers. komm. und hrsg. von Barbara Puschmann-Nalenz, Stuttgart 1975 (RUB 9800).

---

53 Sylvan Barnet, »*A Midsummer Night's Dream* on Stage and Screen«, in: William Shakespeare, *A Midsummer Night's Dream* (Anm. 38), S. 191–202. – Vgl. auch das Kapitel IV. Zur Shakespeare-Rezeption.

Der edle venezianische Kaufmann Antonio hat sein Geld in Schiffen angelegt, die für ihn auf den Meeren unterwegs sind. Als sein Freund Bassanio ihn um ein Darlehen bittet, um damit vor der von ihm verehrten Portia, einer reichen Erbin aus Belmont, bestehen zu können, verweist Antonio ihn an Shylock, einen Juden in Venedig. Antonio, der im Augenblick nicht über genügend Bargeld verfügt, will für den Freund bürgen (I,1,180–185). Shylock gewährt das Darlehen, obwohl er Antonio und alle Christen hasst. In den Rückzahlungsvertrag schließt er eine Klausel ein: Sollte Antonio nicht pünktlich zahlen können, müsse er ihm ein Pfund Fleisch aus seinem Leib überlassen (I,3,161 ff.). – Portia, daheim in Belmont, möchte nichts lieber als ihren Bassanio zu freien, doch es gilt der Wille ihres verstorbenen Vaters, dass durch eine »Kästchenlotterie«[54] entschieden werden soll, wen das Schicksal an ihre Seite stellt. Wieder steht ein Bewerber vor der Tür, der Prinz von Marokko. Portia und ihre treue Kammerdienerin Nerissa spielen auf Zeit (II,1,13–22). – Jessica, Shylocks Tochter, teilt sich Lorenzo, einem der Freunde von Antonio und Bassanio, in einem Brief mit (II,3), den der inzwischen aus den Diensten des Juden zu Bassanio übergewechselte Launcelot Gobbo überbringen soll. Jessica bedauert sehr, dass Launcelot ihr Haus verlassen hat und ist nun umso fester entschlossen mit Lorenzo durchzubrennen (II,4,1–25). Jessica und Lorenzo nutzen dazu die Abwesenheit Shylocks, unterstützt von den Freunden Salarino und Gratiano. Jessica lässt eine größere Menge an Schmuck und Geld aus dem Vermögen ihres Vaters mitgehen (II,6,33 ff.). Inzwischen ist in Belmont Portias neuer Freier durchgefallen; er hat das falsche Kästchen gewählt: »All that glisters is not gold« (II,7,65 ff.), aber ein weiterer Anwärter steht schon bereit. – Tagesgespräch in Venedig ist unterdessen Shylock, der Zeter und

---

54 Portias Vater hat verfügt, dass seine Tochter nur demjenigen ihr Jawort geben dürfe, der von drei Kästchen das richtige auswählt. – »Kästchenlotterie«, vgl. Vollmann (Anm. 20), S. 150.

Mordio schreit, weil man ihm nicht nur die Tochter, sondern auch das Geld genommen hat (II,8,4–22). – Auch der Prinz von Arragon, der sich Hoffnung auf die schöne und reiche Portia macht, scheidet erfolglos aus. Als ein neuer Bewerber angekündigt wird, hofft Nerissa inständig, dass es diesmal Bassanio ist (II,9,101), der Belmont zu Lebzeiten von Portias Vater schon einmal besucht und einen bleibenden Eindruck hinterlassen hat. – In Venedig tauschen Antonios Freunde derweil schlechte Nachrichten aus: eines seiner Schiffe mit reicher Ladung an Bord sei gesunken. Das ruft Shylock auf den Plan. Er frohlockt, weil er ahnt, dass Antonio in Zahlungsschwierigkeiten kommen wird. Die Annahme scheint sich durch Nachrichten Tubals, eines anderen jüdischen Geldverleihers, zu bestätigen. Shylock droht den Christen eine furchtbare Belehrung an (III,1,106 f.). – Der angemeldete Freier in Belmont ist tatsächlich Bassanio. Er öffnet das richtige Kästchen, aus dem ihm ein Bild Portias entgegenlacht. Portia schenkt ihm einen Ring mit den Worten: »This house, these servants, and this same myself / Are yours, my lord's! I give them with this ring, / Which when you part from, lose, or give away, / Let it presage the ruin of your love / And be my vantage to exclaim on you« (III,2,170–174).[55] Das Glück ihrer Liebe könnte vollkommen sein, und auch das Gratianos und Nerissas, käme in diesem Augenblick nicht die niederschmetternde Botschaft aus Venedig, dass Shylock darauf besteht, die Zusatzklausel des Vertrags um jeden Preis eingelöst zu sehen (III,2,271–282). Antonios Versuche, mit Shylock zu verhandeln, schlagen fehl (III,3). Eine Auseinandersetzung vor Gericht ist unvermeidlich. – Nun nehmen Portia und Jessica den Fortgang der Dinge in ihre Hände. – Der Doge von Venedig hat ein Gutachten aus Paduá über den verzwickten Rechtsfall eingefordert. Am Tag der Gerichtsverhandlung übergeben Portia und Nerissa, als männliche

---

55 *presage:* Omen, Vorhersage, hier als Verb gebraucht; *vantage:* advantage: Vorteil, Gelegenheit.

Rechtsgelehrte verkleidet, das erwartete Schreiben des ›Dr. Bellario‹. Portia vertritt Antonio. Shylock wird aufgefordert auf die Einlösung der Vertragsklausel zu verzichten und Milde walten zu lassen (IV,1,180 ff.). Doch er besteht auf ihrer Erfüllung, und Antonio macht sich bereit, die blutige Prozedur über sich ergehen zu lassen. Ein unverhoffter Zusatz im Gutachten des Dr. Bellario bringt die Wende: Kein Jude dürfe je einen Tropfen Christenblut vergießen. Jeder Versuch nur – und ein solcher sei in der unerhörten Forderung Shylocks bereits zu erkennen – zöge in Venedig unweigerlich die Todesstrafe nach sich (IV,1,342–359). Jetzt stehen für Shylock die Dinge schlecht, doch Antonio lässt Gnade vor Recht ergehen. So kommt der Schacherer mit dem Leben davon. Ein Teil seines Besitzes hingegen fällt der Stadt Venedig, Antonio und Jessica zu. Überdies muss sich Shylock zum Christentum bekennen. Portia, noch immer in der Verkleidung eines Anwalts, eröffnet dann auf die Frage nach einem angemessenen Honorar für ihren Auftritt vor Gericht ein übermütiges Verwirrspiel[56] um den Ring Bassanios (ihren Verlobungsring), den er ihr – von ihr darauf angesprochen – erst nach einigem Zögern überlässt (IV,1,445 ff.). – Der letzte Akt, der nur aus einer einzigen Szene besteht, spielt in Belmont. Dort entwirrt sich alles zum glücklichen Ende hin, und drei Paare gehen in eine gemeinsame Zukunft: Portia und Bassanio, Nerissa und Gratiano, Jessica und Lorenzo. Aufatmen auch für Antonio, den Kaufmann von Venedig,[57] dessen Schiffe heil an Land gekommen sind (V,1,272–279).

Dieser Handlungsauffriss kann nur ein schwaches Abbild von der Farbigkeit und Vielschichtigkeit des Lustspiels geben, die neben anderen der *Romantic Comedies*[58] Shakes-

---

56 In Lessings Komödie *Minna von Barnhelm* (1767) gibt die Titelheldin zum Schein ihren Verlobungsring an den Mann zurück, den sie liebt. Sie versichert sich dadurch unter einigen Turbulenzen seiner Gefühle.

57 Um falscher Lesart in diesem Punkt vorzubeugen: Kein anderer als Antonio ist der ›Kaufmann von Venedig‹ und nicht etwa Shylock.

58 Zu den erfolgreichsten *Romantic Comedies* Shakespeares zählen (neben

peares seit mehr als 250 Jahren zu den populärsten Bühnenstücken der Weltliteratur überhaupt zählt.[59] Im Gegensatz
zu den meisten anderen Komödien lässt sich *The Merchant
of Venice* aber nicht ›konsumieren‹, ohne dass man hart
daran zu schlucken hätte. Zu lachen freilich gibt es genug in
dem lebhaften Hin und Her einer Handlung, in der alles
leichtfertigen und gewagten Spiel- und Herausforderungs-
charakter zu haben scheint. Es gibt Maskeraden und Rol-
lentausch, Clownerien und urkomische Situationen, märchenhafte Arabesken, Überraschungen und saftige Sprüche,
vor allem aber ein köstliches Figurenensemble. Entsprechend inszeniert, verfehlt das Stück beim Publikum nie
seine Wirkung. Tiefer gehende Eindrücke erzeugt es jedoch
aus seinen Themen- und Problemfeldern um Liebe, Geld
und Macht,[60] in die alle Zentralfiguren auf existenzielle
Weise verstrickt sind. Der Zuschauer wird beständig in
Wechselbäder der Gefühle gestürzt, so dass er sich nach den
zwanzig dichten und abwechslungsreichen Szenen der fünf
Akte ratlos fragt, was da eigentlich vor seinen Augen abge-
laufen ist.[61]
Barbara Puschmann-Nalenz erkennt fünf eng miteinander

---

den in diesem Band besprochenen) *The Taming of the Shrew* und *The
Merry Wives of Windsor.*

59 Seit ungefähr 1750 ist *The Merchant of Venice* zu einem der populärsten
Stücke Shakespeares aufgestiegen. Heute zählt es zu den Repertoirestü-
cken jedes größeren Theaters.

60 In ihrer Interpretation bemerkt Barbara Puschmann-Nalenz: »Was ist das
Thema des Dramas? Geht es um Liebe und Haß, Gerechtigkeit und
Gnade, Altes und Neues Testament, Schein und Sein, richtigen und fal-
schen Gebrauch des Reichtums oder um Realität und Idealität?« – Barbara
Puschmann-Nalenz, »Nachwort« in: William Shakespeare, *The Merchant
of Venice / Der Kaufmann von Venedig* (RUB 9800), S. 197. – Von allem
enthält die Komödie etwas, und alles zusammen bildet so etwas wie einen
Themenverbund, der kaum aufgelöst werden kann. Mit der pragmatischen
Entscheidung, drei Themen zu formulieren, sollen andere nicht in Frage
gestellt werden.

61 »At the end«, lesen wir bei Norrie Epstein, »you may not know whether
you've seen a tragedy or a comedy, a love story or a tale of hate.« – Epstein
(Anm. 1), S. 97.

verflochtene Handlungsstränge von unterschiedlicher Gewichtigkeit in der Komödie. In den Vordergrund treten die »Shylock-bond-Handlung« und die »Belmont-Handlung«[62]. Sie sind lokal voneinander abgegrenzt (Venedig auf der einen, Belmont auf der anderen Seite), greifen aber häufig ineinander. Erst eine sorgfältige Analyse der Gesamtheit aller Makro- und Mikrostrukturen, so Puschmann-Nalenz, lasse Deutungen der Komödien-Aussage zu. Die Rezeptionsgeschichte des *Merchant of Venice* zeigt, dass es nur sehr schwer möglich ist, gültige Interpretationen zu liefern. So machte man nacheinander den Juden Shylock einmal als teuflischen Unmenschen, einmal als unglückliches Opfer seiner Zeit, ein anderes Mal als einen enttäuschten Menschen, der den Weg in die Gesellschaft, der Liebe und Anerkennung vergeblich sucht, zur Mitte von Interpretationsansätzen.[63]

Vordergründig endet die Komödie, wie es sich für repräsentative Beispiele des Genres gehört, mit einem »happy end«. Hier sind es gleich drei. Aber dem Glück der drei Paare gehen schmerzliche Niederlagen und schweres Unglück anderer Menschen voraus. Anders ausgedrückt: Es hat Opfer gekostet und wurde teuer erkauft. Am Schluss des Stückes bleibt Antonio als Mensch so allein wie er es bereits am Anfang war, und Shylock hat alles verloren: sein Vermögen, seine Tochter und seine Identität. Gewiss, Antonios Schiffe sind heimgekehrt, und Shylocks Seele wurde gerettet, aber niemand ist ohne Blessuren davongekommen, auch die »Glücklichen« nicht. In den sicheren Gefilden Belmonts

---

62 Der größte Teil der gesamten »Belmont-Handlung« ist der »casket-plot«, der erst im III. Akt abgeschlossen ist (III,2). Demgegenüber entwickelt sich der »Shylock-bond« zügiger und rascher.

63 Barbara Puschmann-Nalenz setzt ihre Forderung, engstens am Text zu interpretieren, beispielhaft um und kommt dennoch nur zu sehr vorbehaltlichen Schlussfolgerungen. Diese Zurückhaltung kennzeichnet alle jüngeren Interpretationen. – Nach dem Kriege wurde *The Merchant of Venice* erstmals 1952 in Bochum, vier Jahre später in Stuttgart wieder aufgeführt. Es erzeugte zwiespältige Gefühle beim Publikum und bei der Kritik.

sind die Hindernisse und Gefährdungen, die überwunden werden mussten, schon ein Stück ›Geschichte‹, über die man sich gemeinsam amüsiert. Doch wie sicher dürfen sich die Menschen in Belmont, die durch ein festes Band ihrer Liebe und Freundschaft miteinander verbunden sind, wirklich fühlen? Venedig, die Stadt der Geschäfte und Versuchungen, ist nah.

Ein erster Blick soll nun den Details der dominierenden Themen – Liebe, Geld, Macht – und ihren komplizierten Verkettungen gelten. Keine Person dieser Komödie bleibt davon ausgenommen. Es klingt simpel, aber zunächst haben wir es mit einer Liebeskomödie zu tun, in der die drei Paare, nicht ohne Schwierigkeiten, zueinander finden. Im Mittelpunkt stehen Portia und Bassanio. Engstens verknüpft mit ihrer Beziehung ist die Nerissas und Gratianos sowie die Jessicas und Lorenzos. Diese beiden nachgeordneten Paarbeziehungen erfüllen im Wesentlichen dramaturgische Funktionen. Zwei Hindernisse stehen dem Glück des ersten Paares im Wege: das Testament von Portias Vater und der Geldverleiher Shylock mit seinem Hass und seiner Unnachsichtigkeit. Portia tritt (zusammen mit Nerissa) kokett und geistreich in Erscheinung, ist aber der ewigen Besuche hoffnungsfroh auftretender, am Ende mit leeren Händen abziehender Freier merklich überdrüssig (I,2,105). Der ererbte Reichtum erleichtert Portia keineswegs den Weg zu ihrem Geliebten, und umgekehrt ist es Bassanios chronischer Geldmangel, der sie beide und ihre Freunde in ärgste Verlegenheit bringt. Portia, eine der bemerkenswertesten Frauengestalten aller Shakespeare-Stücke, hilft dem Schicksal ein wenig nach und lenkt Bassanio bei der Wahl des Kästchens auf die richtige Spur (III,2,40 ff.). Waren die Schwierigkeiten bereits groß genug, den Mann ihres Lebens zu gewinnen, ohne den Willen des Vaters zu übergehen, so türmen sie sich durch Antonios und Bassanios Schuldverschreibung gegenüber Shylock schier unüberwindlich hoch. Die Erbin von Belmont ist spontan bereit, die Freunde mit ihrem Geld freizukaufen. Doch Shylocks entschlossener Wille muss auf andere Weise gebrochen werden. In einem ebenso übermütigen wie gefährlichen Spiel, bei dem sie im Gerichtssaal alles auf eine Karte setzen und gewinnen will (III,4,60–78), erweist sich Portia als ebenso entschlossen und willensstark wie der starrköpfige und auf seinem ›Recht‹ bestehende Geldverleiher und stellt die Unverbrüchlichkeit ihrer Liebe zu Bassanio nachdrücklichst unter Beweis. Bassanio, ein liebenswerter »play-boy«, etwas leichtgläubig und leichtfertig zwar, aber von edlem Charakter, verdient sie auch.[64] Er erwidert Portias Liebe, auch wenn er nahe daran ist, aus Freundschaft zu Antonio sein eigenes Leben einzusetzen und seine Ehe zu opfern (IV,1,278–283), auch wenn er Portia, die er hinter ihrer Verkleidung nicht erkennt, nach der erfolgreichen Verhandlung just jenen Ring überlässt, an den ein ganz besonderer Auftrag geknüpft war. Doch so fordernd Portia in ihrer Liebe auch ist – so großherzig ist sie auch. Sie erteilt ihm eine Lehre ihrer Überlegenheit, weiß jedoch genau einzuschätzen, dass seine Gefühle für den Freund sich durchaus vereinbaren lassen mit seiner Liebe zu ihr, an der zu zweifeln sie keinen Grund hat. Es entspricht ihrem heiteren Wesen und großzügigen Charakter, sich und anderen Menschen ›Spielräume‹ zu lassen.[65]

---

64 Bassanio hat durchaus zwei Seiten. Norrie Epstein bezeichnet ihn als »paragon [Muster] of the Renaissance courtier«, dem eine gewisse Bedenkenlosigkeit selbstverständlich ist. – Epstein (Anm. 1), S. 100. – Seiner Rolle sind auch negative Züge abzugewinnen, wenn die Regie es darauf anlegt: »In productions which take a sour view of all the characters in the play, Bassanio is sometimes played as a callous fortune-hunter. But he can also be seen as pure-hearted and honest, one of the most amiable men in Venice [...]. He and Portia are well-matched: as the play proceeds she works her way through to the seriousness and integrity he possesses from the start.« – McLeish/Unwin (Anm. 4), S. 129–130.

65 Portia wird in der Literatur sehr positiv bewertet. Norrie Epstein betont, dass es jedoch des Wechsels in eine männliche Rolle bedurft habe, um ihre charakterlichen Vorzüge und ihre Intelligenz wirkungsvoll ins Spiel zu bringen. Vgl. Epstein (Anm. 1), S. 102. – Rolf Vollmann schreibt: »[...] ihrem Dasein läßt sich nur mit Liebe beikommen; es gibt Glücksgüter und

Das zweite Paar des Stückes, Jessica und Lorenzo, setzt für die Erfüllung seiner Liebe ebenfalls viel aufs Spiel. Das Mädchen bricht dabei krass mit allen Traditionen und Konventionen, als es komplett die Seiten wechselt und zu den Christen ›überläuft‹. Zwar lässt Jessica die Enge und Bedrückung ihres Vaterhauses hinter sich, aber ihr persönliches Glück bleibt belastet. Musik und Poesie des gebildeten und feingeistigen Lorenzo, gipfelnd in der berühmten Zeile »How sweet the moonlight sleeps upon this bank!« (V,1,54), können sie nicht ganz jener Welt entrücken, der sie eigentlich angehört und unter der sie zutiefst gelitten hat. Gerade der Zauber schmeichelnder Töne und Verse ruft in ihr unbewältigte Schuldgefühle wach: »I am never merry when I hear sweet music« (V,1,69). In beiden, Jessica und Lorenzo, spiegelt sich ein Abglanz ›belmontischer‹ Unbekümmertheit und ›belmontischer‹ Melancholie, die das ganze Stück durchziehen.

Nerissa und Gratiano sorgen in dramaturgischer Hinsicht als das dritte Paar der Komödie für Konfliktentlastung. Beide haben mit ihren eigenen Problemen weniger zu tun als die anderen Paare. Nerissa in ihrer besonnen-zupackenden Klarheit und Gratiano in seiner urwüchsigen, jedoch liebenswerten Schnoddrigkeit, auf die ihn Bassanio mäßigend hinweist (II,2,171–180), unterstreichen mit der Festigkeit ihrer Beziehung und ihrer Loyalität über die Grenzen von Herkunft und Bildung hinaus den Wert wirklicher Freundschaft (III,2,196–208). Das verlässliche Bündnis aus

es ist schön, daß es Portias gibt, für welche diese Güter geschaffen sein könnten; sie lebt in ihnen wie geschaffen für sie und ihre Vollkommenheit ist, dass sie sogar noch eine Seele hat.« – Vollmann (Anm. 20), S. 217 f. – An anderer Stelle ist zu lesen: »Aber Porzia ist nicht eine Heilige, die in Ruhe und Ergebung auf ihren Liebsten wartet [...]. Sie hat nichts von einer stillen Dulderin, sie ist eine echte Renaissance-Natur, erfüllt vom Streben nach Harmonie und Erfüllung des Lebens im Irdischen, aber auch nach Tätigkeit [...]. Was bitterer Ernst zu werden drohte, wird durch Porzias Klugheit, Lebensweisheit, durch gesundes und reines Denken und Alltagserfahrung [...] Komödie.« – Edgar Neis, *William Shakespeare, »Der Kaufmann von Venedig«*, 3., überarb. Aufl., Hollfeld 1999, S. 67–70.

Freundschaft und Liebe, dem alle sechs Personen unverbrüchlich angehören, bildet letztlich die Grundlage für den schwer errungenen »Triumph« über den Widersacher Shylock.

In diese Beziehungen, in die auch der weitgehend passiv bleibende Antonio hineingestellt ist, spielen neben den Gefühlen der Personen in entscheidender Weise konkrete materielle Bedingungen und Abhängigkeiten hinein. An ihnen entzündet sich der Machtkampf zwischen dem Kaufmann von Venedig und seinem Konterpart, dem jüdischen Geldverleiher Shylock, in dem es weniger um Geld als um die Durchsetzung von Prinzipien geht. Charakteristisch für die Konfliktsteigerung ist jene »Kette von Verpflichtungen, basierend auf Geld«, wie Alexander Leggatt die schier unlösbare Verflechtung der Belmonter und Venezianer bezeichnet.[66]

Die daraus erwachsende Unfreiheit aller handelnden Personen ist das auffälligste Moment der dramatischen Beziehungsverflechtungen. Portia ist an die testamentarische Verfügung ihres Vaters gebunden und kann nicht frei entscheiden. Bassanio ist in einer doppelten Schuld: zum einen gegenüber Portia und zum anderen gegenüber seinem Freund Antonio, dem er sich umso mehr verpflichtet fühlt, als er um dessen Gefühle weiß, die er nicht erwidern kann. Er ist ebenso handlungsunfähig wie dieser, dessen gesamte Existenz vom Ausgang des Geschäfts abhängt, und dieses wiederum hat zu tun mit seinen materiellen Ressourcen. Antonios Handlungsunfähigkeit hat ihren tieferen Grund in einer Niedergeschlagenheit, für die es über die ganze Länge der Handlung hinweg keine konkrete Erklärung gibt. Wohl deutet Antonio in seinen einführenden Worten an, dass er sich bereits eine ganze Zeit mit sich selbst her-

---

66 »In the interweaving of the play's stories we see a chain of obligations based on money.« – Vgl. Alexander Leggatt, »The Merchant of Venice: A Modern Perspective«, in: *The New Folger Library Shakespeare*, New York 1992, S. 21.

umquält und nicht das erste Mal in einer solchen Stimmung
ist: »In sooth I know not why I am so sad« (I,1,1). In den
meisten Erklärungsversuchen wird auf seine homoerotische
Neigung zu Bassanio abgehoben, die in einzelnen Szenen
zweifellos feststellbar ist. Wahrscheinlich hat Shakespeare
einen melancholischen und passiven Helden zur Titelfigur
der Komödie gemacht, um der Paarbeziehung Portia–Bassanio und ihrem Gegenüber Shylock die aktiven Hauptrol-
len übertragen zu können, um den Grundkonflikt des Stückes weniger schicksalsschwer abzuhandeln.[67] Jessica gerät
von einer Abhängigkeit (Vater) in eine andere (Lorenzo/
Belmont) und ist dadurch unausweichlich in den Kreislauf
eingeschlossen. Selbst Shylock, der im Gegensatz zu Portia
und Bassanio kein Vabanque-Spieler ist und nichts den Zufällen überlässt, wird in das System der wechselseitigen Verpflichtungen auf eine für ihn unheilvolle Weise verwickelt.
Diese schicksalhaften Koppelungen werden von Shakespeare durch Testament, Vertrag und Ringversprechen sym-
bolisch zum Ausdruck gebracht.
Die Machtverteilung auf die Personen dieser Komödie, so
scheint es, ist von einem klaren prochristlichen Standpunkt
des Autors vorgenommen worden. Der zentrale Machtkampf wird auf der Handlungsebene zwischen Portia und
Shylock zu dessen Ungunsten geführt. Das Ausspielen von
Macht und Machtpositionen kennzeichnet konkret aber
auch noch eine ganze Reihe weniger markanter Szenen und
Episoden. Implizit dominiert das Thema den Handlungs-
verlauf der gesamten Komödie. Geld verleiht z. B. Portia
und Shylock Macht, die sie zum Herrscher über Schicksale

---

67 Ähnlich das erste ›melancholische‹ Auftreten Romeos in der berühmten
Liebes-Tragödie, das dort jedoch eine konkrete Ursache hat. – Antonios
eigene Erklärung »I hold the world but as the world, Gratiano, / Where
every man must play a part, / And mine a sad one« muss als eine Rollen-
zuweisung verstanden werden, mit der Shakespeare den ›Spielcharakter‹
des Stückes betont und gegenüber dem Publikum sicherstellt, dass er nicht
auf eine Charakterergründung bzw. Charakterdarstellung seines Helden
hinauswill.

erhebt.[68] Beide verfügen damit jedoch nur über einen Teil von Macht. Die wirkliche Machtbündelung findet dort statt, wo Reichtum, Zugehörigkeit zum Christentum und Zugehörigkeit zum richtigen, nämlich dem männlichen Geschlecht zusammenfallen.[69] So kann Portia nur vor Gericht bestehen, wenn sie neben ihrem Reichtum und ihrer Religion auch das dritte Kriterium erfüllt, so kann Jessica nur ihrer alten Welt entkommen, wenn sie in die neue nicht nur überläuft, sondern auch äußerlich die Rolle, sprich: das Geschlecht zumindest durch Verkleidung wechselt. Die Großzügigkeit und Unbekümmertheit, die das Leben in Belmont so glücklich erhellen, leiten sich aus der Tatsache her, dass die Menschen dort bereits das besitzen, wonach andere mit aller Kraft streben. Einzig Shylock ist in seinem dunklen Hass darauf aus, dieses gültige Gesetz in seinen Grundfesten zu erschüttern.

Shylock tritt erstmals in der 3. Szene des I. Aktes in Erscheinung. Wir sehen ihn im Gespräch mit Bassanio. Obwohl er nur noch in vier weiteren Szenen auftritt (II,5; III,1; III,3; IV,1), ist er die alles beherrschende Figur der Komödie. Das Publikum hat es nicht leicht mit ihm, denn weder ist er allein hassenswert noch allein mitleiderregend. Zunächst hat er die Sympathien auf seiner Seite. Durch und durch Geschäftsmann, wägt er Gewinn und Verlust bedächtig und mit einer ihm eigenen Umständlichkeit ab (I,3,1). Privat möchte er mit Bassanio (und Antonio) nichts zu tun haben; er zieht eine klare Grenze zwischen sich und der anderen Seite: »I will buy with you, sell with you, talk with you, walk with you, and so following: but I will not eat with you, drink with you, nor pray with you« (I,3,30–33). Der Grund wird unmittelbar in einem »aside« offenbar, als Antonio

---

68 Portia, das klang bereits an, spielt mit den Bewerbern. Sie spielt auch mit Shylock und den anderen (Ringepisode). Shylock übernimmt für Augenblicke in dem ewigen Spiel »Herrscher und Beherrschte« die Führungsrolle, als er sich sicher wähnt, vor Gericht erfolgreich zu sein.

69 Norrie Epstein schreibt kurz und bündig: »*The Merchant of Venice* is about power – being without it and wanting it.« – Epstein (Anm. 1), S. 10.

hinzutritt: »How like a fawning publican he looks! / I hate
him for he is a Christian: / But more, for that in low sim-
plicity / He lends out money gratis, and brings down / The
rate of usance here with us in Venice« (I,3,35–40). Funda-
mentale Unterschiede in Antonios Geschäftsgebaren und
die Tatsache, dass er Christ ist, erregen Shylocks Widerwil-
len und Hass, aus denen er keinen Hehl macht. Der zentrale
Konfliktherd des Geschehens ist damit aufgedeckt, und nun
wird klar, dass Shylock nur auf eine günstige Gelegenheit
gewartet hat, sich in eine Situation zu bringen, in der er es
seinem Widersacher endlich einmal heimzahlen kann. Das
einzige Motiv, sich auf den Handel mit Bassanio und Antonio einzulassen, ist sein Streben, die Macht und die Überlegenheit der Christen zu brechen und Genugtuung für zuvor
erlittene Demütigungen zu erlangen. – Bei seinem nächsten
Auftritt macht sich Shylock vor Eifer und Gier zur Karika-
tur des auf seinen Geldtöpfen hockenden und aller Welt
misstrauenden jüdischen Schacherers, als er seiner Tochter
Jessica aufträgt in seiner Abwesenheit das Haus zu hüten
(II,5,28 ff.). Auf der anderen Seite entbehrt dieser Auftritt
nicht einer gewissen tragischen Ironie: Der Mann, der sein
Haus, seine Dukaten und auch seine Tochter gegen die von
Finsternissen und Gemeinheiten beherrschte Welt abzu-
schirmen trachtet, ist naiv und blind genug, nicht zu erkennen, auf welch hinterhältige Weise ihm im eigenen Hause
von seiner einzigen Tochter ein böses Schnippchen geschlagen wird. – Im dritten Auftritt sehen wir Shylock leiden unter dem, was man ihm angetan hat. Wütend, enttäuscht und
verbittert zieht er eine bittere Bilanz seines eigenen Schicksals und des jüdischen im Allgemeinen, nachdem er seinen ohnmächtigen Zorn hinausgeheult und sich wieder gefasst hat: »I am a Jew. Hath not a Jew eyes? hath not a Jew
hands, organs, dimensions, senses, affections, passions?«
(III,1,52 ff.). Es ist schwer einzuschätzen, ob Shakespeare an
dieser Stelle in den tiefsinnigen Worten Shylocks einen Appell an die Gesellschaft seiner Zeit formuliert oder um dra-

The Merchant of Venice (II,5): Shylock, Jessica und Launzelot.
Stich von Jean Pierre Simon nach einem Gemälde
von Robert Smirke, 1795

maturgischer Effekte willen lediglich den Racheschwur des
Geprellten noch einmal verständlich begründet hat, mit
dem es nun zur Eskalation des Geschehens kommt. Wahrte
Shylock in den bisherigen Auftritten trotz seiner emotiona-
len Ausbrüche einen Rest von Zurückhaltung und Schick-
salsergebenheit, die ihm sympathische Züge verleihen, so
gibt er im Beisammensein mit Tubal sein wahres Gesicht zu
erkennen, das Antonio nicht verborgen geblieben war:
»Mark you this, Bassanio, / The devil can cite Scripture for
his purpose« (I,3,93 f.), hatte er seinen Freund während der
Verhandlungen mit Shylock gewarnt. Dieser reibt sich die
Hände, sieht er den Zeitpunkt für Vergeltung nun endgültig
gekommen: »I am very glad of it, – I'll plague him, I'll tor-
ture him, – I am glad of it« (III,1,106 f.). Die Machtverhält-
nisse scheinen sich zu verschieben, zumal man auf der Gegenseite (außer Antonio selbst) nichts von der Entschlossenheit Shylocks ahnt und man überdies in Belmont noch
ganz damit beschäftigt ist, den Liebesbund nunmehr endgültig zu schließen (III,2,115 ff.). – Ganz in seine Racheidee
verbohrt, ist Shylock bei seinem nächsten Auftritt für kein
bittendes oder vermittelndes Wort offen: »I'll have no
speaking, I'll have my bond« (III,3,17). Der Graben zwischen ihm und Antonio, der die Unzugänglichkeit seines
Gläubigers als persönlichen Rachefeldzug interpretiert
(III,3,19–24), ist unüberwindlich. Shylock, der die verbale
Überlegenheit und das juristische Können des veneziani-
schen Kaufmannes allzu oft erfahren hat, setzt auf rasches
Handeln, um die Verhältnisse zu seinen Gunsten umkehren
zu können. Indem er sich dem persönlichen Gespräch verweigert und auf »Gerechtigkeit« pocht, vergrößert er die
Distanz zur Gegenseite und verstärkt damit seine eigene
Isolation. – In der letzten Auftrittsszene Shylocks, der Gerichtsszene (IV,1), prallen die gegensätzlichen Welten der
Kontrahenten noch einmal hart aufeinander. Während Shylock unnachsichtig die Erfüllung der Gerechtigkeit und
den Blutzoll einfordert, dabei genüsslich das Messer wetzt

(IV,1,121), zieht Portia in einer großen Rede Gedanken und Argumente einer bis dahin in der gesamten Auseinandersetzung noch nicht bemühten Wertekonstellation heran: »The quality of mercy is not strain'd, / It droppeth as the gentle rain from heaven« (IV,1,180–201). Dem von Menschen gesprochenen Recht stellt sie einen höheren Wert entgegen, den der menschlichen Gnade (»mercy«). Portia stellt die Befähigung zur »Gnade« als ein Merkmal heraus, das Königen eigen sei und diejenigen adele, die sich königlich-gnadenvoll verhalten. Der geistige und rhetorische Höhenflug Portias macht auf Shylock keinen Eindruck. Er versteht ihre Rede gar nicht, weil sie seiner Denkwelt diametral entgegengesetzt ist, wohl auch deshalb nicht, weil er vor Zorn und Bösartigkeit ihren Sinn gar nicht aufnehmen will. Primitiv beharrt er auf seinen Forderungen. Das dramatische Geschehen gipfelt in dieser vergeblichen *mercy*-Rede Portias und kommt in ihr gleichzeitig zur Ruhe.[70] Was wie die Entwicklung zu einer blutigen Tragödie aussah, nimmt dann doch wieder in dem von Portia herangezogenen allerletzten Argument, mit dem Shylock schließlich düpiert wird (IV,1,343 ff.), die Wende zur Komödie. Die düstere Seite der Handlung löst sich auf, und in Belmont kann sich endlich (eine nicht ganz unbelastete) Fröhlichkeit verbreiten. Dabei hat sich das christliche Prinzip durchgesetzt, nicht ohne in der harten Verurteilung Shylocks das eigene Wertesystem verraten zu haben, denn der Triumph über Shylock ist nur durch List und doppelte Intrige möglich geworden, die sich nur schwer mit den vorgetragenen *mercy*-Worten Portias in Einklang bringen lassen. Die auf raffinierte Weise herbeigeführte Verurteilung, ja Zerstörung Shylocks hat immer wieder Regisseure, Schauspieler und Interpreten auf den Plan gerufen, die sich mit dem verlachten Opfer identifizierten. Laurence Olivier nennt die Christen in diesem Stück »vile, heartless, money-grubbing mon-

70 Vgl. Puschmann-Nalenz (Anm. 60), S. 217.

sters«[71]. Es ist sogar naheliegend, in Shylock das Opfer einer oligarchischen Verschwörung zu sehen. Allein durch den Charme der Initiatorinnen (Portia, Nerissa) und durch den unblutigen Ausgang stellt sie sich im Gewand der Komödie als pfiffige Lösung des dramatischen Konflikts und nicht als infam inszenierter Rechtsbruch dar, der dort eigentlich stattfindet.[72]

An der Figur des Juden Shylock entzündeten sich über beinahe drei Jahrhunderte immer wieder Deutungskontroversen des Stückes in seiner Gesamtheit. Die Frage, wie Shakespeare ihn selbst sehen und was er durch ihn mitteilen wollte, kann auch weiterhin nur auf einer Plausibilitätsebene beantwortet werden, die offen sein sollte für viele Blickrichtungen. Nach Auffassung von Interpreten nicht erst der späten Jahre unseres Jahrhunderts entzieht sich die Komödie jeder einengenden und einseitigen Deutung. Es ist wahrscheinlich, dass Shakespeare mit Shylock eine burleske, bühnenwirksame Gestalt schaffen wollte, um sie gegen Christopher Marlowes Juden Barabas aus dessen Reißer *The Jew of Malta* (1589) zu setzen. Dort verschmilzt – mit den Worten Alan Poseners – in der Hauptfigur »der mittelalterliche Brunnenvergifter mit dem modernen Handelskapitalisten zum Zerrbild des Juden als Teil einer teuflischen Weltverschwörung«[73]. Marlowes zugkräftiges Stück nährte nach einem Attentat des Juden Roderigo Lopez auf die Königin den Hass der Menschen auf die seit dem Mittelalter übel beleumundeten Israeliten, die im London des ausge-

---

71 »They are truly vile, heartless, money-grubbing monsters, and when Shylock makes his final exit, destroyed by defeat, one should sense that our Christian brothers are at last thoroughly ashamed of themselves. *The Merchant of Venice* is horrid, cruel, and one of the most popular plays in the whole collected volume of Shakespeare.« – Laurence Olivier in Epstein (Anm. 1), S. 105.

72 Viele zeitgenössische Bühnen-Realisationen tragen einer solchen Blickrichtung Rechnung, »making Shylock the innocent victim of persecution in a vicious and morally bankrupt society.« – McLeish/Unwin (Anm. 4), S. 132.

73 Posener (Anm. 25), S. 114.

henden 16. Jahrhunderts weder ihrer Zahl noch ihrer wirtschaftlichen Bedeutung nach eine herausragende Rolle spielten.[74] Sieht man das Stück in seinem Entstehungszeitraum und vor dem Hintergrund der Erfahrungen, die Shakespeare als Eindringling aus der Provinz in London selbst machen musste und als jemand, der mit den Abgründen der (dortigen) Gesellschaft bestens vertraut war, dann darf angenommen werden, dass er in der Komödie den Juden Shylock als Mensch unter Menschen darstellen wollte. Mit seinem sicheren Blick gerade für die Schattenseiten der menschlichen Existenz wird er dabei auch nicht gezögert haben, die anmaßende Überlegenheitshaltung der Mehrheitsgesellschaft auf zugleich heitere und eindringliche Weise entlarven zu wollen. Der von Julius Bab geäußerten Vermutung, dass Shylock seinem genialen Schöpfer im Verlaufe der Gestaltwerdung entglitten und zu einer gänzlich anderen als der ursprünglich gewollten Figur geworden sei, kann ich mich nicht anschließen.[75] Die künstlerische Reife und Kompetenz, die Shakespeare zwischen 1594 und 1596, also zum Zeitpunkt des Entstehens der Komödie, bereits besaß, spricht aus meiner Sicht dagegen, selbst wenn zu berücksichtigen ist, dass jedes seiner Stücke als »work in progress« ständigen Veränderungen unterzogen wurde.[76]

74 Im Jahre 1209 wurden nahezu alle Juden aus England vertrieben, und gegen Ende des 16. Jahrhunderts war nur eine geringe Anzahl von ihnen in London ansässig. Der Anschlag auf die englische Königin (1587) war inszeniert, und Roderigo Lopez, der des Attentats bezichtigte Arzt der Königin, wurde zu Unrecht verurteilt. Im Hintergrund zog der Graf von Essex die Drähte, der 1601 wegen eines versuchten Aufstandes gegen die Königin selbst hingerichtet wurde.

75 »Aber ebenso zweifellos, wie dass Shylock ursprünglich durchaus als leichte Lustspielfigur gemeint war, ebenso zweifellos ist es, dass er es nicht blieb, und dass Shakespeares Genie während der Arbeit erst die für ihn völlig überraschende Erkenntnis machte, dass Juden Menschen sind!« – Julius Bab, »Einführung zu Shakespeares *Kaufmann von Venedig*«, in: *Shakespeares sämtliche Werke*, zitiert in: Neis (Anm. 65), S. 87.

76 Die Aufführungsgeschichte dieser Komödie verzeichnet große zeitliche Sprünge mit wahrscheinlich häufigen Eingriffen in die Textgestalt. Man darf unterstellen, dass die ursprüngliche Bühnenfassung bereits zu Shakes-

Ganz abwegig ist der Gedanke, Shakespeare habe bewusst ein antisemitisches Stück verfasst. Für David Suchet, einen der großen Shylock-Darsteller unserer Jahre, stellt sich diese Frage erst gar nicht. Für ihn steht fest: »The whole play has to do with money, not racism.«[77] Genau so sah das der bekannte deutsche Charakterschauspieler und Regisseur Fritz Kortner, für den die Komödie nichts anderes thematisiert als »den Tanz ums goldene Kalb«[78]. Heinrich Heines Blick ging tiefer und in eine ganz andere Richtung, als er schrieb, dass Shakespeares Komödie »eigentlich weder Juden noch Christen, sondern Unterdrücker und Unterdrückte, und das wahnsinnig schmerzliche Aufjauchzen dieser letztern [zeige], wenn sie ihren übermütigen Quälern die zugefügten Kränkungen mit Zinsen zurückzahlen können«[79]. Zwei Jahrzehnte, nachdem die Horror-Szenarien der NS-Endlösung aufgedeckt waren, bündelte der Theaterkritiker Friedrich Luft seine Eindrücke zu dieser Komödie mit den Worten: »Das Stück bleibt nach Auschwitz unspielbar.«[80] – Wie Shylock, so hat das ganze Stück zwei Gesichter. Es entwirft sich geradezu als ein Modellbeispiel vollkommener Kontrastierungen auf allen Ebenen. Neben Heiterkeit und Melancholie wechseln Liebe und Hass, Rache und Vergebung, Freundschaft und Feindschaft, Gewinn und Verlust, Venedig und Belmont – Belmont und Venedig. In keinem Stück Shakespeares folgen die Gegensätze so hart und kompromisslos aufeinander, nirgends vollziehen sich die sprachlichen und atmosphärischen Wechsel so rasch und

peares Zeit durch die damals übliche Aufführungspraxis erhebliche Veränderungen erfahren hat. Daraus ist aber nicht ohne weiteres abzuleiten, dass Shakespeare selbst die Gestalt Shylocks aufgrund neuer Ansichten und Einsichten so stark veränderte, wie Julius Bab dies für wahrscheinlich hält.

77 David Suchet in: Epstein (Anm. 1), S. 10.
78 Puschmann-Nalenz (Anm. 60), S. 202.
79 Heinrich Heine, *Shakespeares Mädchen und Frauen*, zitiert in: Posener (Anm. 25), S. 116.
80 Friedrich Luft in einer Theaterkritik 1967, zitiert in: Hans Daiber, *Deutsches Theater seit 1945*, Stuttgart 1976, S. 61.

bedeutungstragend. Es lässt sich kaum ein größerer Kontrast finden als der zwischen den bisweilen grausamen Vorgängen des IV. Aktes mit dem sprachlichen Duell Portia–Shylock und der poetischen Zartheit des V. Aktes, in den Entlastungsepisoden überleiten (IV,1,445 und IV,2), ehe er uns mit dem Zauber seiner Naturstimmungen umfängt. Über alle verbissenen und weniger verbissenen Deutungen hinweg steht fest, dass Shakespeare uns eine hinreißende, ebenso unterhaltsame wie bewegende Komödie hinterlassen hat, an die vielleicht nur noch *Twelfth Night, or What You Will* heranreicht. Wie schön, dass man sie frei und ohne vorgegebene Blickführung betrachten kann. Ich schließe mich daher gern Norrie Epsteins Schlussurteil an, das sich jeder Leser und Theaterbesucher ins Stammbuch schreiben sollte: »The play supports almost any reading you care to give it, and, like the caskets, the one you choose reveals more about you than about the play.«[81]

Twelfth Night, or What You Will / Was ihr wollt. Komödie in 5 Akten.   Entstehungszeit 1600–02. Erste deutsche Übersetzung von Christoph Martin Wieland (1766). Hauptquellen: Plautus (*Menaechmi*), Bandello (*Stories,* 1554), Barnaby Riche (*Farewell to Militarie Profession,* darin: *The Historie of Apollonius and Silla,* 1581). – Zugrunde liegender Text: William Shakespeare, *Twelfth Night / Was ihr wollt,* übers., erl. und mit einem Nachw. hrsg. von Norbert H. Platz und Elke Platz-Waury, Stuttgart 1976 (RUB 9838).

Was macht Shakespeare, um seinem Publikum zu fröhlichem Anlass ein unterhaltsames Bühnenspiel zu präsentieren? Er verkleidet Frauen als Männer, mischt Oben und Unten der Gesellschaft, Tristesse und Heiterkeit, Liebe und

---

81 Epstein (Anm. 1), S. 103.

Laster, Jugend und Alter, kurz – er greift hinein ins volle
Menschenleben und hilft noch ein wenig nach. *Twelfth
Night*, ein Fastnachtsspiel, wurde wahrscheinlich am Drei-
königstag 1601 in London uraufgeführt und erfreut sich
seitdem anhaltender Beliebtheit.[82] Es steht als »reifer Ab-
schluß seines heiteren Komödienschaffens«[83] zeitlich zwischen *As You Like It*, einer weiteren beliebten Komödie,
und der *Hamlet*-Tragödie. Seine turbulente Handlung und
die überaus plastischen Figuren prägen sich dem Zuschauer
rasch ein. Da sind zwei junge Frauen, die um ihre Brüder
trauern (Viola, Olivia); ein trauriger Herzog ist verliebt in
die Liebe und die Musik (Orsino); wir erleben einen genarrten Hofmeister, der sich für bedeutend hält (Malvolio); ein
Trunkenbold treibt seinen lärmenden Unfug zusammen mit
seinem etwas stupiden Freund (Sir Toby und Sir Andrew);
da sind ein nicht gerade zimperlicher Diener und eine derbe
Kammerzofe (Fabian und Maria); ihnen ist ein berufsmäßi-
ger Narr zugesellt, der klüger ist als alle anderen (Feste).
Weitere Personen wären aus dem bunten ›Gruppenbild mit
Damen‹ herauszulösen. Sie sind alle Teil korrespondieren-
der oder kontrastierender Paarbeziehungen, die Shakespeare nach Belieben auflöst, neu kombiniert und endlich passend zusammenführt. Der Leser wird sogleich ähn-
liche Konstellationen aus den drei bisher besprochenen
Bühnenstücken assoziieren. Vom I. Akt aus entwickeln sich
zwei teils nebeneinander herlaufende, teils ineinander grei-
fende Handlungsstränge, eine Haupthandlung (Orsino/
Viola/Sebastian/Olivia-Handlung), die den Erzählungen
von Bandello entlehnt ist (siehe oben), und eine von
Shakespeare hinzuerfundene Nebenhandlung (Sir Toby / Sir
Andrew / Malvolio).

---

82 Die Komödie wurde durch die Jahrhunderte ausgeschlachtet, häufig auch
    mit Szenen aus anderen Stücken kombiniert; alles hat ihr nichts anhaben
    können.
83 Norbert H. Platz / Elke Platz-Waury, »Nachwort« in: William Shake-
    speare, *Twelfth Night / Was ihr wollt* (RUB 9838), S. 211.

Orsino, der Herzog von Illyrien, gibt sich in seinem Palast der Musik und seinen Träumereien von der Liebe hin. Er erfährt, dass die von ihm verehrte Olivia, eine wohlhabende Gräfin, ihn nicht erhören will, weil sie um ihren toten Bruder trauert (I,1,25–32). – Auch eine andere junge Frau, Viola, beklagt den Tod ihres Bruders Sebastian. Sie hat den Schiffbruch überlebt, der ihn das Leben gekostet hat (natürlich ahnt der Zuschauer, dass Sebastian irgendwann auftauchen wird), und kommt nach Illyrien. In der ihr fremden Umgebung wird sie vom Kapitän, der hier aufgewachsen ist, über Land und Leute aufgeklärt. Viola beschließt, sich zu verkleiden und in die Dienste des Herzogs einzutreten, von dem der Kapitän ihr erzählt (I,2,54–63). – In Olivias Haus muss sich Sir Toby, ein Onkel der Gräfin, von der Kammerzofe Maria wegen seiner Saufgelage einiges anhören (I,3,13 f.). Auch Sir Andrew, der sich um Olivia bemüht, bekommt in Abwesenheit seinen Teil ab. Sie nennt ihn einen »great quareller« und »coward« (I,3,27 f.). Als er erscheint, lässt die Zofe sie nach einigen Wortgefechten allein. Sir Toby kann sich seiner Gesellschaft noch länger erfreuen, denn sein Saufkumpan will noch einen Monat bleiben (I,3,105–107). – Viola, die sich Cesario nennt, ist binnen drei Tagen zur Vertrauten des Herzogs avanciert, der sie mit einer Liebesbotschaft zu Olivia schickt (I,4,34–39). Nun setzen die Komplikationen ein, denn Viola hat sich selbst in den Herzog verliebt (I,4,40 f.). – Bei Olivia kommt es zum ersten Auftritt des Narren Feste, der seiner Herrin die Augen über sie selbst zu öffnen versucht (I,5,50 f.). Er nimmt auch gegenüber dem Hofmeister Malvolio kein Blatt vor den Mund, dem er krankhafte Eigenliebe vorwirft (I,5,85). – Stark angetrunken meldet Sir Toby den Besuch eines »gentleman«, niemand sonst als Viola-Cesario, die der Gräfin im Auftrag des Herzogs ihre Aufwartung macht. Zwischen Viola und der Hausherrin kommt es zu einem längeren Gespräch, in dem Viola-Cesario mit farbigen Worten die leidenschaftlichen Gefühle des Herzogs für Olivia ausmalt (I,5,239 ff.). In ihnen klingen ihre eigenen Empfindungen für Orsino und Wunschgedanken hörbar durch. – Eine zunehmende Verdichtung der Probleme deutet sich an, als Olivia dem Liebesboten, der sich verabschiedet hat, ohne eine Belohnung entgegennehmen zu wollen, durch Malvolio einen Ring nachschickt. Sie hat sich in ihn (Viola-Cesario) verliebt (I,5,292–295).

Sebastian hat den Schiffbruch ebenfalls überlebt und verabschiedet sich von seinem Retter Antonio. In Trauer um seine Schwester, über deren Aufenthalt er nichts weiß, begibt sich Sebastian an den Hof Orsinos (II,1,37). – Viola weiß mit dem Ring, den Malvolio ihr übergibt, nichts anzufangen. Sie erkennt aber sogleich die Verwicklungen, in die sie zu geraten droht: »What will become of this? As I am man, / My state is desperate for my master's love; / As I am woman – now alas the day! – / What thriftless sighs shall poor Olivia breathe!« (II,2,34–37). – In Olivias Haus geht es hoch her. Sir Toby, Sir Andrew und der Narr lassen sich den Wein schmecken, und der Narr singt ein Liebeslied, das schließlich alle im Kanon mitsingen (II,3,69). Maria unterbricht die »Katzenmusik«, und kurz darauf tritt Malvolio auf, der keine Chance hat, die Angetrunkenen zur Ordnung zu bringen. Spott ergießt sich über ihn. Salbungs- und vorwurfsvoll zieht er sich zurück (II,3,115–118). Der guten Stimmung tut das keinen Abbruch. Maria will Malvolio endlich einmal eins auswischen und eröffnet den Herren, dass sie ihm einen Brief schreiben wird, aus dem hervorgehen soll, dass Olivia in den Hofmeister verliebt sei (II,3,145–150). Sie gehen begeistert darauf ein. – In seinem Liebesschmerz verlangt Orsino nach der Musik des Vorabends. Viola ist zugegen. Feste wird gerufen, der ein Lied vorträgt, mit dem er die Stimmung des Herzogs aufhellt. Orsino und Viola sprechen über ihre Gefühle. Er kann nicht einsehen, warum Olivia ihn immer wieder zurückweist, und Viola-Cesario ihrerseits gesteht ihm verschlüsselt ihre Liebe (II,4,104–108). – Malvolio tappt in die ihm gestellte Falle. Er findet die für ihn bestimmte Botschaft (II,5,76). Sir Toby, Sir Andrew, Maria und der Diener Fabian sind voll des Lobes über Marias List, die sich erst später voll auswirken wird: »He will come to her in yellow stockings, and 'tis a colour she abhors, and cross-garter'd, a fashion she detests« (II,5,178–180).[84]

Viola und der Narr befinden sich in einem harmlosen Gespräch, aus dem Viola einen richtigen Schluss zieht: »This fellow is wise enough to play the fool« (III,1,57). Sie wird von Olivia beiseite genommen, die ihr gesteht sie zu lieben (III,1,148–153). Viola weist sie diplomatisch ab. – Sir Andrew ist aufgebracht, weil er beobachtet hat, dass Olivia, die ihn verschmäht, sich offenbar das Werben des jungen ›Cesario‹ gefallen lässt. Er will abreisen. Sir Toby und Fabian machen ihm klar, dass er die Angelegenheit nur durch ein Duell bereinigen kann (III,2,29–35). – Sebastian und auch Antonio sind derweil in der Stadt eingetroffen. Violas Bruder quartiert sich im »Elephant« ein. – Bei Olivia kommt es zu dem von Maria und der saufseligen Clique herbeigesehnten Auftritt Malvolios. Er macht sich derartig lächerlich, dass die Gräfin, die aus ihrer Umgebung so einiges gewohnt ist, entsetzt ausruft: »Why, this is very midsummer madness« (III,4,53). – Dieses Stichwort leitet eine neue Stufe des übermütigen Spiels ein, das die Domestiken einschließlich Sir Toby mit Malvolio treiben, aber auch eine Stufe, auf der das Verwechslungs- und Verkleidungsspiel um Viola einen weiteren Höhepunkt erreicht: Aufs Äußerste gereizt, giftet Malvolio: »Go hang yourselves all! You are idle shallow things; / I am not of your element; you shall know more hereafter« (III,4,117–119), so dass Sir Toby, Maria und Fabian beschließen, ihn in einer dunklen Zelle zu isolieren, bis er wieder zu Sinnen gekommen ist (III,4,129 f.). – Sir Andrew hat die Duellforderung formuliert. Noch ahnt Viola-Cesario nicht, was gegen sie im Schilde geführt wird. Als

84 ›Gelb‹ zu tragen bekundete Eitelkeit und Selbstverliebtheit.

›Sekundant‹ seines Freundes spricht Sir Toby sie daraufhin
an und schildert den Herausforderer als einen der besten
Kämpfer ganz Illyriens (»[…] the most skilful, bloody, and
fatal opposite that you could possibly have found in any
part of Illyria.« – III,4,253–255). Um ganz auf seine Kosten
zu kommen, baut Sir Toby dann auch vor Sir Andrew den
Gegner als einen »wahren Teufel« und »Drachen« auf
(»Why, man, he's a very devil; I have not seen such a fi-
rago.« – III,4,261 f.). Die Duellanten haben aber gar nicht
die Absicht wirklich zu kämpfen. – Der hinzutretende Antonio, der Viola für Sebastian hält, kann das nicht abschät-
zen. Er mischt sich ein und wird von den anwesenden Soldaten des Herzogs verhaftet, die ihn als einen ehemaligen
Kriegsfeind erkennen. Antonios Verwunderung ist groß,
als Viola keine Anstalten macht, ihm zu helfen. Einer Be-
merkung Antonios entnimmt sie, dass ihr Bruder noch
lebt.

Zu einem weiteren Höhepunkt des Narrenspiels und zu einer teilweisen Auflösung der Verwirrungen kommt es in
den drei Szenen des IV. Akts. – Sebastian und der Narr treffen einander vor dem Haus Olivias. Feste hält ihn für Viola-
Cesario und will mit ihm zu Olivia. Sir Andrew, der hinzu-
kommt, wird gegen Sebastian handgreiflich (IV,1,23). Sir
Toby schaltet sich ein. Die Situation eskaliert und wird
erst durch Olivias energisches Dazwischenfahren beruhigt
(IV,1,44). Ahnungslos liefern Sebastian und Olivia einander
mit Treueworten aus. Er hat keine Vorstellung, in welchen
Beziehungswirrwarr er geraten ist, sie weiß nicht, wen sie
vor sich hat. – Der Narr hat sich unterdessen als Pfarrer verkleidet und besucht Malvolio, der in einer Dunkelzelle
schmort. Er spricht mit ihm wie mit einem Verrückten und
fragt ihn, wie er seinen Verstand verloren hat (»Alas, sir,
how fell you besides your five wits?« – IV,2,83). Malvolio
ist aber bei klarem Verstand und weiß sehr genau, wer und
warum man ihn in diese Situation gebracht hat: »They have

here propertied me; keep me in darkness, send ministers to me, asses, and do all they can to face me out of my wits« (IV,2,88). Er möchte Olivia einen erklärenden Brief schreiben. Mit einem Lied verabschiedet sich der Narr von Malvolio. – Sebastian wird von Olivia, die einen Priester mitgebracht hat, zur Eheschließung förmlich überrumpelt. Dies macht den jungen Mann nicht unglücklich (IV,3,22–35). Beide sind aber noch ein gutes Stück von der Erkenntnis der tatsächlichen Zusammenhänge entfernt.

Zu Beginn des V. Aktes wird die Verwirrung für die Beteiligten noch einmal gesteigert. – Orsino und Feste scherzen gutgelaunt miteinander. Der Herzog ahnt nicht, was ihm in den nächsten Augenblicken an Entscheidungen abverlangt wird: Antonio wird von einem Soldaten in den Raum geführt, und Viola-Cesario erkennt ihn als ihren mutigen Beschützer und Retter, Orsino hingegen den ehemaligen Piraten wieder (V,1,60–66). – Es ereignet sich die unvermeidbare Begegnung zwischen dem Herzog, Viola und Olivia, die nicht glauben kann, wie distanziert ihr mit einem Male jener (Viola-Cesario) begegnet, der ihr noch vor kurzem seine Einwilligung zur Hochzeit gegeben hat, und nun offenbar zu einer anderen eilt (V,1,128–136). – Rasch wird der Priester gerufen, und Olivia lässt trotz der Proteste Violas zur großen Überraschung des Herzogs eine Ehe bestätigen, von der dieser bislang nichts wusste (V,1,145–155). – Es kommt noch turbulenter. Nacheinander treten Sir Andrew und Sir Toby auf, denen ›Cesario‹ blutige Köpfe verpasst haben soll. Zu allem Überfluss kann der Arzt, nach dem geschickt wird, nicht kommen; er hat bereits am frühen Morgen zu tief ins Glas geschaut. Dafür hat ausgerechnet Sir Toby kein Verständnis (V,1,192 f.). Sebastian kommt hinzu, der sich für die Wunden, die er Sir Toby beigebracht hat, öffentlich entschuldigt. Nun klärt sich endlich alles auf. Herzog Orsino und auch Antonio können es nicht fassen, dass Viola und ihr Bruder einander so ähnlich sind (V,1,208 f.). Glücklich finden die Geschwister und die Paare zueinander

(V,1,251 ff.; 307–313). – Olivia sieht im Brief, den Malvolio
ihr aus seinem Gefängnis geschrieben hat, keine Anzeichen
geistiger Verwirrtheit seines Verfassers. Er wird freigelas-
sen. Fabian gibt eine Erklärung dazu ab und bittet Olivia
um Nachsicht für den Revanchestreich (V,1,342–356). Malvolio kann keine gute Miene zum (bösen) Spiel machen und
zieht sich grollend zurück. Nach einem schönen Schlusswort des Herzogs entlässt Feste mit einem letzten Lied das
Publikum.

Gleich mehrere Themen lassen sich in dieser von Shakespeare nach Illyrien verlegten Komödie ausmachen: das
Thema vom Leben als buntem Narrenschiff; von Zeit und
Vergänglichkeit, von Liebe und Musik, das Spiel um Illusion und Wirklichkeit, kurz: das ganze Schauspiel – ein
Spiegel der Welt. Teilweise hat sich der Leser in den drei zuvor besprochenen Stücken mit den Themen bereits vertraut
gemacht. Sie werden ihm auch weiterhin begegnen. Auch
das Thema ›Tod‹ durchzieht die Komödie. Einzelne Interpretationen betonen dies sogar sehr akzentuiert.[85] Das
Thema ist im gesamten Werkschaffen Shakespeares so fest
integriert, dass es bei jedem Stück (zumindest stillschwei-
gend) mitzulesen ist. Für *Twelfth Night* möchte ich ihm jedoch keinen so großen Stellenwert zuschreiben, weil ein anderes Thema, nämlich das »der Verrücktheit und Narrheit«,
trotz nachdenklicher Momente, die das Stück enthält, viel
stärker in den Vordergrund rückt und von anderen Heraus-
gebern und Textinterpreten sogar als »ein übergreifendes
einheitsstiftendes Element«[86] angesehen wird. Diesem
Thema gehe ich hier mit wenigen Sätzen figurenbezogen
nach. In größerer Ausführlichkeit greife ich es noch einmal
im Interpretationskapitel zum *King Lear* auf.

Auf dem Narrenschiff Illyriens, d. h. am Hof Orsinos, regiert der Berufsnarr Feste. Paradoxerweise ist er (neben
Viola) die einzige Figur mit verlässlichem Augenmaß, die

---

85 »Like *Hamlet*, *Twelfth Night* is haunted by death« schreiben Kenneth
    McLeish und Stephen Unwin (Anm. 4), S. 229.
86 Platz/Platz-Waury (Anm. 83), S. 213.

unbeirrt die Übersicht behält. Seine Auftritte verteilen sich über alle fünf Akte (I,5 – II,3 – II,4 – III,1 – IV,2 – V,1), und er spricht auch das letzte Wort in der Komödie. Feste ist lebhafter Akteur, Kommentator und Interpret des Geschehens in einer Person. Er unterhält Kontakte zu allen wichtigen Personen des Stückes. Für jeden Scherz gut, gebietet er über eine äußerst differenzierte und gebildete Sprache. Er setzt sie sehr ›kommunikativ‹ ein, d. h. der jeweiligen Gesprächssituation und seinen eigenen Absichten intelligent angepasst. Zuweilen ist sie von einer derben Direktheit, die sich nur ein Narr erlauben kann, oft von boshafter Hintergründigkeit. Mit seinen närrisch-weisen Liedern – Glanzpunkten der Komödie[87] – mockiert er sich über Verhaltensweisen von Personen: in dem zur Begeisterung von Sir Toby und Sir Andrew angestimmten banalen ›Liebeslied‹ »O mistress mine« (II,3,38–51), in dem traurig-romantischen Lied »Come away, come away, death« (II,4,50–65), das des Herzogs Sehnsucht nach Liebe und Musik ironisch besingt; in dem mit einem ›höllischen‹ Unterton vorgetragenen Lied für Malvolio »I am gone, sir, / An anon, sir« (IV,3,116–127) und schließlich in seinem Abschiedslied an das Publikum, »When that I was and a little tiny boy« (V,1,375–394). Bis auf Viola sind alle Personen des Stückes Feste unterlegen. Er spielt mit ihnen nach Belieben, und häufig verstehen sie den Sinn seiner Aussagen nicht. Als eine der großen Narrengestalten aus Shakespeares Werk lässt Feste den *Fool* aus *King Lear* schon ahnen, der in der Tragödie auf andere Weise an die Zentralfigur gebunden ist.

Die eigentlichen Narren der Komödie aber sind andere. Eine ihrer herrlichsten Figuren ist der sich lärmend durch das Geschehen saufende Sir Toby. Er hat eine gewisse Ähnlichkeit mit Bottom aus *A Midsummer Night's Dream*.

---

87 Die Komödie hat aufgrund ihrer musikbetonten Atmosphäre (Orsino, Feste) bedeutende Komponisten zu Vertonungen angeregt, so Smetana zu einer Oper (*Viola*).

Manche Kritiker sehen in ihm ein Abbild des lebensfrohen
England. ich finde den Gedankengang Norbert H. Platz'
und Elke Waury-Platz' zutreffender, ihn als Vertreter »eines
zeitlich begrenzten Ausnahmezustandes«[88] einzustufen.
Dies entspricht dem Anlass und dem Charakter des Stückes. Mutmaßlich hat Shakespeare der Steifheit eines Malvolio die Unbekümmertheit einer anderen Figur entgegen-
setzen wollen. – Gleich nach Sir Toby ist der mit Geistesga-
ben nicht gesegnete Sir Andrew zu nennen. Es lässt sich vermuten, dass Shakespeares Publikum unter den Hofschran-
zen der Königin oder in der Öffentlichkeit nach entsprechenden Vorbildern nicht lange suchen musste. – Schließlich
reiht sich in die Kategorie der Narren auch Malvolio, der so
selbstgefällig und so einfältig ist, dass selbst die Tumben
ihm noch ein Beinchen stellen können. Trotz seiner stelzen-
haft-hölzernen Gespreiztheit wird Malvolio als Figur zwischen Komik und Tragik gesehen.[89] Er ist der einzige in dieser Komödie, in der alle Personen Veränderungen durchma-
chen, der auch am Ende der ist, der er am Anfang war: ein
übellauniger Misanthrop, der allen Vergeltung androht
(V,1,364). Nur Olivia hat Verständnis für ihn und weist allen einen Schuldanteil an Malvolios Haltung zu: »He hath
been most notoriously abus'd« (V,1,365). Ist aber nicht sein
Name schon ›Programm‹? Malvolio – der Überwollende.
Der Untertitel des Schauspiels – *What You Will* – räumt jeder Person beliebige Entfaltungsmöglichkeiten ein, die dem
Anlass angemessen sind; allein der Hofmeister ist durch seinen Namen auf eine negative Rolle fixiert.[90]
Zu den Figuren, die sich (beinahe) selbst zum Narren machen, gehören auch Olivia und Herzog Orsino. Feste macht

88 Platz/Platz-Waury (Anm. 83), S. 219.
89 »Malvolio is a potentially tragic figure trapped in a comic world.« – Ep-
    stein (Anm. 1), S. 138.
90 Shakespeare spielt in der Namensgebung (Malvolio) mit der Mehrfachbe-
    deutung des Wortes »will«, in dem hier eindeutig sexuelles Verlangen zum
    Ausdruck gebracht wird. – Vgl. Anm. 146 im Interpretationskapitel *The
    Sonnets*.

beide mehrfach darauf aufmerksam. Olivia und Orsino haben mit sich selbst größte Probleme, weil sie sich in extreme Gefühlslagen hineinsteigern – die junge Frau in übersteigerte Gefühle der Trauer um ihren toten Bruder (I,5,61 ff.); der Herzog in eine fast todessüchtige Verliebtheit in die Liebe und in die Musik (I,1,1–15; II,4,1–7). Sie haben beide kein Auge und kein Ohr für die Wirklichkeit.

Einen unbeirrt klaren Blick behält Viola. Sie kämpft in dem bunten Verwechslungsspiel mutig und geschickt um ihr Glück. An ihrem Schicksal nimmt das Publikum besonders mitfühlenden Anteil. Sie scheint ernsthafter als etwa Portia, trotz ihrer Courage verletzlicher als Helena, gefühlvoller als Perdita und noch entzückender selbst als Miranda aus den späten Romanzen *The Winter's Tale* und *The Tempest*. Viola hat ein hartes Los zu tragen, mit dem sie beherzt umgeht: die Trauer um den (verloren geglaubten) Bruder, die Einengung als Person unter ihrer Verkleidung, die sie mehr als einmal in schwierige Situationen bringt. Ihre Stärke liegt in ihrer Zielstrebigkeit, in ihrer Fähigkeit abwarten zu können und in ihrem stets vernunftgeleiteten Handeln.[91] Noch in den kritischsten Momenten beweist sie Unerschrockenheit und Nervenstärke (I,5; III,1; III,4; V,1).

Nehmen wir die Personen dieser Komödie in einen schärferen Fokus, so tritt das für die elisabethanische Dichtung typische Moment der »Spiegelung« in den Beziehungs-Konstellationen auf besonders charakteristische Weise hervor.[92] In Orsinos Liebeswerben um Olivia, die er als Person gar nicht wirklich liebt, spiegelt sich die Disharmonie der Welt im Widerstreit von Vernunft (*reason*), Begierde (*will*)

---

91 Violas Selbstbeherrschung und geistige Wachheit erwachsen aus der Rolle, die sie zu spielen sich vorgenommen hat, und aus den Rollen, die zu spielen sie gezwungen ist: »[…] sie spielt ihre Rollen immer ganz wahr, das macht sie unwiderstehlich und setzt sie als einzige imstand, den Narren ganz begreifen, denn auch sie ist immer eine Fremde, weil sie immer spielt.« – Vollmann (Anm. 20), S. 273.

92 »This play […] is confined by mirror images: twins, homosexuality, narcissism.« – Epstein (Anm. 1), S. 139.

und Leidenschaft (*passion*).[93] Erst als Orsino durch Viola zu
sich selbst geführt wird und das Phantombild (Olivia) ab-
stößt, wird sein Blick frei für einen Menschen, dem er echte
Gefühle entgegenbringen kann. Mit sanfter Ironie macht
Shakespeare damit zugleich ein Stück überholter höfischer
Tradition lebendig.[94] – Malvolio spiegelt Malvolio und ge-
fällt sich darin. Shakespeares ironische Verweise (Sprache,
Kleidung) lassen an Klarheit nichts zu wünschen übrig,
welchen Typ Mensch er auf die Bühne bringen wollte. –
Die homosexuellen Anspielungen der Komödie (Antonio-
Sebastian) bilden jene Seite der elisabethanischen Wirklich-
keit ab, der Shakespeare gerade als Theatermensch auf
Schritt und Tritt begegnete und der er wahrscheinlich in ge-
wissem Maße auch erlegen war. In diesem Punkt hält die
Komödie ihre pikanteste Prägung durch die in Männerklei-
dung auftretende Viola-Cesario. In den durch ihre Verkleidung bedingten Turbulenzen und Verwechslungen entzieht
Shakespeare hier mit leichter Hand der Geschlechter-Bezie-
hung jedes existentiell bedrohende Potential, durch das in
seinen großen Tragödien Frauen wie Männer in unglück-
lichste Situationen geraten oder zugrunde gehen. Aber erst
die Verkleidung öffnet den Personen in *Twelfth Night* die
Augen zum Erkennen ihrer eigenen Identität und die der
anderen.[95] Wer ist eigentlich wer? Viola ist nicht Cesario,
Sebastian ist nicht Viola, und Cesario ist auch nicht Sebastian. Die Zuschauer haben Freude an dem wirbelnden
Durcheinander, das fröhlicher und unbekümmerter ist als
das in *A Midsummer Night's Dream* (Hermia/Lysander –
Helena/Demetrius) oder in *The Merchant of Venice* (Portia

93 In *Hamlet* oder *Othello* begegnen wir Menschen, die es extrem zwischen
diesen Polen umtreibt.
94 »And with the exception of Viola, each of the main characters loves a
phantom – a dream of his own making rather than a flesh-and-blood person.« – Epstein (Anm. 1), S. 137. Die Parallele zu Romeos Verliebtheit in
Rosaline, ehe er Juliet begegnet, ist offensichtlich.
95 »Paradoxically, disguise reveals rather than hides the true self.« – Epstein
(Anm. 1), S. 142.

und Nerissa als ›Männer‹) und ergötzen sich an Wort- und Scheingefechten, an den Beulen, die die richtigen Leute davontragen.

In dieser *great comedy* sollte nicht bemüht nach Tiefgründigkeiten und dem Walten dunkler Schicksalsmächte Ausschau gehalten werden.[96] Horchen sollten wir aber doch auf Zwischentöne, die den fröhlichen und zuweilen derben Klamauk dämpfen. Sie werden nicht so sehr in den Anklängen an den Tod hörbar. Wirkliches Erschrecken stellt sich beim Zuschauer selbst in den Momenten realen oder latenten Bedrohtseins einzelner Personen nicht ein, Schaudern auch nicht angesichts des Abschüssigen in der Komödie (wie nah dem Straucheln ist doch beinahe jeder in ihr!).[97] Die dunklen Töne klingen verhaltener durch. Sie sind so etwas wie ein ›basso continuo‹, den man beiläufig wahrnimmt, weil die hellen Töne ihn angenehmer überklingen. Die dunklen werden laut in der Narrheit der Menschen, in ihren Torheiten und Eitelkeiten, in ihrer Blindheit und Selbstgefälligkeit. In seinem letzten Lied präsentiert der Narr noch einmal allen die Rechnung – den Hochmütigen, den aufgeblasenen Angebern und den versoffenen Maulhelden.[98] Wer damit im Stück gemeint ist, bedarf keiner zusätzlichen Erklärung.

Welche Aussage lässt sich aus der Komödie herauslesen? Shakespeare gibt sich als kritisch beobachtender und beurteilender Skeptiker zu erkennen, der seine Zuschauer lächelnd, doch mit leicht hochgezogenen Augenbrauen auf

---

96 Vom Bild der »star-crossed lovers« (*Romeo and Juliet*) oder dem Chaos, das die von dämonischer Besessenheit beherrschten Lear und Macbeth entfesseln werden, ist nicht einmal im entferntesten Hintergrund dieser Komödie etwas zu erkennen.

97 Zu denken ist an Orsinos melancholische Versunkenheit, die leicht in Wahnsinn übergehen könnte, an Sebastians Rettung, an den glücklichen Ausgang der Duelle, an Malvolios Erlösung aus dem Kerker durch Olivias Gnadenakt. Zweifellos könnte das Geschehen zu jeder Zeit tragisch umschlagen.

98 Festes Schlusslied wird als »one of his main contributions to this most complex play« bewertet. – Vgl. McLeish/Unwin (Anm. 4), S. 230.

ewige Wahrheiten stößt. Hinter fröhlichem Mummen-
schanz geht es einmal mehr um die Schmerzen und Nöte
menschlicher Beziehungen, das Kernthema seiner Komödien. Die Liebe als Teil einer ungeordneten Welt ist von den
Menschen nicht nach Belieben zu kontrollieren. Jeder kann
eben nicht jeden haben, und manchmal dauert es lange, ehe
sich Verwirrung und Blindheit auflösen und Menschen zueinander finden können.

Das folgende Bühnenstück, *Julius Caesar*, führt uns in das
antike Rom. Es entstand fast zeitgleich mit *Twelfth Night*.
Die private höfische Szenerie wird aufgegeben, und der
Rahmen öffnet sich für einen Vorgang von weltgeschicht-
licher Bedeutung.[99] Die Tragödie um eine der größten und
umstrittensten Herrscherfiguren aus der Zeit des Imperium
Romanum eröffnet – daran sei noch einmal erinnert – einen
von Pessimismus und Weltschmerz dominierten Schaffensabschnitt William Shakespeares, in dem nach *Julius Caesar*
gleich vier bedeutende Tragödien entstanden (*Hamlet*,
Othello, *King Lear*, *Macbeth*), die den Namen des Dramatikers um die Welt getragen haben.

Julius Caesar. Tragödie in 5 Akten. Uraufführung im
Londoner *Globe Theatre* (1599). Erste deutsche Übersetz-
zung von Caspar W. von Borck (1741); deutsche Erstaufführung in Mannheim (1785). Hauptquelle: Plutarch (*Vitae* in
der Übersetzung von Thomas North, 1579). – Zugrunde
liegender Text: William Shakespeare, *Julius Caesar*, übers.,
komm. und mit einem Nachw. hrsg. von Dietrich Klose,
Stuttgart 1976 (RUB 9816).

Das fünfaktige Drama ist mehr als nur ein Schauspiel um
die Ermordung einer großen historischen Persönlichkeit.
Julius Caesar führt mitten hinein in politische Fragen, die

99 Vgl. Vivian Thomas, *Shakespeare's Roman Worlds*, London / New York
1989.

das englische Volk gegen Ende der Regentschaft Elisabeths I. bewegten – Fragen um die Allmacht der Herrschenden. Shakespeares Antwort ist nicht simpel, aber eindeutig: er zerstört das Bild von übermenschlicher Größe am Beispiel eines der berühmtesten Imperatoren der Weltgeschichte und zeigt ihn mit all seinen menschlichen Schwächen, Ängsten und Eitelkeiten.[100] Die Botschaft ist deutlich: Caesar war kein Gott. Kein Mensch – auch ein König nicht – wird je ein Gott sein. Damit musste man den *Julius Caesar* bereits im spätelisabethanischen England trotz seines in weiten Teilen fast privaten Geschehens als ein eminent politisches Drama ansehen. Seine politische Bedeutung und die zeitenüberdauernde ethisch-moralische Reichweite werden deshalb auch im Mittelpunkt der Interpretation stehen.

Mit *Antony and Cleopatra* und *Coriolanus*, die später entstanden, bildet *Julius Caesar* die Werkgruppe der so genannten *Roman Plays* Shakespeares, in dessen Gesamtwerk der historische Caesar überaus häufig vorkommt.[101] Aus welchen Quellen Shakespeare den Stoff für sein Caesar-Drama gewann, könnte in vollem Umfang und gesichert bislang nicht geklärt werden. So ist nicht auszuschließen, dass Shakespeare Anleihe bei Appian oder Sueton[102] gemacht hat. Möglich, aber durch nichts unabweisbar belegt, erscheint auch, dass ihm das Drama *Cesare* des Orlando Pescetti bekannt war. Unzweifelhaft nachgewiesen hingegen ist die Vorlage der *Parallel-Viten* bedeutender griechischer und römischer Persönlichkeiten des antiken Schrift-

---

100 Vgl. Baumann (Anm. 4), S. 79 f.
101 Die Shakespeare-Forschung kann auf 15 weitere Dramen und mehr als vier Dutzend Einzelpassagen in Shakespeares Werk verweisen, die sich zweifelsfrei auf die Person des Julius Caesar beziehen. – Vgl. Baumann (Anm. 4), S. 74.
102 Im 2. Jahrhundert n. Chr. hatte Appian eine *Geschichte der römischen Republik* geschrieben. – Von dem römischen Schriftsteller Gaius Suetonius Tranquillus (70–130), Sueton genannt, stammen die Lebensbeschreibungen römischer Herrscher, *De vita Caesarum*. Beiden Quellen kommt, wenn überhaupt, nur marginale Bedeutung zu, was ihre Verwendung durch William Shakespeare angeht.

stellers Plutarch (45–120 n. Chr.), für die es bereits seit 1579
eine englische Übersetzung gab.[103] Auch wenn Shakespeare
stellenweise dieser Vorlage wörtlich bis ins Detail folgte, so
ging er dramaturgisch doch frei und souverän mit ihr um,
wie in der Interpretation noch gezeigt werden wird. Auf die
fünf Akte der Tragödie verteilen sich insgesamt 18 Szenen,
in denen das historische Geschehen von beinahe drei Jahren, die tatsächlich zwischen der Ermordung Caesars und
den beiden Schlachten von Philippi lagen, im Zeitrafferstil
ohne Rücksicht auf chronologische Stimmigkeit auf das Äußerste komprimiert wird. Das Publikum der Shakespeare-
Zeit erlebte dadurch ein handlungsintensives und spannen-
des Theaterstück, bei dem es seinem Verfasser weniger um
die getreue Wiedergabe der historischen Realität als um die
Lehre ging, die aus ihr zu ziehen war.

Rom – 49 vor Chr.: Caesar hat seine Machtstellung ausgebaut. Er hat seinen ärgsten Widersacher Pompeius in der
Schlacht bei Illerda ausgeschaltet und kehrt umjubelt nach
Rom zurück. Ein Jahr später wird Caesar ihn endgültig besiegen und nach weiteren großen Eroberungen von Ländern
rund um das Mittelmeer zum Diktator auf Lebenszeit, zum
Imperator, Konsul und Pontifex Maximus erhoben.[104] Damit hat er alle höchsten Ämter inne. Doch es werden Be-
fürchtungen laut, dass er den Gedanken der römischen Republik untergraben und die Belange des Volkes missachten
würde. Im Jahre 44 v. Chr. wird Marcus Iunius Brutus, ein
hochgeschätzter Volkstribun und eine der Vertrauensperso-
nen Caesars, Stadtprätor in Rom und dadurch zu einem
wichtigen Bindeglied zwischen Volk und Staatsapparat. In

---

103 Thomas North (1535–1601) hatte den Plutarch aus der französischen
   Ausgabe des Jacques Aymot (1513–93) ins Englische übertragen. Norths
   Übersetzung erschien in mehreren Auflagen (1579, ²1595, ³1603, ⁴1612),
   von denen ein Exemplar der 4. Auflage in Shakespeares Nachlass gefunden wurde. – Vgl. Dietrich Klose, »Nachwort«, in: William Shakespeare,
   Julius Caesar (RUB 9816), S. 197–214.
104 Diese Ausstattung mit allen höchsten Ämtern und Würden gibt eigentlich
   zu erkennen, dass Caesar das Vertrauen Roms besaß.

dieser Rolle wächst Brutus, angetrieben von dem Eiferer Cassius, zur Zentralgestalt einer Verschwörergruppe gegen Caesar empor.

Shakespeares Tragödie setzt am Tag des »Lupercalienfestes« (15. Februar) ein.[105] Die Verschwörer, denen hochrangige Männer des Senats angehören, ringen sich zur Ermordung des Triumphators durch. Dafür erscheint das nächste Zusammentreffen im Senat der Stadt Rom am 15. März geeignet. Trotz aller dunklen Vorzeichen und der wenig günstigen Prophezeiungen eines Wahrsagers, sich vor diesem Tag, den »Iden des März«, zu hüten, erscheint Caesar im Senat. Dort wird er von der Verschwörer-Clique um Brutus niedergestochen. Caesars Tod ist der Anlass für den nun beginnenden Bürgerkrieg zwischen Brutus und seinen Anhängern auf der einen und Marcus Antonius mit den seinen auf der anderen Seite. Der Geist Caesars verfolgt Brutus. Bei Philippi (Makedonien) kommt es 42 v. Chr. zur Doppelschlacht, die mit dem Tod der ehemaligen Verschwörer, aber auch mit dem Zusammenbruch der römischen Republik endet.[106]

Die Kernsituationen der 18 Szenen dieses Römer-Dramas, das seine eindeutige Klassifizierbarkeit nicht zuletzt der lebendigen, dichten und alltagsnahen Darstellung des alten Rom verdankt,[107] stellen sich im Detail wie folgt dar:

(I,1) Merkwürdig rascher Wandel in der Stimmung des Volkes: wo es vor kurzer Zeit noch Pompeius zujubelte, hul-

---

105 Das »Lupercalienfest« hatte ursprünglich den Charakter eines Weihe- und Sühnefestes. Zu Caesars Zeiten war es bereits zu einem sehr weltlichen Volksfest verkommen.

106 Die Folge war der Zerfall des Römischen Reichs. Die beiden siegreichen Heerführer teilten es sich. Die westliche Reichshälfte fiel an Octavian, die östliche an Marcus Antonius (40 v. Chr.).

107 Wohl ist anzumerken, dass Shakespeare viel Alltägliches aus dem London seiner Zeit genommen und auf das antike Rom übertragen hat. – Vgl. Bernhard Kytzler, *William Shakespeare, »Julius Caesar«. Dichtung und Wirklichkeit*, Frankfurt a. M. / Berlin 1963.

digt es jetzt einem anderen. Es will Caesar zum König krönen.

(I,2) Erster Auftritt Caesars, Marcus Brutus' und Cassius'. Warnungen eines Wahrsagers. Caesar ahnt nicht, wie nah die Verschwörer bereits sind. Cassius bezieht Brutus mit Erfolg in seine Überlegungen ein.

(I,3) Cassius gewinnt auch Cinna und Casca für sein Vorhaben und lässt Brutus wissen, wo sie zu finden sind und dass die Verschwörung das Anliegen vieler sei.

(II,1) Die Verschwörer finden sich bei Brutus ein, der sich ihrem Vorhaben anschließt, aber nicht dem Vorschlag des Cassius zustimmt auch noch Marcus Antonius zu töten. – Brutus' Frau Portia erkundigt sich besorgt nach dem Befinden ihres Mannes, dessen verändertes Verhalten ihr aufgefallen ist. Sie wird vertröstet.

(II,2) Der 15. März: Caesars Frau Calphurnia beschwört ihren Mann, nicht zum Kapitol zu gehen. Schlimmste Träume hätten sie heimgesucht. Sie fürchtet um sein Leben. Decius Brutus, einer der Verschwörer, ist gekommen, um Caesar abzuholen. Er erkennt rasch, dass ihr Plan vor dem Scheitern steht. Schmeichelnd kann er Caesar überzeugen, das Krönungsangebot des Senats nicht auszuschlagen. Ein zweites Mal würde man ihm die Königskrone nicht antragen. Caesar schließt sich den Verschwörern auf dem Weg zum Kapitol an. Auch Marcus Antonius begleitet sie.

(II,3) Artemidorus will Caesar mit einem Brief warnen, in dem alle Namen der Verschwörer genannt werden, ganz zuerst der des Marcus Brutus.

(II,4) Inzwischen hat Portia gehört, dass ihr Mann mit den Verschwörern auf dem Weg ins Kapitol ist. Ängstlich wartet sie auf Nachrichten.

(III,1) Caesar übergeht schroff die Bitten des Artimedorus und des Wahrsagers, sie anzuhören. Im Kapitol fällt er unter den Dolchen der Verschwörer, als er auf ihr Anliegen nicht eingeht. – Marcus Antonius, der sich vom Mordgeschehen entfernt hatte, lässt ihnen seine Loyalität ausrichten. Als er wenig später selber erscheint, erhält er von Marcus Brutus entgegen den Warnungen des Cassius die Zustimmung, die Totenrede zu halten.

(III,2) Zunächst erklärt Marcus Brutus dem Volk von Rom die Motive der Verschwörer. Er wird begeistert gefeiert. Marcus Antonius jedoch hetzt das Volk in einer wohlbedachten Rede auf. Er kann die Menge auf seine Seite ziehen. Empört verlangt sie den Tod der Verräter. Noch während das Volk rast, sind Marcus Brutus und Cassius aus der Stadt geflohen. Ein Diener meldet Marcus Antonius, dass Octavius Caesar im Hause des Ermordeten angekommen sei.

(III,3) Gewalt auf den Straßen: der stadtbekannte Dichter Cinna wird vom Mob attackiert und getötet. Man hat ihn mit dem gleichnamigen Verschwörer verwechselt.

(IV,1) Entschlossenes Handeln von Marcus Antonius. Er will alle zum Tode verurteilen, von denen Widerstand befürchtet wird. Eine starke Armee, bestehend aus seinen eigenen Soldaten und denen des Octavius Caesar, soll gegen Brutus und Cassius aufgeboten werden, noch ehe diese sich organisieren können.

(IV,2) Zwischen Brutus und Cassius kommt es zu Unstimmigkeiten.

(IV,3) In lautstark ausgetragener Argumentation werden die Charaktergegensätze der beiden Männer deutlich. Doch sie besinnen sich auf die gemeinsame Sache, die da heißt, den sich formierenden Feind zu besiegen. Brutus setzt seine strategischen Überlegungen gegen Cassius durch, nach Philippi zu marschieren, um dort auf Marcus Antonius und Octavius Caesar zu treffen. In der Nacht erscheint Brutus der Geist des ermordeten Julius Caesar, der ihm ankündigt, ihn bei Philippi wieder zu sehen.

(V,1) Die Heere stehen einander bei Philippi gegenüber. Cassius und Brutus gehen mit einem letzten Lebewohl auseinander.

(V,2) Brutus gibt seinem Offizier Messala den Befehl, alle Legionen einzusetzen, um den Sieg zu erzwingen.

(V,3) Irrtümlich nimmt Cassius an, die Schlacht sei schon verloren, und befiehlt seinem Sklaven Pindarus, ihn zu töten.

(V,4) Tatsächlich unterliegt Brutus erst in einer zweiten Schlacht. Einer seiner Getreuen, Lucilius, behauptet als Gefangener des Marcus Antonius, er sei der Gesuchte. Doch Marcus Antonius durchschaut das mutige Auftreten des gegnerischen Soldaten. Er verschont ihn und lässt nach Brutus suchen.

(V,5) Nur vier der Getreuesten sind mit Brutus noch am Leben. Ehe er in die Hände des Feindes fällt, will er sich selbst den Tod geben. Einer der Männer, die bei ihm sind, ist bereit ihm bei dieser letzten Tat das Schwert zu halten. – Marcus Antonius und Octavius Caesar bereiten Brutus, dem sie für sein Handeln stets edelste Motive unterstellt haben, die Totenfeier eines Ehren- und Staatsmannes.

Der Spannungsbogen des Dramas wölbt sich über zwei nahezu aufbaugleichen Teilen. Sie lassen sich mit den Überschriften »Das Komplott« (I,1–III,1) und »Die Folgen« (III,2–V,5) abgrenzen. Das eigentliche Drama der Verschwörung endet mit Caesars Ermordung ziemlich genau in der Mitte des gesamten Geschehens. Auf diesen ersten Teil lassen sich die zentralen Gattungsaspekte »Exposition – Steigerung (mit Verwicklung zum Höhepunkt) und Katastrophe« noch bedingt anwenden. Am Schluss des I. Aktes ist die Konfliktlage aufgebaut; alle wesentlichen Personen sind in Erscheinung getreten (Caesar, Brutus, Cassius, Marcus Antonius). Das Geschehen nimmt seinen Lauf. Der II. Akt umreißt die vergeblichen Ansätze, die von verschiedenen Seiten gemacht werden, das Unheil aufzuhalten (Portia, Calphurnia, Wahrsager, Artemidorus). Bereits mit den Vorgängen in der ersten Szene des III. Aktes ist der Handlungshöhepunkt erreicht, der in die Katastrophe abstürzt.

Der zweite Teil, in dem im Wesentlichen der Untergang der Verschwörer und das Entstehen einer neuen Machtkonstellation entwickelt werden, baut sich noch einmal aus zwei Segmenten auf. Das Drama verhält eine kurze Zeit in einer Art Schwebezustand (Rede des Brutus – Gegenrede des Marcus Antonius, III,1–III,2), ehe es mit Cinnas Tod (III,3) der endgültigen Katastrophe entgegeneilt. Diese findet außerhalb Roms statt. Ihr erster dramaturgischer Höhepunkt ist dabei das nächtliche Erscheinen von Caesars Geist (IV,3), ihr zweiter der Freitod von Cassius und Marcus Brutus. Erst die Verknüpfung der beiden großen Handlungsszenarien des Dramas (Rom–Philippi) bringt die Verschwörung zu ihrem Abschluss. Das erfordert in logischer Konsequenz das von Shakespeare gegenüber der historischen Wirklichkeit angewendete Verfahren des ›Zeitraffens‹, mit dem scheinbar Unzusammenhängendes in einen aus der Sicht des Dramatikers notwendigen inneren Zusammenhang gebracht wird. In der Literatur ist vielfach vom symmetrischen Aufbau des Dramas die Rede, in dem die innere Lineatur der äußeren entspricht.[108] Shakespeare macht für seine Zeitgenossen römische Geschichte wirklich gegenwärtig. Der »ausgeprägte Sinn für das Numinose und Ominöse«, wie Dietrich Klose in seinem Nachwort schreibt, »römischen Heroismus, antike Weltanschauung, Rhetorik, römisches politisches Kalkül«[109] – all das ist in *Julius Caesar*, und all das kennzeichnet auch das Handeln der Personen.

Julius Caesar ist ein Schauspiel mit nur wenigen Frauen-Rollen (Portia, Calphurnia), deswegen aber nicht eines mit umso lauteren und martialischen Männerauftritten. Dennoch ist die Männerdominanz in diesem Stück ausgeprägt vorhanden mit herausgehobenen ›paarweisen‹ Beziehungen (Caesar–Pompeius; Brutus–Cassius; Marcus Antonius–Octavius; dazu eine Fülle ›minor characters‹). Sie ist im Sachanliegen begründet. *Julius Caesar* ist ein bedeutendes

---

108 Vgl. u. a. Wolfgang Riehle, »Wiederholung, Parallelisierung, Variation und Kontrast als Komponenten des dramatischen Rhythmus in Shakespeares *Julius Caesar*«, in: *Sprachkunst* 23 (1992) S. 309–325.

109 Vgl. Klose (Anm. 103), S. 203.

Drama, das neben wuchtigen Auftritten viele leise und zurückhaltende Szenen mit differenzierten Ober- und Untertönen aufweist.

Die Zentralgestalt ist Julius Caesar, obwohl er weniger häufig auftritt als etwa Brutus oder Cassius, sogar als Marcus Antonius. Es handelt sich um einen erstaunlich unpolitisch in Erscheinung tretenden Caesar. Alexander Leggatt scheut sich nicht, Shakespeares Caesar-Gestalt als »a convincing portrait of a great man seen in private« zu charakterisieren.[110] Eigentlich ist er nur auf der Bühne, um zu sterben. Ein charismatischer Herrscher zu Lebzeiten und nicht weniger charismatisch nach seiner Ermordung, ist er im Bewusstsein des römischen Volkes allgegenwärtig. Aber nicht eine Persönlichkeit mit der Strahl- und Blendkraft des großen Siegers tritt dem Publikum entgegen, sondern ein Mensch mit durchaus ambivalenten Charakterzügen. Eindringlich und differenziert wird seine charakterlich gespaltene Persönlichkeit mehrfach gespiegelt: zum einen durch seine eigene Handlungsweise; zum anderen durch die Rolle, die er in den Dialogen und im Denken seiner Mitmenschen einnimmt (Cassius, Brutus, Marcus Antonius). Schließlich rundet sich sein Gesamtbild durch das, was Shakespeare selbst in ihm sieht und was er den Zuschauer über ihn wissen lassen möchte. Es manifestiert sich daraus ein Caesarbild, das einen krassen »Widerspruch zwischen dem selbsterhobenen Anspruch übermenschlicher Größe und den tatsächlichen physischen und geistigen Unzulänglichkeiten des Diktators« offenbart, wie es von Uwe Baumann auf eine kurze Formel gebracht wird.[111] Dazu benötigt Shakespeare nur wenige Szeneneindrücke: Bei Caesars erstem Auftreten kennzeichnen Ergebenheit und Unterwürfigkeit die Haltung aller Personen in seinem Umkreis (I,2). Ob seine Gemahlin Calphurnia, ob Casca, Marcus Antonius oder der

---

110 Vgl. Alexander Leggatt, *Shakespeare's Political Drama. The history plays and the Roman plays*, London / New York 1988, S. 153.
111 Vgl. Baumann (Anm. 4), S. 78.

Wahrsager – unterschiedslos erscheinen sie wie Perlen auf einer Schnur, bereit auf den kleinsten Wink ihres Herrschers zu reagieren (»Antonius: When Caesar says ›Do this‹, it is perform'd.« – I,2,10). Von Caesar selbst hört man tatsächlich nur knappe Befehle und Zurechtweisungen; man nimmt seine (scheinbar) über den Dingen stehende Souveränität den Menschen gegenüber wahr. Den Wahrsager übergeht er mit den Worten: »He is a dreamer. Let us leave him. Pass« (I,2,24).

Ein entgegengesetzter Eindruck entsteht bei seinem nächsten Auftritt (II,2). Die Beschwörungen Calphurnias, nicht in den Senat zu gehen, deckt er zunächst mit Hinweisen auf seine Ergebenheit in das ihm von den Göttern zugewiesene Schicksal zu, selbst wenn es seinen Tod am heutigen Tag bedeute. Er erhebt sich mit Stolz und verachtungsvollen Worten über Feigheit und Duckmäuserei. Über jeden Verdacht möchte er erhaben sein. Große, berühmt gewordene Worte fallen: »Cowards die many times before their deaths; / The valiant never taste of death but once« (II,2,32 f.). Dreimal wehrt Caesar die Bitten seiner Frau ab. Schließlich – nachdem die Auguren befragt worden sind – lenkt er ein und will zu Hause bleiben, um ihr einen Gefallen zu tun. Handelt es sich um eine gönnerhafte Geste eines großen Herrschers, der es nicht nötig hat, sich in solch banalen Dingen zu beweisen? Weniges genügt Shakespeare an dieser Stelle, um neben der Herrscher-Pose auch das Kleinliche an Caesar deutlich zu machen, seine Ängste und Abhängigkeiten. Caesar ist abergläubisch, dem Omen hörig. Im Kampf hat er mehr als einmal Kühnheit und Stärke bewiesen. Darauf gründet sich sein legendärer Ruhm. Hier, im Privaten, werden Unsicherheit und Wankelmut spürbar, die ein Teil seines Charakters sind. Zu dem Bild eines auf dem Schlachtfeld Unbesiegten gesellt sich das eines Zauderers und Zweiflers im Privaten.[112] Er selbst entlarvt sich zudem als

112 Alexander Leggatt weist auf die komplexen Hintergründe der Persönlichkeitswirkung eines Herrschers hin, die in den seltensten Fällen auf seinen

ein Träumer, indem er sich mit einem unangemessenen
Mythos umgibt: »Danger knows full well / That Caesar is
more dangerous than he« (II,2,44 f.).

Im Bewusstsein seiner (sich selbst zugesprochenen) Größe
weist Caesar den Gesandten Decius Brutus ab. Er hat keine
Entschuldigungslüge nötig. Großmächtig erklärt er: »The
cause is in my will: I will not come« (II,2,71). Sehr privat
teilt er Decius Brutus dann den wahren Grund doch noch
mit. Mit rascher Auffassungsgabe und wohl wissend, wie
leicht Caesars Meinung mit den richtigen Worten zu beein-
flussen ist, stimmt Decius Brutus den Herrscher um. Brach
Caesars Haltung zuvor im Moment einer Verunsicherung
(Auguren) in sich zusammen, so verlässt er jetzt abermals
seine Linie (diesmal aufgrund der einschmeichelnden Worte
des Decius Brutus) und schließt sich den nacheinander bei
ihm eintreffenden Verschwörern an, die ihn zum Kapitol begleiten wollen: »How foolish do your fears seem
now, Calphurnia! / I am ashamed I did yield to them«
(II,2,105 f.). Ehe man geht, lädt Caesar seine »Freunde« zu
einem Glas Wein ein.

Die folgenden Auftritte Caesars sind gesteigerter Ausdruck
seiner an Größenwahn grenzenden Selbstvermessenheit.
Triumphierend ruft er dem Wahrsager auf seinem Weg in
den Senat zu: »The ides of March are come« (III,1,1); den
logischen zweiten Teil des Gedankens ergänzt dieser: »Ay,
Caesar, but not gone« (III,1,2). Unbeeindruckt von dieser
unüberhörbaren Warnung betritt Caesar das Kapitol. Die
dort wie verabredet von den Verschwörern vorgetragenen
Bitten weist er überheblich und kühl zurück: »I could be
well mov'd, if I were as you; / If I could pray to move,
prayers would move me; / But I am constant as the north-
ern star« (III,1,58–60). Caesar entgleitet sich selbst und er-

vorbildlichen Handlungsweisen beruht: »[…] his greatness consists not so
much in what he says or does as in the mysterious impact he has on others.« – Leggatt (Anm. 110), S. 153.

hebt sich in dieser Szene, so die Interpretation Uwe Baumanns, »zu übermenschlicher Größe und zugleich zur riesenhaft unbeweglichen Statue des Caesarismus«[113]. Mit seiner Haltung fordert Caesar die Verschwörer geradezu heraus und scheint ihren Motiven Recht zu geben. Erstmals in diesem Drama handelt er wirklich – als Regisseur bei seiner eigenen Ermordung.[114]

Bis zu diesem nicht nur die Geschichte Roms verändernden Ereignis lässt Shakespeare Caesar zweimal mit den Hauptverschwörern zusammentreffen (I,2 und II,2). Gleichwohl kennt Caesar sie länger und teilweise recht gut, wie es scheint. Instinktives Misstrauen hegt er gegenüber Cassius. Es sind Äußerlichkeiten, die den Triumphator beunruhigen: »Yond Cassius has a lean and hungry look; / He thinks too much: such men are dangerous« (I,2,191 f.). Marcus Antonius' Ansicht über ihn zu hören, ist ihm sehr wichtig. Caesars Haltung in dieser Situation offenbart wenig Überlegenheit und Größe. Brutus wird gar nicht erst erwähnt; für alle – auch für Caesar – ist er die Integrität in Person. Den Rest des Senats jedoch nennt er pauschal und verächtlich »greybeards« (II,2,67). Hat Caesar mit seiner Einschätzung des Cassius Recht, so irrt er, so entschieden, was Brutus und die übrigen Männer des Senats angeht. In seinem Denken zeigt sich eine erstaunliche Naivität und konsequenterweise in seinem Alltagshandeln das Fehlen jenes zupackenden Pragmatismus, der ihn als Feldherrn ausgezeichnet hat. Beides zeigt sich in der Begrüßungsszene (II,2). Während er gut gelaunt die unerwartet früh auftauchenden Senatsmitglieder begrüßt und in großer Geschäftigkeit den denkbar liebenswürdigen Gastgeber spielt, überhört er die zynische Randbemerkung des Trebonius (II,2,124 f.), aber auch die aus

---

113 Vgl. Baumann (Anm. 4), S. 78.

114 Nach Alexander Leggatts Auffassung hat Caesar damit den Grundstein zu seiner eigenen Legendenbildung gelegt: »For the first time in the play Caesar does something. Normally passive, reacting to others, he makes of his death a dramatic action that will turn him into legend.« – Leggatt (Anm. 110), S. 154.

verzweifeltem Schmerz kommenden Worte des Brutus
(II,2,128 f.), zwei so aufschlussreiche Äußerungen, die, hätte
er sie wahrgenommen, ihm die Augen für die Wirklichkeit
geöffnet hätten. Über zurückliegende Kränkungen, die er
Einzelnen von ihnen zugefügt hat, macht er sich keine weiteren Gedanken. Mit keinem (außer zuvor mit Cassius) hat
er sich ernsthaft befasst. Oder macht er das Spiel der Verräter nur mit, darauf vertrauend, dass er ihre Sympathien (zurück)gewinnt und dass niemand es wagen wird, ihn in der
Öffentlichkeit herauszufordern oder gar ihm zu nahe zu
treten? Ein Caesar aber müsste besser wissen, was er Männern von Stand und Ehre schuldet; auch wozu Menschen,
und seien sie noch so ehrenhaft, fähig sind.[115]

In ungleich größerem Maße sind bis zu diesem Zeitpunkt
die zu Verschwörern gewordenen Senatoren ihrerseits mit
der Gestalt des Imperators beschäftigt gewesen. Sie haben
zunächst keineswegs mit *einer* Stimme gesprochen. Cassius
hat sich zäh und ausdauernd bemüht, sie von der Notwen-
digkeit des Tyrannenmordes zu überzeugen. Die Gedanken, Gespräche und Vorgänge, die mit dem ersten längeren
Dialog des Cassius und des Brutus einsetzen (I,2,25 ff.), be-
leuchten den Herrscher Roms nun aus anderer Sicht, werfen
aber auch ein Licht auf die Charaktere und Motive der Verschwörer selbst. Der Motor der Verschwörung ist Cassius.
Neid, Missgunst und die Enttäuschung über seine eigene relativ unbedeutende Position im Staat sind seine leitenden
Motive. Damit kann er eigentlich keinen stabilen staatstra-

---

115 Shakespeare gibt hier möglicherweise einen Hinweis darauf, dass Caesar
die Verräter durchschaut hat, sich aber noch zurückhält, ehe er vor dem
Senat überscharf die Grenze ziehen wird. Es könnte sein, dass er mit seinen Worten den Männern den Rückzug freihalten will, wenn er sagt:
»Good friends, go in and taste some wine with me, / And we, like
friends, will straightway go together« (II,2,126 f.). Der Satz besticht
nicht allein durch seinen warmen und herzlichen Grundton. Er ist äußerst
bedachtsam formuliert. Sein Appellcharakter ist unüberhörbar. Die tragenden Wörter sind »friends« und »together«, mit denen Caesar sein
Wissen um die Bedeutung der Männerfreundschaft im soldatischen Rom
mit den Verschwörern teilt und dieses Ethos heraufbeschwört.

genden Beitrag leisten.[116] Intelligent und mit einem guten Gespür für situativ richtiges Handeln, bringt er nach und nach die anderen als Verschwörer auf seine Seite. Freilich stößt er bei den meisten nicht auf großen Widerstand. Geschickt kann er seinen Schwager Brutus für seine Pläne gewinnen. Er weiß, dass er mit seinen Äußerungen über Caesars schwache Konstitution, die unvereinbar sei mit dem selbsterhobenen Herrscheranspruch, in dem ohnehin sehr nachdenklich gewordenen Brutus mehr als nur ein kleines Feuer entfacht hat (I,2,110 f.). Das negative Caesarbild des Cassius, dessen Details eine Erfindung Shakespeares sind,[117] verstärkt den Eindruck, den der Zuschauer vom Handeln Caesars bereits selbst gewonnen hat. Die von Casca erwähnte Fallsucht Caesars, ebenfalls eine Erfindung wie auch die Taubheit, zeigt im Gesamtbild des Imperators ein weiteres brüchiges Element auf (I,2,249 f.). Shakespeare kommt es offensichtlich darauf an, die Zweifel der Senatoren am Herrschaftsanspruch Caesars, schließlich den Mord im Kapitol, für den Betrachter noch nachvollziehbarer zu machen.

Während Cassius seine Fäden spinnt und den Kreis der Verschwörer allmählich zusammenschließt (I,3,57 f.), ist auch Brutus davon überzeugt, dass Caesars Machtwillkür nur durch dessen Tod beendet werden kann (II,1,10 f.). Im Gegensatz zu Cassius hat Brutus kein persönliches Motiv; im Gegenteil: er liebt Caesar, doch ist er zutiefst durchdrungen von der Furcht des Herrschaftsmissbrauchs, den dieser bereits wiederholt in Ansätzen bewiesen hat. Überwiegt bei Cassius der Rachegedanke, so handelt Brutus eher präventiv: »And therefore think him as a serpent's egg, / Which, hatch'd, would, as his kind, grow mischievous, / And kill

---

116 »The pull in Cassius' character between ambition and impetuosity makes him as unsuited as Brutus to the multifarious world of Roman politics.« – Vgl. McLeish/Unwin (Anm. 4), S. 88.

117 Diese Aussage kann nur mit dem üblichen Vorbehalt gemacht werden, gilt in der Shakespeare-Forschung jedoch als unumstritten. – Vgl. Baumann (Anm. 4), S. 78.

him in the shell« (II,1,32–34). Cassius sieht in Caesar einen unfähigen Usurpator, der Rom bereits nah an den Untergang gebracht hat. Für Brutus ist er aber erst der »potentielle Tyrann«.[118] Die beiden Sichtweisen sind nicht miteinander zu vereinbaren. Sie überlappen einander nur für einen Moment in der Überzeugung, dass Caesar beseitigt werden muss, um die Republik zu retten. Cassius benutzt diese Begründung lediglich als Vorwand, um sein Ziel zu erreichen. Brutus sitzt damit einer hehren Idee auf, denn die Wirklichkeit Roms hat nichts mehr gemein mit dem Ideal der römischen Republik von einst, die ihm vorschwebt.[119] Brutus' Schwächen, die denen Caesars sehr ähnlich sind, werden offenkundig. Er verdrängt die Wirklichkeit und verschanzt sich hinter überzogenen Vorstellungen, deren Weltfremdheit er zweifelsfrei erkennt. Um seine Freundschaft mit Cassius nicht aufs Spiel zu setzen und weiterhin als ein Ehrenmann gelten zu können, sucht er seine Argumente zu denen der Verschwörer zu machen und damit ihr gemeinsames Handeln zu legitimieren. Doch er leidet schwer unter seinen Schuldgefühlen und ist dem Tod bereits geweiht, lange bevor dieser unausweichlich wird. Der edle Brutus geht faktisch mit Caesars Tod unter. Nur noch eine Zeitlang kann er die Erinnerung an die Größe seiner Idee aufrecht erhalten.

Durch Marcus Antonius kommt ein weiteres Caesar-Bild zum Ausdruck. Es gleicht in seiner Unbedingtheit dem des Cassius. Im Gegensatz zu dessen hasserfüllter Sicht ist die

118 Vgl. Baumann (Anm. 4), S. 79.

119 Die Fehleinschätzung der gesamten politischen Situation Roms ist ein weiteres Indiz für Brutus' mangelndes realpolitisches Bewusstsein, das in der Folge zu weiteren verhängnisvollen Fehlern der Verschwörer führt. Das stellt Coppélia Kahn sehr deutlich heraus: »The republican ideal that Cassius evokes to reduce Brutus into opposing Caesar, and that Brutus uses to justify murder, is closer to myth than to history (though it was also dearly cherished as an ideal even during the worst conflicts of the republican era).« – Coppélia Kahn, »*Julius Caesar*: A Modern Perspective«, in: William Shakespeare, The Tragedy of »Julius Caesar« (The New Folger Library Shakespeare), New York 1992, S. 217.

des Antonius jedoch von Liebe und absoluter Loyalität geprägt, freilich auch ohne jeden Vorbehalt oder die kritische Distanz, die bei Brutus deutlich wird. Antonius tut alles, um Caesar zu gefallen und um ihn aufzuwerten. Die Verschwörer nehmen ihn aber nicht recht ernst (»For Antony is but a limb of Caesar.« – II,1,165). Sie bleiben ihm gegenüber auch zurückhaltend, als er sich in Roms Schicksalsstunde ganz auf die Seite des Ermordeten stellt. Antonius ruft noch einmal alle Eigenschaften wach, derentwegen er Caesar liebte, und grenzt ihn dabei auf einzigartige Weise von Brutus ab, ohne diesen zu beleidigen: »Brutus is noble, wise, valiant, and honest; / Caesar was mighty, bold, royal, and loving« (III,1,126 f.). Dieser Satz ist ein rhetorisches Meisterstück und nimmt die große Rede vorweg, mit der Antonius die Stimmung des Volkes umpolen wird. Höflich schreibt er dem Lebenden vier Qualitäten zu, aber sie klingen statisch und sind deutlich geringerwertig als die strahlenden und umfassenden Attribute, mit denen er den Toten auszeichnet. Antonius muss sich des generösen Schutzes von Brutus in diesem Augenblick sehr sicher sein, denn er findet weitere mutige Worte, den gemordeten Herrscher vor seinen Mördern zu erhöhen. Dabei macht er seinen unverrückbaren Caesar-treuen Standort so klar, dass man sich wundern muss, warum die Verschwörer sich seiner jetzt nicht entledigen, da sie spüren müssen, was ihnen da entgegenwächst: »Live a thousand years, / I shall not find myself so apt to die; / No place will please me so, no mean of death, / As here by Caesar, and by you cut off, / The choice and master spirits of this age« (III,1,159–163). Als Brutus diese letzte Gelegenheit verstreichen lässt und, ungeachtet der eindringlichen Warnungen des Cassius, Marcus Antonius zugesteht die Trauerrede vor der Öffentlichkeit zu halten, beschwört dieser noch einmal sein Caesar-Bild herauf und verspricht Rache, Vernichtung und Auferstehung von Caesars Geist: »Thou art the ruins of the noblest man / That ever lived in the tide of times« (III,1,256 f.). Mit diesem Erinnerungsbild widmet sich Marcus Antonius ganz der Erfüllung seines Versprechens. Er wird fortan kalt, entschlossen, klug berechnend und mitleidlos in seinem Hass auf die Mörder handeln. Eine Ahnung wird im Zuschauer wach, dass in Rom eine neue Zeit begonnen hat.[120]

Die Gestalt des Julius Caesar steht auch nach seiner Ermordung und über den Tag hinaus, an dem in Rom der Mob aufsteht, im Mittelpunkt des weiteren dramatischen Geschehens (III,2; III,3; IV,3; V,1; V,5). An ihr profilieren sich Marcus Antonius und Octavius, an ihr zerbrechen Brutus und Cassius.[121] Aus seinem Geist erwächst ein neues Rom; doch dieses Rom ist bereits geschwächt. Brutus' Tod, so lassen sich auch die Worte des Marcus Antonius am Schluss des Dramas deuten, den Caesars Tod nach sich zieht, bedeutet endgültig den Untergang der alten Zeit, der alten Werte: »This was the noblest Roman of them all« (V,5,68) und: »According to his virtue let us use him, / With all respect and rites of burial. / Within my tent his bones tonight shall lie, / Most like a soldier, order'd honourably« (V,5,76 ff.). Weit mehr als ein Charakterdrama ist *Julius Caesar* ein politisches Drama. Die von Shakespeare vermittelte Botschaft, die weiter unten noch einmal zusammengefasst dargestellt wird, kann nicht vom politisch motivierten Handeln der sehr komplex angelegten Charaktere des Dramas getrennt werden. Neben der Gruppe der Verschwörer

---

120 »He is like a raging animal«, schreiben McLeish und Unwin, »and [...] one of the most intemperate and dangerous men in Rome.« – McLeish/ Unwin (Anm. 4), S. 89. Bemerkenswert ist auch, dass gerade dieser Marcus Antonius sich mit Octavius den eigentlichen Herrscher Roms an seine Seite holt. Die Frage, ob Shakespeare zu diesem Zeitpunkt bereits an eine Fortsetzung des Dramas und an eine *Antonius*-Tragödie dachte, kann nicht beantwortet werden. *Antony and Cleopatra*, das mutmaßlich zweite der drei *Roman Plays*, entstand erst zwischen 1606 und 1608, mag aber im Entstehungsumfeld der *Caesar*-Tragödie schon seine ersten Umrisse gewonnen haben.

121 »Free of its mortal body, the spirit of Caesar dominates the second half of the play with new and frightening power.« – Leggatt (Anm. 110), S. 155.

*Marlon Brando als Marcus Antonius
in Joseph L. Mankiewicz' Film »Julius Caesar«, 1953*

und neben den Caesar-Anhängern ist das Volk der dritte
»Handlungsträger«.[122] In ihm kommt Shakespeares politische Aussageabsicht des Dramas ebenso einfach wie zwingend zum Ausdruck. Nur das Volk (Roms) kann den Politi-
kern das Mandat des Handelns übertragen. Jedes nicht vom
Volk legitimierte politische Handeln muss scheitern und im
Verhängnis enden. Marcus Antonius holt sich den Auftrag
des Volkes; Cassius und Brutus hatten ihn nicht. Das Volk
ist das Zünglein an der Waage und in seiner Masse die entscheidende Kraft. Darauf lenkt das *Caesar*-Drama den Blick
des Zuschauers gleich zu Beginn (I,1,36 ff.). In III,2 wird

122 Vgl. Klose (Anm. 103), S. 204.

offenbar, wie schwierig es ist, den unberechenbaren Mob
Roms zu kontrollieren. Nicht umsonst spricht Antonius
vom »dangerous Rome«. Selbst ist er sehr vorsichtig und
nutzt sein Geschick, sich die Massen verfügbar zu machen,
unter deren blindem Ansturm die Caesar-Mörder die
Flucht ergreifen müssen (III,3,35). Im Augenblick, da Antonius das Volk hinter sich hat, kann er »Politik« machen, und
die lautet als Gebot der Stunde: Rache für Caesar.

In der Stunde der Entscheidung, als sich Menschen mal dieser, mal jener Seite zuneigen, triumphiert Marcus Antonius
aus drei Gründen: Er hat die Geduld und die Klugheit ab-
zuwarten, auf welche Seite er sich zur gegebenen Zeit letztlich stellen wird. Mit einem Meisterstück politischer Rhetorik (das die Zuschauer überrascht, denn zuvor ist er nur wenige Male und vollkommen unspektakulär in Erscheinung
getreten) sichert er sich und sein Handeln ab. Schließlich
spielt er im richtigen Augenblick seine Fähigkeiten als strategisch umsichtig planender Feldherr aus, indem er mit Octavius ein Zweckbündnis schließt,[123] das den Heeren des
Cassius und Brutus militärisch überlegen ist.

Die große Rede der Marcus Antonius, von dem immer er-
regter werdenden Volk mehrfach unterbrochen, ist einer der
Höhepunkte des Dramas. Sie ist auf unzähligen Bühnen von
unzähligen Schauspielern interpretiert, in der Darstellungs-
kunst eines Marlon Brando gültig ›verewigt‹ worden.[124] In
ihr wird die legendäre Gestalt des Caesar endgültig monu-
mentalisiert. Die Rede schließt sich in eindrucksvoller Ausführlichkeit der weitaus kürzeren Rede des Brutus an. Sie
beginnt mit den berühmten Worten: »Friends, Romans,

---

123 Das zwischen Antonius und Octavius geschlossene Bündnis entspricht
   ganz römischer Bündnistradition. Caesar selbst war ein Meister zweck-
   dienlicher Verbindungen auf Zeit, aus denen er nahezu immer Vorteile für
   sich ableitete.

124 In der legendären Verfilmung des Dramas von Joseph L. Mankiewicz
   (1953) interpretierte der junge Marlon Brando Shakespeares Text auf eine
   sehr eigenwillige, doch höchst eindrucksvolle Weise und schrieb damit ein
   Stück Filmgeschichte.

countrymen, lend me your ears; / I come to bury Caesar, not to praise him« (III,2,75 f.) und gliedert sich in fünf Redeabschnitte. Nach zwei einstimmenden, die Gefühle der Zuhörer auslotenden Ansätzen macht Marcus Antonius im dritten Abschnitt Caesars Testament zum »zündenden Schlager seiner Rede«[125], ehe er in den beiden Schlussabschnitten mit nur scheinbar mäßigenden Worten die Leidenschaften des Volkes vollkommen entfesselt.

In dem Maße wie der ermordete Caesar die beiden Militärstrategen und Heerführer Marcus Antonius und Octavius, den späteren Kaiser Augustus, in ihrem Elan beflügelt, so sehr belastet und lähmt er Cassius und Brutus. Krass und unversöhnlich brechen die Gegensätze zwischen den beiden Verschwörern auf.[126] Der Geist Caesars steht zwischen ihnen (IV,3,100–106), ehe er Brutus in der Nacht vor der Schlacht erscheint: »How ill this taper burns« (IV,3,274 ff.). In dieser Szene verdichten sich die ursprünglichen Zweifel des Brutus an der Ermordung Caesars und die inzwischen gewonnene Erkenntnis, dass sein Handeln verfehlt ist (»evil spirit« – IV,3,281). Caesar braucht sich selbst namentlich gar nicht in Erscheinung zu rufen. Ob Caesars Geist von Brutus als reale Erscheinung wahrgenommen wird oder nur in seiner Vorstellung existiert, mag unerheblich sein. Von Bedeutung ist, dass die negative Selbst-Identifikation von Bru-

---

125 »Mit sicherer Hand lenkt er die leicht beweglichen Herzen des Volkes«, schreibt Edgar Neis in seiner Interpretation dieser Szene, »zerstreut leichthin die sowieso nur halb verstandenen vernünftigen Gründe des Brutus und weckt die Regungen, die er will, Mitleid und Dankbarkeit, Wut und Rachsucht.« – Edgar Neis, *William Shakespeare, »Julius Caesar«*, Hollfeld ^{17}1994, S. 82 f.

126 »In the early scenes the friendship of Brutus and Cassius cannot be distinguished from their political relations. They are looking together to a common goal. But, when their purpose fails, the division between them appears more sharply, and at the same time their emotional need for each other, and their ability to inflict real wounds because of it, stand revealed.« – Leggatt (Anm. 110), S. 149. Alexander Leggatts Interpretationen mag ich im ersten Teil der Aussage nicht ganz folgen, da Cassius nicht wirklich aus politischer Überzeugung handelt.

tus (und auch von Cassius) ihrem Handeln überhaupt noch
einen Sinn gibt.[127] Als vielfach erfahrene und ausgezeichnete
römische Offiziere stellen sich Brutus und Cassius der
Schlacht, um das Begonnene ehrenvoll zu Ende zu bringen.
Von einem Sieg oder gar einer triumphalen Rückkehr nach
Rom ist nicht die Rede. Im Schlussakt des Dramas verändert sich die Stimmung noch einmal. Die äußeren kriegerischen Handlungen geraten in den Hintergrund. Die Szenen
erhalten einen mehr meditativ-reflexiven Charakter und
kehren damit an den Anfang des Geschehens zurück. Es ist
die Zeit endgültiger Rechenschaft. Die Gefühle und Gedanken des Brutus und des Cassius gelten allein Caesar und ihrer eigenen abgelaufenen Zeit: »Caesar, thou art reveng'd, /
even with the sword that kill'd thee« (V,3,45 f.), hören wir
von Cassius, und ähnlich von Brutus: »O Julius Caesar,
thou art mighty yet! / Thy spirit walks abroad, and turns
our swords / Into our own proper entrails« (V,3,94–96). So
gehen beide unter an der Schwelle zu einem sich erneuern-
den und verändernden Rom, an dem sie keinen unmittelbaren Gestaltungsanteil mehr haben.

Werfen wir noch einmal einen Blick auf die Gründe für den
großen politisch-ethischen Wirkungsradius des Dramas.
Shakespeares *Julius Caesar* ist das Drama einer geschicht-
lichen Zeitenwende. In ihm treffen die idealisierten politischen Vorstellungen des Brutus auf Tagesrealitäten, die sich
von den Grundlagen der einstigen römischen Republik bereits weit entfernt haben. Es ist ein kommerzialisierter, ei-
gennutzorientierter, oberflächlichem Glanz und Glitter und
sensationellem Spektakel zugewandter Alltag, in dem Caesar allein über die Zeit von ›Brot und Spielen‹ gebietet. Das
Volk liegt ihm zu Füßen, die Vorstellungen des von Cassius
missbrauchten Idealisten Brutus hängen immer noch am de-
mokratischen Idealbild, das Cicero ein halbes Dutzend

---

127 »The ironic upshot of the assassination is that Brutus and Cassius both
 require Caesar to give a final sense of form to their lives.« – Leggatt
 (Anm. 110), S. 159.

Jahre zuvor in seiner Schrift vom bestmöglichen Staat entworfen hat (*De re publica*, 51 v. Chr.), dessen tragende Säulen *justitia, concordia und libertas* sind.[128] Von seinen Mitverschwörern wird Brutus nicht verstanden; sie sind – Cassius ausgenommen – gleichgültig, müde und den veränderten Zeitströmungen bereits angepasst. Für die einfachen Menschen Roms sind seine Gedankenflüge ohnehin zu hoch. Zwar kann Caesar vernichtet werden, doch ein neuer Caesar ist schon sichtbar.

Shakespeare erkannte in dieser spannungsreichen, historisch weit zurückliegenden Umbruchsituation eine Parallele zu den politischen Gegebenheiten seiner Zeit. Hinter Cassius' radikal-demokratischer Forderung nach der Gleichstellung und Gleichbehandlung aller Menschen und hinter seinem temperamentvollen Aufbegehren gegen die Verabsolutierung Caesars (I,2,133 ff.) stand die Frage Shakespeares nach der Berechtigung der Gottes-Stellvertreter-Rolle des Königs, der im spätelisabethanischen England die Spitze einer streng hierarchisch gegliederten Gesellschaftsordnung bildete.[129] Wenn am Schluss des Dramas Antonius über Brutus sagt: »This was the noblest of them all« (V,5,68), so meint er nicht nur die menschliche Größe dieses Römers, sondern spricht sein tiefes Bedauern darüber aus, dass mit ihm Werte und Fähigkeiten zu Grabe getragen werden, die kein anderer für den römischen Staat je wieder nutzbar machen würde. Shakespeares Sympathien sind eindeutig aufseiten dieses Verschwörers, dessen tragisches Scheitern das Ethos nicht verkleinern kann, das sein Handeln leitete.[130] Daraus sollte allerdings nicht der Schluss gezogen werden, dass

---

128 Die drei Begriffe (lat.): *Gerechtigkeit, Eintracht, Freiheit.*

129 Ich verweise auf die Fülle des Schrifttums zum elisabethanischen Zeitalter. Stellvertretend nenne ich die Titel von Stephen Greenblatt, *Renaissance Self-Fashioning: From More to Shakespeare*, Chicago 1980, und Ulrich Suerbaum, *Das elisabethanische Zeitalter*, Stuttgart 1989.

130 Als tragische Ironie ist das ›schlechte Timing‹ zu beklagen, um einen neudeutschen Ausdruck zu benutzen, das darin bestand, Jahre zu spät gehandelt zu haben.

Shakespeare mit diesem Drama offen für Rebellion und Königsmord eintreten wollte. Das hätte die Krone selbst ihm nicht verziehen. Unmissverständlich machte er den Menschen seiner Epoche, auch den Herrschenden, in diesem historischen Drama jedoch deutlich, dass es an der Zeit war, nach- und umzudenken und sich auf die Kräfte aller zu besinnen, um sie für das Gemeinwohl einzusetzen und Unheil vom Staat abzuwenden.[131]

The Sonnets / Die Sonette. Gedichtzyklus. Erstveröffentlichung 1609. Entstanden zwischen 1593 und 1599. Erste deutsche Teilübersetzung 1787; erste nahezu vollständige Übersetzung ins Deutsche von Karl Lachmann (1820). – Zugrunde liegender Text: William Shakespeare, *The Sonnets / Die Sonette*, mit Anm. und einem Nachw. hrsg. von Raimund Borgmeier, Stuttgart 1974 (RUB 9729).

Die 154 Sonette dürfen für sich einige Superlative beanspruchen. Das Werk gilt als der »geheimnisvollste und großartigste lyrische Zyklus der englischen Sprache«[132]. Er stellt den geschlossensten und umfangreichsten Beitrag zur elisabethanischen Sonett-Dichtung dar. Allein in deutscher Sprache liegen über fünfzig Gesamt- und weit über einhundert Teilübersetzungen/Nachdichtungen vor, so viele wie zu keinem anderen Werk Shakespeares.[133] Ungezählte Bemühungen galten dem Versuch, so etwas wie eine ›Ordnung‹ in

---

131 In diesem Sinne äußern sich auch Kenneth McLeish und Stephen Unwin, die sich allerdings explizit auf den historischen Einzelfall des »Julius Caesar« beziehen: »Shakespeare's political point is that it is only through the alliance of men of such diverse personalities and principles that the danger which Caesar represents can be averted.« – McLeish/Unwin (Anm. 4), S. 90.

132 Posener (Anm. 25), S. 73.

133 Zahlen nach Manfred Pfister, »Mein Lebenszins, er liegt in dieser Schrift«, in: William Shakespeare, *Die Sonette*. Zweisprachige Ausgabe, neu übers. von Christa Schuenke, München 1999, S. 174–196.

die scheinbar ohne System aneinander gefügten Sonette zu bringen. Denn das ist das eigentlich Erstaunliche und Wunderbare an dem Gedicht-Zyklus: Er bildet fraglos einen organischen Zusammenhang, der aber – auch nach 400 Jahren – immer noch auf eine überzeugende Entschlüsselung wartet. Verständlicherweise ist das wissenschaftliche Interesse an den Sonetten nach wie vor sehr groß.[134] Es ist zu wünschen, dass sie auch weiterhin in Schule und Unterricht gebührend beachtet werden.

Was aus einem so bedeutenden Werk, was aus einem so vielseitigen und hochkomplexen Zusammenhang kann und soll auf wenigen Seiten abgehandelt werden? Mein Hauptaugenmerk wird auf die Gesamtstruktur der Sonette gerichtet sein, d. h. auf ihre thematische und kompositorische Anlage, die ich in einem vereinfachten, jedoch ausführlich kommentierten Schaubild verdeutlichen möchte. Ihm gehen einige einführende Bemerkungen voraus, die der Geschichte der Sonett-Dichtung vor und zu Shakespeares Zeit, dem Entstehungshintergrund und der Rezeptions- und Übersetzungsgeschichte der Shakespeare-Sonette in Deutschland gelten. Abgeschlossen wird das Kapitel mit der Analyse und Interpretation eines Sonetts (65).

Shakespeares Sonette sind Liebesgedichte eines Mannes an einen Mann. Die Angaben über ihren Entstehungszeitraum differieren zum Teil erheblich. Als gesichert gilt, dass der Zyklus über mehrere Jahre hinweg verfasst und vor 1600 abgeschlossen wurde.[135] Es wird als wahrscheinlich angese-

---

134 »Untersuchungen zur rhetorischen Gestaltung, zur Subjektkonstitution, Vergleiche mit den Erzählmodi der Sonettzyklen der Romania, wie auch Vergleiche mit den Gestaltungs- und Aussagemodi bisher kaum beachteter englischer Sonettzyklen konturierten in den letzten Jahrzehnten die spezifischen Qualitäten des Sonett-Zyklus Shakespeares [...].« – Baumann (Anm. 4), S. 34.

135 Vgl. Raimund Borgmeier im Nachwort der zweisprachigen Reclam-Ausgabe (RUB 9729), S. 201–224, der in Übereinstimmung mit wichtigen Forschungsergebnissen eine Zeit zwischen 1593 und 1599 für zutreffend hält.

The Sonnets: vereinfachtes Schema

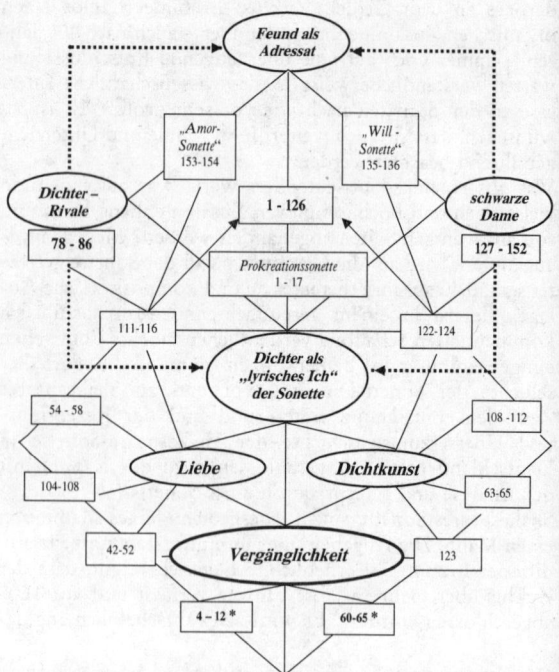

* Die in den Tafeln angegebenen Sonette stehen als Beispiele für andere. Ich möchte hier ihre thematische Verflochtenheit andeuten. Keineswegs drückt das Schaubild »die« logische Struktur der Sonette aus.

hen, dass einzelne Sonette bereits vor 1609 in Shakespeares Freundeskreis die Runde machten. Darauf deuten auffällige Parallelen zu *Venus and Adonis* (1593), zu *Love's Labour's Lost* (1593) und zu *Lucretia* (1594) hin. In *Venus and Adonis* haben wir es mit einem nahezu identischen Sachverhalt zu tun, der Trennung einer »idealisierten, reinen, geistigen ›männlichen‹ Liebe von ihrer körperlichen, sexuellen, irdischen, ›weiblichen‹ Seite«.[136] An die vielen intensiven männlichen Paarbeziehungen (Antonio und Bassanio, Antonio und Sebastian, Hamlet und Horatio, aber auch Romeo und Mercutio, Romeo und Benvolio, Guildenstern und Rosencrantz, Othello und Iago) ganz unterschiedlicher Art und an die Zurückweisung der Frau als Quell von Übel und Unglück (Gertrude, Ophelia, Desdemona) allein in den hier besprochenen Werken sei nur noch einmal erinnert. In Shakespeares Sonetten tritt an die Stelle der Frau gar ein Mann als angebeteter Geliebter. Die Frau als Ziel dichterischer Verehrung, als »Kultobjekt geistiger und körperlicher Idealität«[137], hat ihren Platz eingebüßt. Epischer Fluss mit dramatischer Akzentuierung löst bei Shakespeare die aus der romanischen Dichtung des 16. Jahrhunderts überkommene strenge Form ab, die auch in England künstlerischer Maßstab für jeden Sonett-Dichter war.[138]

Seit gut einem halben Jahrhundert vor Shakespeare sind in England Sonette bekannt gewesen, überwiegend als Nachdichtungen oder Nachahmungen des italienischen Dichters Francesco Petrarca (vgl. Anm. 23). Sein *Canzoniere*, eine Zusammenstellung von Sonetten und Kanzonen über seine Liebe zu *Laura*, gilt als ein Höhepunkt der Sonett-Dich-

---

136 Posener (Anm. 25), S. 77.
137 Pfister (Anm. 133), S. 179.
138 Eines der bedeutendsten Werke zu diesem Thema soll wenigstens erwähnt werden: Karl Vossler, *Südliche Romania*, Leipzig 1950. Zur begleitenden Lektüre empfehlen sich aus diesem Buch besonders die Kapitel »Die Dichtung der Trobadors und ihre europäische Wirkung« (S. 42–69) und »Der Geist der italienischen Dichtungsformen und ihre Bedeutung für die europäischen Literaturen« (S. 94–109).

tung in Europa vor Shakespeare. Petrarcas Sonette bestehen aus je zwei miteinander durch Reime verbundenen Teilen: zwei vierzeiligen Strophen (Quartette) und zwei dreizeiligen Strophen (Terzette). Quartette und Terzette sind durch eine klare Zäsur getrennt. Beide Paare folgen unterschiedlichen Reimschemata (Quartette: abba; Terzette: cdc). Als Auslöser einer eigenständigen und umfangreichen Sonett-Dichtung in England gilt Philip Sidney. Etwa zeitgleich treten dort weitere Dichter mit großen Sonett-Zyklen in Erscheinung. Sie brechen bereits mit der petrarkischen Tradition.[139] Von allen jedoch setzt sich Shakespeare noch einmal deutlich durch eine eigene Sprache und Form seiner Dichtung ab. Die äußere Form des Sonetts verändert er zu drei vierzeiligen Quartetten mit fünfhebigen Jamben (Reimschema abab / cdcd / efef), die mit einem *couplet* (gg) abgeschlossen werden. Diese Form behält er aber nicht immer bei. In den meisten seiner Sonette bilanziert das *couplet* die Aussagen der Quartette oder ist ihnen als gedanklicher Kontrapunkt, oft mahnend-belehrend, nachgestellt.

Shakespeares Gedichtzyklus zeigt zwei Hauptgruppen von Sonetten, eine an den »Geliebten« (1–126) und eine an die »schwarze Dame« (127–152). Eingeschlossen in den ersten Teil sind Sonette über einen rivalisierenden Dichter (78–86). Im zweiten Teil, innerhalb der Sonett-Gruppe an die »schwarze Lady«, heben sich die übermütigen Wortspiele der »Will-Sonette« (135–136) noch einmal ab. Den Abschluss bilden zwei Sonette, die sich als »spielerische Variationen des alten *conceit* vom schlafenden Amor«[140] darstellen (siehe Schaubild).

Die atmosphärisch und thematisch vielfältig miteinander verknüpften Sonett-Gruppen haben in der Verbindung von

---

139 Philip Sidney (1554–86): *Astrophel and Stella*, 1591 postum veröffentlicht in der Nachfolge französischer Vorbilder. Neben ihm werden Samuel Daniel, Henry Constable, Michael Drayton und besonders Edmund Spenser (1552–99) genannt.
140 *conceit:* (engl.) gedankliche Spielerei; *Amor:* griechischer Liebesgott.

Erzähler und Adressat ihre »zentrale Fluchtlinie«[141]. Trotz
der erwähnten Unmöglichkeit, die Sonette zwingend lo-
gisch aufeinander zu beziehen, lässt sich in ihnen so etwas
wie eine ›Handlung‹ erkennen. Der namentlich nicht näher
bezeichnete Ich-Erzähler (Dichter) legt mit allen subjektiv
empfundenen Verzückungen, aber auch Nöten, Enttäu-
schungen, Hoffnungen, Entsagungen und Ängsten seine
Liebe als Gefühlsvorgang und -zustand einem ebenfalls
nicht näher bezeichneten männlichen Empfänger rückhalt-
los offen. Über den Empfänger ist viel gerätselt worden.
Mit einigem Vorbehalt wird von der Forschung der neun-
zehnjährige Graf von Southampton, Henry Wriothesly
(1563–1624), ein adeliger Schöngeist und Gönner William
Shakespeares, als der angebetete Geliebte angesehen. Überwiegend im spekulativen Raum bewegt man sich auch bei
den ›Identifizierungsversuchen‹ des dichtenden Konkurrenten, der »schwarzen Lady« und des »Erzählers« selbst.
Zusammen mit den Sonetten 15, 23 und 121 werden die
»Will-Sonette« als sprechendster Hinweis auf den autobio-
grafischen Charakter des Gesamt-Zyklus gedeutet.[142] Als
literarisches Dokument des ausgehenden 16. Jahrhunderts
thematisieren die 154 Sonette ein Menschen- und Weltbild
zwischen »Vergänglichkeit und Zeitverfallenheit einerseits«
und der »Transzendenz zeitenthobener Dauer andererseits«.[143] Der Dichter, das »lyrische Ich« der Sonette, schreitet dabei einen dreifach gestuften Erfahrungs- und Erkennt-
nisweg aus: Zunächst will er die Schönheit des angebeteten
Freundes in dessen Nachkommenschaft gesichert sehen und
beschwört ihn Kinder zu zeugen; dann ringt er um den Sieg
über die Zeit durch die Poesie, in der die Schönheit festge-
halten werden kann; schließlich bescheidet er sich mit der

141 Pfister (Anm. 133), S. 185.
142 So hält u. a. W. Cohen es für offenkundig, dass die in den Sonetten scho-
     nungslos offen gelegte innerste Seelenwelt die des Autors ist (»[…] the
     soul they examine is apparently Shakespeare's own«). – Vgl. Baumann
     (Anm. 4), S. 34.
143 Vgl. M. Pfisters Gedanken der »Zeitfluchten« (Anm. 133), S. 189–191.

Erkenntnis, dass es schwer genug ist, die ›kleinen Ewigkeiten‹ des Glücks festzuhalten; selbst sie muss der Mensch beständig neu erkämpfen. Die Sonette 1–126 sind als Gedankeneinheit in einem weiträumig gespannten dramatischen Bogen anzusehen. Das Hauptthema ist die Angst vor der Vergänglichkeit der Liebe und des Lebens. In den Sonetten 1–17, den sog. »Prokreationssonetten«[144], ruft der Dichter den Empfänger seiner Zeilen eindringlich dazu auf, etwas Bleibendes und die Schönheit Bewahrendes gegen den eigenen Verfall und den Tod zu setzen. Nur allzu schnell werde die Jugend (1) vom Alter eingeholt (2, 4, 6, 12). Erstmals bringt dann der Dichter, noch distanziert, die Sprache auf seine Zweifel, im geschriebenen Wort die Schönheit des Freundes auf ewig festhalten zu können (16–18). In einer Kette von Sonetten hebt er sodann die außergewöhnliche Schönheit des Freundes hervor, durch den er sich gebannt (23, 24), beschenkt (26), beruhigt (30) und aller Sorgen enthoben fühlt (31). Voller Dankbarkeit und Demut unterwirft er sich seinen Gefühlen (25, 37, 44–47, 61, 73), erträgt Trennungen und Entfernungen, schwört ewige Treue und Verbundenheit in gegenseitiger Liebe (42, 43, 54, 55, 57, 58, 88, 91, 105, 108, 110). Rückschläge durch ihn hart treffende Liebeseskapaden des Freundes verzeiht er bereitwillig (33–35, 40–42). – Eine starke Verunsicherung erfährt der Dichter durch einen eleganten, weltmännischen und erfolgreichen Konkurrenten, der sich ebenfalls der Gunst des angebeteten Geliebten zu erfreuen scheint (78–86). Abermals zeigt sich der vorübergehend Zurückgewiesene versöhnungsbereit (88–92). Er besinnt sich auf die Kraft seines Dichter-Wortes. Letztlich weiß er, dass kein Wort ausreicht, mit dem er die Schönheit und Liebe, die ihn beglücken und unter denen er leidet, ausdrücken kann. Dennoch möchte er seinem Freund ein Denkmal setzen (101–105) und seine Erinnerung für immer bewahren (115, 119, 120, 124, 125).

---

144 *procreation:* (engl.) Zeugung; »Zeugungssonette«.

Vom ›Auftreten‹ der »Black Lady« (127) spannt sich ein zweiter dramatischer Bogen im Gesamtzyklus der Sonette bis zu der schmerzlichen Erkenntnis des Dichters, dass er alles verloren hat (152). Er schildert die Vergeblichkeit, sich gegen die Sinneslust zu wehren. Sie ist flüchtig und hat keinen Bestand. Er verabscheut die zerstörerische Kraft der »schwarzen Dame«, aber muss mit ansehen, dass sie auch seinen Freund in ihren Bann gezwungen hat, daneben ungezählte andere »Wills«, von denen er – der Dichter – nur einer ist (134–136, 152). – Aus allen Erfahrungen geht der Dichter als Geläuterter hervor (153, 154).

Mehr noch als wegen ihrer kühnen Thematik werden die Sonette wegen ihrer Sprache gerühmt. Der Name ihres Verfassers, William Shakespeare, hat sie wie seine übrige Dichtung jedoch nicht von heftiger Kritik ausgenommen. Samuel Johnson, aus dessen bedeutendem *Vorwort zum Werk Shakespeares* an anderer Stelle bereits zitiert wurde (siehe Anm. 6), geht besonders scharf mit den Wortspielen ins Gericht, die für die Dialoge in den Dramen und für die dramatisch angelegten Sprachakte vieler Sonette charakteristisch sind. »Er ist niemals gefühlvoll und ergreifend«, schreibt Johnson, »ohne ein triviales sprachliches Bild oder eine lächerliche Wortverdrehung ins Spiel zu bringen [...]. Ein Wortspiel ist für Shakespeare dasselbe, was eine leuchtende Luftspiegelung für den Reisenden ist [...]. Sie hat eine heimtückische Macht über seinen Verstand, und ihr Zauber ist unwiderstehlich [...]. Ein Wortspiel, so dürftig und wertlos es auch sein mochte, bereitete ihm ein solches Vergnügen, daß er bereit war, um seinetwillen Vernunft, Schicklichkeit und Wahrheit zu opfern.«[145] Was einzelne Sonette angeht, so verliert dieser Teil der Kritik nicht an Berechtigung (für mich sind die »Will-Sonette« trotz ihres witzig-frechen Spiels mit dem Wort »will« recht platt[146]), doch wurde in

145 Vgl. Johnson (Anm. 6), S. 47.
146 *»will«:* Name; männliches Geschlechtsorgan – sexuelle Lust; Wille, Entschluss.

den vergangenen zweihundert Jahren nach Doctor Johnson
der gedankliche und sprachliche Reichtum der Gedichte erst
wirklich entdeckt. Ihnen gegenüber erscheinen kritische
Anmerkungen zu Einzelheiten nicht weniger trivial als die
angemerkten Trivialitäten selbst.

Durch das Schaubild unterstützt, gehe ich an dieser Stelle
mit einigen Hinweisen auf die formale und sprachliche Gestaltung der beiden Themen »Liebe« und »Dichtung« ein,
die das Verhältnis der drei Hauptpersonen zueinander bestimmen (Dichter, Freund, schwarze Dame). Mit einer ver-
tikalen Verbindungslinie lässt sich die auf Läuterung und
Transzendierung gerichtete Beziehungsstruktur Dichter–
Freund andeuten. Zusammen bilden sie und der Konkurrent des Dichters in der Grafik ein erstes ›Dreieck der Leidenschaft‹. Ein zweites Dreieck stellt sich durch das andere
Beziehungsfeld ein, in das der Dichter als leidenschaftlich
Verstrickter zusammen mit dem angebeteten Freund und
der »schwarzen Dame« eingebunden ist.

Bereits in den ersten Sonetten ist der Ton leidenschaftlich
drängend, aber noch hält der Dichter die persönlichen Gefühle zurück. Die Bedeutung des Überlebens der Schönheit
in den Kindern wird durch zahlreiche anschauliche Vergleiche herausgestellt, die verstreichende Lebenszeit als bedro-
hendes Moment schon in eindrucksvollen Bildern mitre-
flektiert (»winter's ragged hand« – 6, »Time's scythe« – 12).
– Im 18. Sonett wird der Ton persönlich und mündet im
20. Sonett in eine erste unverhüllte sexuelle Andeutung mit
einem Anflug jener Anrüchigkeit in den Wortspielen, die
sich wie ein Echo durch das gesamte Werk Shakespeares ziehen. In diesem sog. Androgynen-Sonett (»And for a woman wert thou first created« – Z. 9) wird der den Dichter be-
drängende Grundkonflikt angesprochen, der in nachfolgen-
den Sonetten in Bildern des Lichts und der Dunkelheit, des
Schönen und des Hässlichen beständig mehrfach variiert
wird (24, 34, 36, 39, 45, 47, 53, 74, 116, 129, 144). Zunehmend leidenschaftlicher werden in lebhaften sprachlichen

Bildern die Lobpreisungen der Schönheit, die erwiderte und gebrochene Liebe aneinander gereiht. Bilder und Vergleiche aus allen Lebensbereichen werden dabei herangezogen, aus Kunst und Religion, Philosophie und Mythologie, Natur und Alltagswelt. Auffälliges Merkmal ist der rasche »Wechsel zwischen heterogenen Bildfolgen«[147], auf das ich am Beispiel des Sonetts 65 noch zurückkommen werde.

In den Sonetten 18–126 wird auch das zweite Hauptthema, das Bild des Geliebten im Gedicht für alle Zeit zu bewahren, mit wachsender Intensität aufgenommen. Der Dichter schwankt zwischen Zweifel und Zuversicht. Wiederholt bezeichnet er seine Verse mit »slight« (schlicht), die nichts sind im Vergleich mit der Schönheit dessen, dem sie gelten. Im Wort »tongue-tied« verdichten sich die Selbstzweifel und das beständige Ringen um das Wort (65, 66, 80, 85, 140). – Gegen seinen Konkurrenten grenzt sich der Dichter selbstbewusst ab. Bei allem Zweifel um die Begrenztheit seines Vermögens kennt er die Qualität seiner Verse, die allein deshalb nicht zu übertreffen sind, weil sie wahre und echte Gefühle abbilden (39, 45, 81, 105), deren Wert der Konkurrent nicht ermessen kann (83, 86).

Ein ganz anderer Ton wird in den Sonetten 127–152 angeschlagen. Die Sprache der schönen Bilder sieht sich abgelöst von einer härteren Diktion. Die Dinge werden beim Namen genannt, und die Sonette sind voll von drastischen und wenig schmeichelhaften Etikettierungen der »schwarzen Lady« (130–144), von Bildern sexuellen Ekels und von düsteren Verwünschungen (129, 147–150).[148] Der Dichter beklagt die Abhängigkeit des Mannes von den erniedrigenden Reizen und Verführungen der Frau. Die reine Liebe gilt allein dem Freund, dem Mann.[149]

---

147 Vgl. Borgmeier (Anm. 135), S. 211.

148 »The Dark Lady sonnets are filled with images of syphilis and sin, damnation and despair«, schreibt Epstein (Anm. 1), S. 264.

149 Pfister spricht von »misogynen, ja rassistischen Projektionen männlicher Furcht vor weiblicher Sexualität.« – Pfister (Anm. 133), S. 186.

In ruhigem Ausatmen endet ein nicht ganz erfolglos geführter Kampf; die Sprache wirkt kontrolliert und distanziert (153, 154). Am Ende steht eine geläuterte Erkenntnis, die der Dichter schon im 116. Sonett anspricht: »Love alters not with his brief hours and weeks, / But bears it out even to the edge of doom« (Z. 11 f.).

Die Sonette sind in Deutschland gern und oft übersetzt bzw. nachgedichtet worden. In der Shakespeare-Rezeption nehmen sie einen herausragenden Platz ein. Ihre bewegte zweihundertjährige Übersetzungsgeschichte bezeichnet Manfred Pfister als einen »problematischen Modellfall von Gedichtübertragung schlechthin«[150]. Den Übersetzern stellen sich gewöhnlich zwei Hindernisse entgegen: der Reim und die Redundanz des Deutschen gegenüber dem Englischen.[151] Die Qualität der Übertragungen wird aus Sicht der modernen Philologie als sehr unterschiedlich eingestuft. Aus der großen Zahl von Übersetzungen im 19. Jahrhundert ragen die von Gottlob Regis (1836) und Otto Gildemeister (1871) heraus. Aus unserem Jahrhundert sind die eigenwilligen Nachdichtungen Stefan Georges (1906) sowie Rudolf Alexander Schröders ausgewählte Übertragungen (1930–41) zu nennen; aus den letzten 50 Jahren die des Shakespeare-Kenners Richard Flatter (1957), Paul Celans Teil-Nachdichtungen (1967) oder Christa Schuenkes jüngste Komplettübersetzung (1994). In einem Werkstattgespräch nannte sie »Wirkungsübereinstimmung« als einen wesentlichen Grundsatz für ihre eigenen »neuen Übersetzungen« der Sonette: »Für mich verschmelzen die Begriffe Genauigkeit und Nähe zum Urtext in dem übergreifenden Terminus Wirkungsäquivalenz. In diesem Sinne hatte ich nicht die Absicht, eine Übersetzung zu schaffen, die zwar philologisch präzise ist, aber die Einheit der Elemente, die die Wirkung eines Gedichtes ausmachen (Wortsinn, Gesamtaussage, Rhythmus, Metrum, Atmosphäre, und ich möchte

150 Vgl. Pfister (Anm. 133), S. 192.
151 Vgl. Borgmeier (Anm. 135), S. 216 f.

noch hinzufügen: Emotionalität, Anstrengung des Gedankens und nicht zuletzt Klang), zerstört.«[152] Ich stelle ihre deutsche Fassung des Sonetts 65 (dtv 12491, S. 73) neben die von Walther Freund (1948). Freunds Übertragung (RUB 9729, S. 69) sieht sich eher Prinzipien des an Stefan George angelehnten ›schönen‹ Umdichtens verpflichtet. Beide Beispiele machen die Spielbreiten des Ausdrucks deutlich, die bei den Übertragungen der Shakespeare-Sonette gesucht und an ihnen möglich sind. Sie geben, diese persönliche Anmerkung sei erlaubt, die Ausdruckswucht und die Lautmodulationen des Originals aber nur unvollkommen wieder.[153]

Sonett 65

Since brass, nor stone, nor earth, nor boundless sea,
But sad mortality o'ersways their power,
How with this rage shall beauty hold a plea,
Whose action is no stronger than a flower?
O, how shall summer's honey breath hold out   5
Against the wrackful siege of battering days,
When rocks impregnable are not so stout,
Not gates of steal so strong, but Time decays?
O fearful meditation! where, alack,
Shall Time's best juwel from Time's chest lie hid?   10
Or what strong hand can hold his swift foot back?
Or who his spoil of beauty can forbid?
   O, none, unless the miracle have might,
   That in black ink my love may still shine bright.

Ob Erz, ob Stein, ob Erde, endlos Meer –
Der böse Tod, er meistert alles leicht;
Wie setzt sich Schönheit seinem Grimm zur Wehr,
Die kaum an Kräften einer Blume gleicht?

---

152 Christa Schuenke im Werkstattgespräch mit Christa Jansohn in: William Shakespeare, *Die Sonette* (Anm. 133), S. 167.
153 Vgl. auch Borgmeier (Anm. 135), S. 176.

Wie soll des Sommers süßer Odem dauern
Und trotzen wildem Sturm an strengem Tag,
Wenn Eisengitter nicht, nicht Felsenmauern,
So stark sind, dass die Zeit sie nicht zerschlag?
O schrecklich Grübeln! Wo soll in der Welt
Vorm Griff der Zeit ihr best Juwel sich hüten?
Welch Hand mit Kraft den Fuß zurück ihr hält?
Wer könnt den Raub der Schönheit ihr verbieten?
　　Ach, keiner, wenn vollbracht dies Wunder nicht,
　　Daß schwarze Schrift den Freund macht ewig licht.

                                        (Freund)

Wenn Erz und Stein, Festland und Ozean
Der tristen Sterblichkeit ergeben weicht,
Wie käme Schönheit dann dagegen an,
Die einer zarten, schwachen Blume gleicht?
Wie hielte Sommers Honigatem stand
Dem Griff der Fröste, die das Land verheeren,
Wenn weder Eisentor noch Felsenwand
Der Zeit, die alles einreißt, sich erwehren?
Ich frag mich bang, wo nur bewahr ich auf
Vorm Grab der Zeit der Zeiten bestes Stück?
Welch starke Hand hemmt ihren flinken Lauf,
Wer reißt den Schönheitsfraß der Zeit zurück?
　　O keiner, wenn der Spruch sich nicht erfüllt,
　　Daß schwarz auf weiß erstrahlt des Liebsten Bild.

                                        (Schuenke)

Die Sonette 60–65 bilden eine gedankliche Einheit, in denen die immer wieder angesprochene Angst vor dem Verfall der Schönheit seines Freundes und die Sorge um die Unzulänglichkeit des dichterischen Wortes gesteigert zum Ausdruck kommt. Zuversichtlich stellt der Dichter sein Wort gegen »den Glockschlag, der Stunden mißt« (Gildemeister – 12, Z. 1), aber er weiß, dass er das drohende Verhängnis des Alterns und des Todes nicht aufhalten kann (»Ruin hath taught me thus to ruminate – / That time will come and take my love away« – 64, Z. 12).

Das 65. Sonett steht etwa in der Mitte der 126 an den Freund gerichteten Huldigungssonette an einem wichtigen Punkt im Gesamtzyklus: kurz vor dem Auftreten des dichtenden Konkurrenten. Seine Bauform ist regelmäßig. Wie im 5. Sonett fallen in ihm zuerst die Fragezeichen auf. Sie weisen deutlich auf die Zweifel und Unsicherheit des Dichters hin, die er nicht verbirgt. Dennoch bekräftigt er abermals seine schon mehrfach ausgesprochene Hoffnung, die er auf die Kraft des dichterischen Wortes setzt.

Das erste Quartett zerfällt in zwei Teile: in einen einleitenden Satz, in dem resignativ die allgemeine Erkenntnis von der Allmacht des Todes ausgesprochen wird, und in einen fast rhetorischen Fragesatz, wie denn die zarte Schönheit sich gegen ihn behaupten könne. Das zweite Quartett nimmt den Eingangsgedanken des ersten Quartetts auf und erweitert seine Frage über alle vier Zeilen hinweg zu einer Anschlussfrage, die ihre Antwort bereits enthält: sogar der Sommer kann nicht überdauern; die Zeit schreitet auch über seine Schönheit hinweg (Z. 5 f.). Im dritten Quartett folgen einem verzweifelten Ausruf (»O fearful meditation! – Z. 9) gar drei Fragen, mit denen die vorangegangenen noch verstärkt werden. Auch sie scheinen bereits ihre Antwort zu enthalten: nichts kann dem Zerfall Einhalt gebieten. – Der gesteigerten Frageintensität entsprechen die sich ebenfalls intensivierenden Bilder, mit denen die Zartheit und die ungewöhnliche Schönheit (flower / sommer's honey breath / jewel – Z. 4, 5, 10), aber auch die zerstörerische Kraft der Zeit ausgedrückt werden (»wrackful siege of battering days« – Z. 6). Sie ist dem Tod gleichgesetzt, zerschmettert alles (»rocks impregnable« / »gates of steel« – Z. 7 f.) und wird schließlich zur gemeinen Verderberin alles Schönen (»spoil of beauty« – Z. 12).

Das *couplet* enttarnt den rhetorischen Charakter der Fragen und stellt ihnen eine Antwort entgegen, in der nach der voraufgegangenen demütig-verzweifelten ›Verbeugung‹ vor der

Unabänderlichkeit des Todes eine kleine Hoffnung anklingt: »O none, unless this miracle have might, / That in black ink my love may still shine bright« (Z. 13 f.). So wie die schwarze Schrift auf einem Grabstein das Andenken des Verstorbenen sichtbar erhält, so könnten die mit »schwarzer Tinte« geschriebenen Verse die Schönheit des Freundes unsterblich machen (Z. 14). Im Gegensatzpaar »black ink« und »shine bright« sehen sich die Extreme »death–beauty« vereinigt. Aber es deutet sich eine Einschränkung an; der Dichter ist nicht sicher, wie er zuvor mehrfach betont hat, ob seine Worte dieses Wunder bewirken können. Doch die Zuversicht scheint zu überwiegen. Den Umschwung vollzieht das Sonett auch klanglich mit. Von gehäuften Wörtern mit dunkler Vokal-Lautung (brass – stone – boundless – sad mortality – action – wrackful – battering) wechselt es in eine ebenso dichte Folge von Wörtern mit heller Vokal-Lautung (this miracle – might – ink – still – shine – bright). Erkennbar werden in diesem Sonett aussagestarke Diesseitsparameter von einem auf Transzendentales gelenkten Bewusstsein getragen. Es stellt die Verbindung von voraufgehenden Sonetten, etwa dem 38. Sonett (»Eternal numbers« – Z. 12), zum 81. (»immortal life« – Z. 5; »your monument« – Z. 9) oder zum 107. Sonett (»olives of endless age« – Z. 8, »thy monument« – Z. 13) her.

In den Sonetten, so haben wir gesehen, widmet sich Shakespeare einem seiner großen Themen, der Liebe. Die Schönheit dieser Gedichte lässt es unwichtig erscheinen, an wen sie gerichtet sind. Mutmaßlich hat er seine homoerotischen Neigungen in ihnen ausgelebt, die im Übrigen dem in der Renaissance üblichen Kult männlicher Freundschaft und Liebe entsprachen, vor allem jedoch gängiger Theaterpraxis,[154] auch wenn niemand außer ihm vorher und in seiner Zeit einem ›nahen Geliebten‹ ein so kühnes Kunst-Denk-

---

[154] Ich erinnere daran, dass Shakespeare auch Schauspieler war. Hübsche Knaben in Mädchenrollen auftreten zu lassen, war an der Tagesordnung. Zu welchen Liebes-Begegnungen unter Schauspielern es dabei oft gekommen ist, lässt sich nur ahnen.

mal gesetzt hat. Neben dem Thema der Liebe, so wurde auch deutlich gemacht, nimmt Shakespeares zweifelnde Auseinandersetzung mit der Kunst in diesen Sonetten einen mindestens ebenso großen Raum ein. Warum die Zweifel? Gründe dafür lassen sich auch nur vermuten: War er durch Krankheit und die Schließungen der Bühnen verunsichert (Londoner Pestjahr 1592)? Machte ihm ein anderer seinen Rang ernsthaft streitig? Wurden ihm Gunst und Zuwendungen entzogen? War er erschüttert über Christopher Marlowes gewaltsamen Tod (1593)? Fühlte er das Schwinden seiner dichterischen Kräfte in Gegenwart des Todes, der auch seine Familie nicht verschont hatte (Tod Hamnets 1596)? Wie so oft bei Shakespeare gibt es auf einfache Fragen keine Antworten. Was bereits zum Verständnis einzelner Bühnenwerke gesagt worden ist und zu den vier Tragödien, deren Betrachtung sich diesem kleinen Einblick in die Welt der Sonette anschließt, noch zu sagen sein wird, gilt auch für diesen ungewöhnlichen Gedichtzyklus: Jeder mache sich selbst seinen Reim. Ich lese die Sonette als psychische Katharsis und künstlerische Selbstfindung William Shakespeares nach überstandenen Lebenskrisen. Er legt darin über seine Existenz gründlich Rechenschaft ab und bestimmt am Ende selbstbewusst den Wert seiner Gedichte, seiner Dichtkunst: »My life hath in this line some interest, / Which for memorial still with thee shall stay« (74, Z. 3 f.).

Hamlet. Tragödie in 5 Akten.   Uraufführung 1604 (?) in London. Hauptquellen: Saxo Grammaticus, *Historia Danica* (History of Denmark), zusammengestellt zwischen 1180 und 1208; François de Belleforest, *Histoires Tragiques* (1582), deren erste englische Übersetzung 1608 erschien. – Zugrunde liegender Text: William Shakespeare, *Hamlet*, hrsg., übers. und komm. von Holger M. Klein, Bd. 1: Text, Stuttgart 1984 (RUB 8243).

»Something is rotten in the state of Denmark« (I,4,90) lautet eines der volkstümlichsten Zitate des Stückes.[155] Wer den Zitaten-Schatz der Weltliteratur aufblättert, stößt auf eine ganze Reihe berühmt gewordener Aussprüche aus dem *Hamlet*-Drama. Einzelne stelle ich der Interpretation voran. Prinz Hamlet spricht sie, und in ihnen spiegelt er sich als eine der wohl komplexesten und eindringlichsten Shakespeare-Figuren überhaupt[156]: »Frailty, thy name is woman!« (I,2,146) – »What a piece of work is a man« (II,2,303) – »To be, or not to be, that is the question« (III,1,56) – »Suit the action to the word« (III,2,20) – »The readiness is all« (V,2,211) – »The rest is silence« (V,2,346). Obwohl diese Tragödie mehr Wissenschaftler, Theaterleute und Künstler beschäftigt hat als jedes andere Bühnenstück, ist sie eines der »großen Rätsel der Shakespeare-Forschung«[157] geblieben; übereinstimmend jedoch gilt *Hamlet* als »ein Schlüsseltext der modernen abendländischen Kultur«[158]. Das begleitende Schrifttum zu *Hamlet* hält eine Menge an Erkenntnissen, aber ebenso viele Fragen bereit, die hier kaum aufgegriffen, erst recht nicht beantwortet werden können.[159] Aus der Fülle unterschiedlicher Sichtweisen auf die Tragödie bieten sich für unsere Absicht und Zielsetzung drei verfolgenswerte Richtungen an: im *Hamlet* eine Studie über den Tod und das Sterben zu sehen; das

---

155 »Es ist was faul im Staate Dänemark« – wie oft geht uns in vielen Alltagssituationen dieser Satz Hamlets über die Lippen! – Eine breit gestreute, genussvolle Textauswahl mit verschwenderisch vielen gängigen Zitaten bietet der Band von Dietrich Klose (Hrsg.), *Habt ihr auch Schnupftücher genug bei euch? Shakespeare zum Vergnügen*, Stuttgart 1999 (RUB 9779).

156 Mehrere Gründe sind nach Holger M. Klein ausschlaggebend dafür, dass die Figur des Prinzen Hamlet so zentral im gesamten Werk Shakespeares steht, u. a. die absolute Mittelpunktsrolle des Helden in dieser bedeutenden Tragödie und die vielfältigen Ansatzmomente für Identifikationen, die sich aus der »Breite des von Hamlet berührten Interessenfeldes« ergeben. – Klein, »Nachwort« in: William Shakespeare, *Hamlet* (RUB 31), S. 128 f.

157 Baumann (Anm. 4), S. 87.

158 Klein (Anm. 156), S. 126.

159 Vgl. dazu die bei Baumann (Anm. 4), S. 87, zitierten Fragen.

Stück als ein Spiel über das Schauspiel, das Theaterspielen an und für sich zu lesen[160]; den *Hamlet* vorrangig als ein politisches Drama zu interpretieren. Ich stelle die zuletzt angedeutete Blickrichtung aus zwei Gründen in den Mittelpunkt meiner Betrachtung: der politischen Dimension in Shakespeares Werk muss stets Aufmerksamkeit gewidmet werden, weil sie aus keinem seiner Stücke auszuklammern ist; die *Hamlet*-Tragödie zeigt sie uns so vollkommen unverhüllt, dass es erstaunlich ist, wie wenig herausgehobene Beachtung sie in den meisten Interpretationen gefunden hat,[161] geht es darin doch deutlich um Königsmord und um Formen verbrecherischer Machtausübung in einem Staatswesen. Diese Themen haben im *Hamlet* keine marginale Bedeutung. Aber einerlei unter welchem Betrachtungsschwerpunkt man sich dem Stück und seiner Zentralfigur nähert, schuldig bleibt man ihnen immer etwas.[162] So dürfen wir uns getrost damit abfinden, dass es zwar viele richtige Sichtweisen, aber keine allein gültige zu geben scheint, die alle Facetten der Tragödie gleichermaßen erfasst und zu einem zwingenden Schluss gelangt, was letztendlich ihre Aussage sei.

Dem Typus nach zählt *Hamlet* zu Shakespeares *Rache- und Vergeltungsstücken*, obwohl nicht alle Kriterien strikt ein-

160 Vgl. Joseph Papp, *Shakespeare, Four Tragedies*, »Foreword«, New York 1988: »As I've been thinking about the play recently, it has struck me that *Hamlet* is a study of death and dying [...]. Death is the most recurrent theme of the play« (S. XVI). – »*Hamlet* is a play about the theater, about the techniques of acting. In the entire middle section, beginning with the arrival of the traveling players in Act 2, scene 2, Shakespeare is reflecting on the uses and purposes of the theater by putting them inside the play itself. And Hamlet's method, like Shakespeare's, is to use theater to further his plot« (S. XVIII).

161 Ich folge hierin dem Interpretationsansatz Uwe Baumanns, der auf diese Lücke hinweist. Vgl. Baumann (Anm. 4), S. 87. – Baumann selbst bezieht sich auf Ekkehart Krippendorf, *Politik in Shakespeare's Dramen. Historien – Römerdramen – Tragödien*, Frankfurt a. M. 1992.

162 So schreibt Maynard Mack in einer fundierten Untersuchung: »I know too well [...] that anyone who tries to throw light on one part of the play usually throws the rest into deeper shadow.« – Maynard Mack, *The World of »Hamlet«* (Signet Classic), New York 1963, S. 235.

gehalten werden. Im Gegensatz zum klassischen Muster des elisabethanischen *revenge play*, in dem sich Gewalt- und Rachehandlungen über das komplette Stück verteilen, kulminieren sie im *Hamlet* im letzten Akt.[163] Dies hängt mit der psychologischen Situation des Helden zusammen, der sich erst allmählich zum Handeln durchringt. Dennoch haben wir es aber mit einem prallen Theaterstück zu tun, in dem nichts fehlt, um jedes Publikum zu fesseln: »grand soliloquies, complex philosophizing, love relationships, family conflicts, ghosts, murder, revenge, swordplay, and a great death scene where bodies pile up on the stage«[164]. Ohne an dieser Stelle auf Details einzugehen, möchte ich Joseph Papps Aufzählung konkretisieren: Die *Hamlet*-Tragödie ist übervoll an großen Monologen, die Shakespeare seinem Helden in den Mund legt. Als ein Beispiel sei Hamlets Monolog über den Tod mit den berühmten Eröffnungsworten »To be, or not to be« (III,1,56) angeführt. Weitere tiefgründige Gedanken Hamlets gelten der Rache, seinem eigenen Bewusstseinszustand, den Dingen und Menschen in seiner Umgebung, dem Lebensüberdruss, der Verachtung von fleischlicher Lust und niederen Instinkten, der Bedeutung von Tugenden und zeitüberdauernden Werten.[165] – In diesem Drama gibt es eine sehr zurückgenommene Liebesgeschichte (Hamlet und Ophelia, Tochter des ersten Ministers Polonius), die nur wenig von der Intensität hat, die den Liebesbund zwischen *Romeo and Juliet* erfüllt, und die von Hamlets übermächtigen Daseinszweifeln überschattet ist. Neben dieser ebenfalls zum Scheitern verurteilten Liebes-

---

163 »In the typical Elizabethan revenge play, the violence is evenly distributed throughout all five acts. In *Hamlet*, however, Shakespeare subverts the pattern by creating a complex hero who delays his revenge, thus building the dramatic suspense until the last bloody scene, when Hamlet completes his revenge.« – Epstein (Anm. 1), S. 308.

164 Papp (Anm. 160), S. XVI.

165 Ich deute hier lediglich einige der Hauptthemen an und verweise auf den Themenindex in *The Alexander Shakespeare*, »*Hamlet*«, hrsg. von B. Davies, London/Glasgow 1984, S. 341 ff.

beziehung sind andere Paarbeziehungen bedeutsam (König Hamlet–Gertrude, Claudius–Gertrude, Prinz Hamlet–Gertrude, Polonius–Ophelia, Laertes–Ophelia). Die Tragödie zeigt, ganz ähnlich wie viele andere bedeutende Werke Shakespeares (*King Richard III, Romeo and Juliet, Macbeth, King Lear, The Winter's Tale, The Tempest*), innerlich zerrissene Familiensituationen. Sie bleiben nicht auf die Mitglieder des Königshauses beschränkt. Der offenkundigste innerfamiliäre Konflikt besteht zwischen Hamlet und König Claudius sowie seiner Mutter Gertrude. Aber auch zwischen Polonius und seinen Kindern (Laertes und Ophelia) gibt es Reibungspunkte wie auch – freilich zugedeckt und nicht von unmittelbarer Tragweite – zwischen Fortinbras, dem jungen norwegischen Thronaspiranten, und dem norwegischen König. – Es gibt einige Tote auf der Bühne. Am Ende sind – außer dem ermordeten König Hamlet – Polonius, Guildenstern und Rosencrantz (ehemalige Freunde aus Hamlets Wittenberger Studienjahren), Ophelia und Laertes, Claudius und Gertrude sowie Prinz Hamlet selbst nicht mehr am Leben. – Hinterhalt und Intrige bestimmen weitgehend die Handlungsweisen aufseiten der Hamlet-Gegner (England-Intrige des Claudius gegen Hamlet; Polonius' »Lauschangriffe« auf Hamlet / Ophelia und Hamlet / Gertrude; Duell-Intrige des Claudius / Laertes gegen Hamlet); auch Giftmischerei (Vorgeschichte) und eindrucksvolle Militärauftritte (Fortinbras) fehlen nicht in der zu jeder Zeit auch spannenden Vordergrundhandlung. Das eigentliche Drama ist jedoch der *innere* Konflikt des Helden. Weit mehr als ein handlungsstarkes Rache- und Vergeltungsstück ist *Hamlet* die Tragödie eines jungen Mannes, der es ablehnt sich an den politischen Macht- und Ränkespielen seiner Umgebung zu beteiligen. Als er an einen Punkt gerät, an dem er das Geschehen in der ihn betreffenden Welt nicht mehr verstehen kann, tritt er die Flucht nach vorn an. Er opfert seine radikal andere Individualität in der Erkenntnis, dass der andauernde »Kreislauf von Krieg,

Blut, Eroberung und Mord«[166] von ihm nicht aufzuhalten
ist. Das Heraustreten Hamlets aus der zunächst frei ge-
wählten Isolation vollzieht sich in mehreren Etappen, dem
der fünfaktige Aufbau des Dramas folgt. Bis zur Mitte des
III. Aktes etwa sehen wir den Prinzen im unentschiedenen
Kampf mit sich selbst, nachdem ihm der Geist seines Vaters
erschienen ist (»exposition« und »rising action«). Die äußere und innere Handlung erreichen in der 4. Szene des
III. Aktes, der *closet scene*, mit dem Erkennen der Schuld
König Claudius' und mit dem unbeabsichtigten Tötung des
Polonius, ihren ersten Gipfelpunkt (»climax«). Hier setzt
der »counterplot« der Claudius/Laertes gegen Hamlet ein
(Beginn der »falling action«). Die Spannungskurve wird im
IV. Akt noch hochgehalten.[167] Danach fällt sie steil ab (»ca-
tastrophe«). Am Ende des Dramas hat Hamlet einen bedeu-
tenden Wandel durchgemacht.

Ein kurzer Gang durch einige Details der Handlung soll
nunmehr die angesprochenen Momente weiter erhellen. Ich
wende mich dabei einzelnen Gedankenkomplexen zu, die
Hamlet intensiv beschäftigen und ihn als einen nicht unpolitisch denkenden, aber politisch nicht handlungsfähigen
Menschen zeigen. In diesem Zusammenhang rücke ich dann
auch die übrigen Personen des Dramas näher ins Blickfeld
der Betrachtungen.

König Claudius hat seinen Bruder, den König Hamlet, ermordet und die dänische Königskrone an sich gerissen, die
bei einer korrekten Wahl möglicherweise an den jungen
Hamlet gefallen wäre. Durch die Ehe mit der Witwe des Ermordeten, Gertrude, will Claudius seine Machtstellung fes-
tigen. Hamlet ist von seinen Studien aus Wittenberg an den
Hof (Elsinore Castle) zurückgekehrt und wird dort vom

---

166 Baumann (Anm. 4), S. 92.
167 Zwar sind die Ereignisse und Personen-Auftritte im IV. Akt rasch wech-
selnd, aber dennoch scheint das Geschehen stillzustehen. Diese Beobach-
tung macht Andrew Gurr, der von »crabwise movements around the final
confrontation« spricht. – Vgl. Andrew Gurr, *»Hamlet« and the Distracted Globe*, Edinburgh 1978, S. 103.

Geist seines Vaters aufgefordert, den Tod zu rächen, dabei aber Gertrude zu verschonen. Während Claudius seine politischen Fäden knüpft und Polonius seinen aufmüpfigen Sohn Laertes nach Frankreich schickt (I,3), schlüpft Hamlet in die Rolle eines »geistig Verwirrten«, um mehr über die Hintergründe zu erfahren, die zum Tode seines Vaters führten. Außer seinen Freund Horatio weiht er niemanden ein. – Die Familie nimmt Hamlets Veränderungen ›besorgt‹ zur Kenntnis. Polonius schreibt sie den Gefühlen des Prinzen für Ophelia zu. Um Genaueres zu erfahren, setzt er seine Tochter als ›Spitzel‹ auf ihn an. – Hamlet spielt Ophelia erfolgreich eine ›Irrsinns-Komödie‹ vor (III,1,102 ff.). Claudius seinerseits sieht sich durch das befremdliche Verhalten Hamlets zu einer ersten bereinigenden Aktion aufgefordert und will ihn nach England schicken. – Um ganz sicher zu gehen und letzte Zweifel auszuräumen, will Hamlet ein Stück aufführen (»Die Ermordung Gonzagas«), in dem das an seinem Vater begangene Verbrechen nachgespielt werden soll. Er hofft, dass sich Claudius und Gertrude verraten. Tatsächlich reagiert Claudius beim Zuschauen sehr erregt (III,2,266). – Hamlet trifft seinen Onkel im Gebet an. Obwohl er überzeugt ist, dass König Claudius das Verbrechen begangen hat, verschont er ihn (III,3,73 ff.). Hingegen stellt Hamlet seine Mutter harsch zur Rede. Er wird von Polonius belauscht, der sich hinter einem Vorhang versteckt hält. Mit einem Degenstich tötet ihn Hamlet (III,4,21 f.) und ist sich nun endgültig im Klaren darüber, dass gegen ihn selbst verbrecherische Heimlichkeiten im Gange sind. – Zusammen mit Guildenstern und Rosencrantz wird Hamlet in angeblich diplomatischer Mission von Claudius nach England geschickt. In Wirklichkeit soll er umgebracht werden. Doch Hamlet durchschaut den Plan des Königs und lässt den Geheimbefehl umschreiben. Dadurch werden die beiden Höflinge Opfer der Intrige. Auf dem Weg zum Hafen trifft Hamlet auf Truppen des jungen Fortinbras. Er ist beeindruckt von dem Tatendrang des jungen norwegischen

Thronaspiranten und von dem militärischen Aufgebot
(IV,4). – Inzwischen ist Ophelia aus Kummer über den Tod
ihres Vaters und durch den Gemütswandel Hamlets geistig
umnachtet. Laertes, ihr Bruder, brennt auf Vergeltung.
Claudius mahnt zur Besonnenheit, zumal Hamlet beim
Volk sehr beliebt ist. Er will eine bessere Gelegenheit abwarten, sich seines Stiefsohnes zu entledigen (IV,5). – Unterwegs wird Hamlets Boot von Piraten gekapert; Hamlet
benachrichtigt den dänischen Hof und kommt gegen ein
entsprechendes Lösegeldversprechen frei (IV,6). – Für König Claudius, der die Gefahr erkennt, in der er sich nach
Hamlets Rückkehr befinden wird, ist die Stunde gekommen, den Prinzen nun endgültig auszuschalten. Dazu will er
Laertes benutzen. Er schlägt ein Duell bei Hofe vor. Dazu
soll Laertes' Degenspitze mit Gift präpariert und ein vergif-
teter Wein zur Erfrischung Hamlets bereit gestellt werden.
Von der hinzutretenden Gertrude erfahren sie, dass Ophelia
sich umgebracht hat. Laertes' Trauer und Zorn sind nun
grenzenlos. – Doch das Schicksal wendet sich gegen die Verschwörer. Die Schwerter Hamlets und Laertes' werden in
der Hitze des Duells vertauscht. Laertes wird tödlich ver-
wundet, und Gertrude trinkt von dem vergifteten Wein
(V,2,298 f.). Sterbend gestehen sie Hamlet, der zuvor mit
der vergifteten Klinge geritzt worden war, die Wahrheit.
Hamlet zwingt Claudius, ebenfalls von dem vergifteten
Wein zu trinken. Der Racheauftrag ist erfüllt. Er selbst
stirbt an den Folgen der Verwundung (V,2,330 f.). – Der
junge Fortinbras, im Anmarsch auf Elsinore und im Begriff,
die alten Zustände wieder herzustellen, erfährt von Horatio, was sich ereignet hat, und lässt Hamlet ehrenhaft be-
statten.

Das Stück hat eine Vorgeschichte, die den eigentlichen Ausgangspunkt der Hamlet-Tragödie bildet: Hamlets Vater hat
in einer kriegerischen Auseinandersetzung den König von
Norwegen getötet. Dänemark, nunmehr unter Claudius'
Führung, muss fürchten, dass der Nachbar Rache üben

wird. Um sie abzuwenden, erhält Fortinbras die Erlaubnis, für einen Raubzug gegen Polen norwegische Truppen durch Dänemark zu führen. Die Bedrohung von außen kann durch geschicktes politisches Taktieren vorerst kontrolliert werden. Innenpolitisch hat Claudius nach seiner Usurpation die Verhältnisse jedoch nicht absichern können. Seine Herrschaft steht auf wackeligem Boden, weil er bei den Bürgern, die den jungen Prinzen verehren, kein Vertrauen besitzt. Die kriegerische Auseinandersetzung mit seinem Nachbarn in der Vergangenheit und damit die potentielle Gefahr von dem stärkeren und auf Vergeltung sinnenden Gegner jederzeit vereinnahmt zu werden, hat Claudius primär nicht zu verantworten. Die Gründe für den maroden Zustand seines Staates jedoch, der nicht mehr zu einer geschlossenen und zuverlässigen Stärke emporwachsen kann, muss Claudius bei sich selbst suchen. Diese beiden realen Bedingungen sind die Ausgangsmomente der dramatischen *äußeren* Konfliktentwicklung. Für das *innere* Drama des Helden liefern dessen melancholische, grüblerische Natur und die jeder Gewalt widerstrebende Grundhaltung denkbar günstige Voraussetzungen. Durch drei entscheidende Umstände wird Prinz Hamlet in der Folge gänzlich auf sich selbst zurückgeworfen. Erstens: Er fühlt sich mehr und mehr dazu aufgerufen, über den Vergeltungsauftrag seines Vaters hinaus gegen die unhaltbaren Zustände am Hof König Claudius' einzuschreiten und das Übel (»the evil«) mit der Wurzel auszurotten. Das bringt ihn in Gewissenskonflikte, macht ihn angreifbar und bedroht ihn zunehmend existentieller. – Zweitens: Der von ihm eingeleitete Bruch mit den Menschen in seiner Umgebung führt zu seiner völligen Isolation. – Drittens: Schließlich bringt das kühle und raffinierte Gegenhandeln von König Claudius ihn, den Unpolitischen, in zeitliche und strategische Nachteile, die ihn stets nur zum Reagieren zwingen, ohne dass er je die entscheidende Initiative ergreifen könnte. Unvermeidbar gerät er dadurch in den Strudel von Korruption und Intrige, die auf dem politischen Parkett, auf dem sich Claudius und Polonius bewegen, an der Tagesordnung sind.

Der junge Prinz von Dänemark – intelligent, wissenschaftlich geschult, empfindsam und hellwach in all seiner Nachdenklichkeit – ist ein gewissenhafter Beobachter der Vorgänge bei Hof. Er sieht, fühlt und ahnt, noch ehe er konkrete Gründe für seinen Rachefeldzug hat, dass sich nun mit der Machtübernahme durch Claudius in Elsinore Castle das Übel überall auszubreiten beginnt. Je mehr Hamlet zu dem Entschluss kommt, Vergeltung zu üben, desto mehr werden »poison« (Gift), »disease« (Gebrechen) und »mortality« (Sterblichkeit) zu zentralen Begriffen in seinem Bewusstsein und Handeln, und auch der Zuschauer erkennt in ihnen die sprachlichen Sinnträger des Dramas, mit denen der ungesunde Zustand Dänemarks unter der Herrschaft Claudius' und die düsteren Zustände der Welt allgemein symbolisiert werden.[168] Hamlet entwickelt das ›Gift‹ des Hasses in sich; es zerstört ihn, noch ehe das wirkliche Gift in seine Adern dringt und ihn tötet. Haben wir Hamlet im I. Akt auf der Burgmauer erlebt, also an einem festen Ort außerhalb der ›vergifteten‹ Zone, so erleben wir ihn vor seiner letzten Entscheidung unten im »graveyard«, zwischen rollenden Totenschädeln und mitten im Verwesungsgeruch (V,1).

Vor seinem Eintreffen auf Elsinore Castle war Hamlet kein kontaktarmer Mensch. Er hatte Freunde, fühlte sich wohl zu Hause. Nur zu einem einzigen hält er jetzt noch die Verbindung aufrecht (Horatio). Von dem edelmütigen jungen Heißsporn Laertes hat er sich distanziert, um durch Sympa-

---

168 »The powerful sense of mortality in Hamlet is conveyed to us [...] in three ways. First, there is the play's emphasis on human weakness, the instability of human purpose, the subjection of humanity to fortune – all that we might call the aspect of failure in man [...]. Next, and intimately related to this matter is the emphasis on infection – the ulcer, the hidden abscess, the imposthume of much wealth and peace. [...] But the chief form in which the theme of mortality reaches us [...] is as profound consciousness of loss.« – Vgl. Mack (Anm. 162), S. 247–249.

thiegefühle seinen Racheplan nicht selbst zu gefährden. Väterliche Autorität und Staatsraison setzen von der anderen Seite einen deutlichen Abstand zwischen beide (I,2,50–61). Erst als sie dem Untergang nahe sind, gesteht ihm Hamlet seine wahren Gefühle für ihn und seine Schwester: »I loved Ophelia« (V,1,263) und: »I loved you ever« (V,1,284). Auch zu Ophelia reißt er die Brücken ab. Sie kann ihm aus zwei Gründen keine Stütze sein, obwohl sie ihn liebt: zum einen, weil er sich ihr nicht offenbart, zum anderen, weil sie sich gegen die Vereinnahmung durch ihren Vater nicht zur Wehr setzt. Hamlet fühlt sich von ihr verraten und hält sie, wie auch die eigene Mutter, für schwach und unaufrichtig (III,1,135–139). Ebenso wenig können Guildenstern und Rosencrantz von Hamlet ins Vertrauen gezogen werden. Sie sind in seinen Augen Parasiten, lediglich auf ihre Vorteile bedacht. Er durchschaut sie schnell, wartet aber geduldig den richtigen Zeitpunkt ab, um es ihnen unverblümt zu sagen (IV,2,15–20). Ihren Tod betrachtet er als eine zwingende Folge eines ihm gegenüber unloyalen Verhaltens und als gerechte Strafe (V,2,57–59). Dem stets höfisch-zeremoniellen, eifrigen Staatsdiener Polonius misstraut Hamlet von Grund auf. Zwar nimmt er ihn zunächst nicht ernst (II,2,174 ff., 376), realisiert dann aber umso rascher die Gefahr, die von ihm ausgeht. Sehr gespaltene Gefühle hat Hamlet gegenüber seiner Mutter. Einerseits verachtet er sie, weil sie sich aufgegeben und der Männlichkeit König Claudius' unterworfen hat. Vielzu früh hat sie nach Ansicht Hamlets aufgehört, um den toten König zu trauern. Sie muss sich von ihrem Sohn vorwerfen lassen, mit ihrer raschen Wiederheirat, die blutschänderischem Verhalten gleichkommt,[169] die Liebe ihres Mannes und die Familienehre verraten zu haben (III,4,39–87). Andererseits empfindet Hamlet Mitleid und Liebe für sie. Auf seinem einmal

---

169 Ehen zwischen Verschwägerten (wie in diesem Fall zwischen Hamlets Mutter und seinem Onkel) wurden zu Shakespeares Zeit von der Kirche als Inzesthandlungen angesehen.

eingeschlagenen Weg bleibt ihm aber keine Wahl, als die natürliche gefühlsmäßige Bindung an seine Mutter zu verneinen. Auch über Claudius hat er sich sein Urteil gebildet, den er allein schon deswegen ablehnt, weil er durch sein haltloses Genussleben als Regent ein schlechtes Beispiel gibt und jene Tugenden bedenkenlos über Bord wirf, die unter dem alten König gültig waren (I,4,15 ff.). Darüber hinaus beherrscht Claudius das Arsenal der leisen Waffen, die Hamlet absolut fremd und zuwider sind: Manipulation und berechnende Überredungskunst, geschmeidiges Taktieren und dreiste Lüge, wenn sie den Zwecken dienen. Unter diesen Bedingungen sucht und findet er in Elsinore keine Heimat mehr. Seine Natur rebelliert gegen ein solches Übermaß an Unaufrichtigkeit. Sein Widerstandsgeist wird geweckt. Hamlet empört sich gegen die banalen Versuche der Umgebung, seine ›Krankheit‹ zu diagnostizieren, unterläuft die primitiven Maßnahmen, mit denen er kaltgestellt und kontrolliert werden soll, und reagiert zynisch-bitter auf alle Menschen, an deren Händen Schmutz und Blut kleben. Doch genau hier wird Hamlets eigentliche Tragödie offenbar: Auch er lässt sich instrumentalisieren gegen die eigene Vernunft und die eigenen Überzeugungen. Obwohl sich Hamlet in allen fünf Akten gedankenreich, geistvoll, differenziert und äußerst skrupelhaft mit dem Zweck und der Rechtmäßigkeit seiner Rache befasst und auch breit über das Leben und den Tod philosophiert, nimmt das Politische tatsächlich nur einen kleinen Teil seiner Gedankenkreise ein. Es liegt auf der Hand, hierin ein Indiz für seine Schwächen in Feldern des strategisch geplanten politischen Handelns zu sehen, für die er letztlich auch den Beweis erbringt. – Gegenüber Guildenstern und Rosencrantz äußert sich Hamlet sehr dezidiert und zutreffend zum Staat, in dem er lebt: »Denmark's a prison« (II,2,244). Es bleibt dahingestellt, ob Hamlet damit politische Analysefähigkeit beweist oder lediglich seine persönliche Empfindungslage artikuliert, er bringt damit die objektiv vorhandene Situation in

Claudius' Überwachungsstaat jedoch auf den Punkt. Zu einem entscheidungsstärkenden Schlüsselerlebnis wird dann für Hamlet seine Begegnung mit dem gegen Polen marschierenden Fortinbras (IV,4,32–66). Naiv-enthusiastisch bekennt sich Hamlet hier zu Stärke, Mut, Opferbereitschaft und Ehrverhalten. Er beschwört damit die alten Tugenden, die an der »archaischen Tradition des Militärstaates« mit dem Gedanken der Blutrache[170] orientiert sind, und ist bereit die ihm von Natur aus eigene maßvoll abwägende, vernunftsbetonte Haltung aufzugeben. Wesentlich krasser noch kommt diese Haltung in seinem Gespräch mit Horatio im Stadium fortgeschrittener Rache- und Gewaltbereitschaft zum Ausdruck. Hier spricht Hamlet ohne Zurückhaltung auch ein persönliches Motiv für seine Rache aus (V,2,63–70), das sehr wohl auf unser Verständnis stößt, mit dem er sich aber endgültig, gänzlich gegen seine Natur, auf die Ebene politisch motivierter Gewalthandlung begibt.[171]

Den vielen Fragen zu den Figuren des Stückes, namentlich zu Hamlet selbst, zur Themen- und Problemvielfalt, die wegen der Schwerpunktbildung meiner Ausführungen offen geblieben sind, möchte ich nunmehr einige Antworten nachreichen. Ist Claudius nur das hässliche Ungeheuer? Können wir in Polonius nicht mehr sehen als den windigen Subalterngeist? Hat Gertrude keinen eigenen Willen, ist sie nicht mehr als eine ihrem ›starken‹ Mann willfährige, ja sexuell hörige Frau? Wie wird Ophelia, wie Hamlet in der kritisch analysierenden Literatur gesehen? Auf welche poli-

---

170 Nach Krippendorf vertritt Hamlet die Herrschaftsprinzipien seines Vaters, der für die »Verkörperung der Blutrache, des ältesten und primitivsten aller menschlichen Instinkte« steht. – Vgl. Baumann (Anm. 4 und 161), S. 89–90.

171 Vgl. Michael Feingold, *William Shakespeare, »Hamlet«*, Stuttgart 1987, S. 91, bei dem es heißt: »His philosophy, which has been on the side of life, survival, and caution, now is used to justify bravery, war, and deeds of blood. Not the least surprising thing about Hamlet is that, almost alone among Shakespeare's tragic heroes, he prepares to confront his fate with a full knowledge of what it entails, and despite the fact that he disagrees with it.«

tische Situation seiner Zeit könnte Shakespeare angespielt
haben? Auf diese Fragen gibt es nur teilweise übereinstim-
mende Antworten.

Über König Claudius lässt sich mehr Positives sagen, als
Hamlet erkennen kann und will. In seinem Monolog, von
Hamlet überrascht, spricht Claudius die ihn plagenden Ge-
wissensbisse und Schuldgefühle aus. Mit den Worten »All
may be well« (III,3,72) schließt er seine Rede, die weniger
ein ›Gebet‹ ist als die nüchterne Bestandsaufnahme eines
Menschen, der erkannt hat, dass er in eine Sackgasse geraten
ist. Steht *er* nicht ebenso wie Hamlet am Rand eines Ab-
grunds, von seinem Stiefsohn unbarmherzig verfolgt?[172]
Claudius bekennt sich zu seiner Tat und sucht nicht nach
Rechtfertigungen. Das Geschehene tut ihm Leid, und so
nimmt es nicht wunder, dass Hamlet in diesem Moment
nicht die Kraft hat, ihn zu töten. Ist diese Schwäche (er
kennt sie selbst genau: »my own ambition« – III,3,55) nicht
eine seiner Stärken, die ihn befähigen, die Staatsgeschäfte
auch in schwierigen Zeiten sicher zu lenken?[173] Die Frage ist
hypothetisch, ob er ein besserer König ist, als es der von
ihm ermordete Bruder war oder Hamlet im Falle einer lega-
len Nachfolge geworden wäre. Shakespeare zeigt uns in
Claudius einen Charakter, aus dessen Vielschichtigkeit in
einem entscheidenden Moment das Böse die Oberhand gewinnt und zur fortgesetzten Zeugung des Bösen führt, das
sich nicht selbst zerstören kann.[174]

Polonius können weit mehr Qualitäten und entlastende
Momente zugeschrieben werden, als der auf Vergeltung sin-

---

172 So wirft Brian Davies die Frage auf, ob der Machtkampf zwischen Claudius und Hamlet nicht ein wesentliches Thema der Tragödie sei. – Vgl.
   The Alexander Shakespeare (Anm. 165), S. 22.

173 »There is no question about his political ability«, schreibt Feingold
   (Anm. 171), S. 19, und an anderer Stelle lesen wir: »Claudius fights with
   superb skill and resolution for the security of his ›state‹.« – Vgl. Gurr
   (Anm. 167), S. 30.

174 »He is just as much trapped in tragedy as Hamlet.« – Vgl. McLeish/Un-
   win (Anm. 4), S. 30.

nende Hamlet wahrnimmt. Politisch klug und weitsichtig,
dabei loyal gegenüber dem König, hat sich Polonius Verdienste und Anerkennung bei Hof erworben, die ihm eine
angesehene Stellung sichern. Zusammen mit Claudius bildet
er eine erfahrene und kompetente Staatsspitze. Nicht anders
als dieser hat auch er als Mensch zwei Seiten.[175] Sein
schwächster Punkt ist dabei die Liebe zu seiner Tochter, die
größer ist als sein Streben nach politischer Karriere. Wie für
Ophelia, so will er auch für seinen Sohn Laertes das Beste.
Er verliert in dem Augenblick den Boden unter den Füßen,
als er sich der Überwachungsstrategie gegen Hamlet und
Ophelia anschließt. Unter den obwaltenden Gegebenheiten
entwickelt er aus der düsteren Seite seines Charakters
Handlungsweisen, die sich am Ende gegen ihn und seine
Kinder wenden. Im Gespräch Gertrudes mit ihrem Mann
über den Tod des vertrauten Mitarbeiters aber wird nicht
allein die Wertschätzung einer Königin hörbar, die sich der
Treue ihres Ministers aus alten Zeiten erinnert. Ihre Worte
drücken die Erschütterung einer lebensklugen Frau über die
Sinnlosigkeit eines solchen Todes aus, der den ganzen Wi-
dersinn der Zeit aufdeckt: »kills / The unseen good old
man« (IV,1,11 f.). Also auch er mehr Opfer als Täter?
Für die Königin ist in der erläuternden Literatur inzwischen manche Lanze gebrochen worden. In der Tragödie
sind sie und Ophelia Opfer eines negativen Frauenbildes,
das der aus Wittenberg zurückkehrende Hamlet verinnerlicht hat.[176] Hat er sie in seinem maßlosen Zorn grob beschimpft (III,4,52 ff.), findet sie später in seinem Bewusstsein wieder den ihr gemäßen Platz als Mutter (V,2). Heute
werden ihre Qualitäten, die sich vor allem in der liebevollen
Zuwendung zu ihrem Sohn und zu Ophelia äußern, nicht

---

175 »He has a visibly sinister side as well, a penchant for political intrigue and
   spying. While his tactics are shady, his intentions are usually good, making him, like Claudius, a mixture of good and evil.« – Feingold
   (Anm. 171), S. 20.

176 Vgl. die gründliche Darlegung dieses Gedankens bei Posener (Anm. 25),
   S. 79–87.

mehr allein ihrer natürlichen Gutherzigkeit zugeschrieben, mit der lange Zeit auch ihre ›weiblichen Schwächen‹ entschuldigt worden sind. Neuere Untersuchungen betonen ihre intellektuelle Selbständigkeit, die sich vor allem in ihrer klaren und entschiedenen, immer auf das Wesentliche gerichteten Sprache äußere.[177] Zweifellos bleibt sie in ihren Handlungen der mit Krieg und Politik befassten Männerwelt untergeordnet, ohne jedoch deshalb nur passiv oder reaktiv zu sein.

Ophelia scheint das schwächste Glied in der Kette der Menschen um Hamlet und die Erste zu sein, die unter der psychischen Belastung zusammenbricht. Viele Momente sind angeführt worden, um sie von ihrem ›Versagen‹ freizusprechen, vor allem ihre Abhängigkeiten als sehr junge Frau in einer von Männern vorgezeichneten hierarchischen Struktur ihrer Umgebung. Ophelia besitzt nicht Juliets psychische Stärke, um in ihrer schwierigen Situation das Richtige zu tun. Sie hat auch keine resolute Amme, erst recht keinen liebenden ›Romeo‹ an ihrer Seite. Ophelia ist allein, weit mehr isoliert als Hamlet, der wenigstens der Treue Horatios sicher sein kann. Sie verdient unsere Zuneigung und unsere Nachsicht am meisten.[178] – Bewertet man die Personen um König Claudius zusammen, dann kann ihnen das Urteil allerdings nicht erspart bleiben, sich dem Bösen verschrieben,

---

177 Carolyn Heilbrun zieht gegen die Interpretationen zu Felde, die bei Gertrude nicht mehr erkennen (wollen) als »weakness and lack of depth and vigorous intelligence«; die Autorin bezeichnet die Königin als eine »strong-minded, intelligent, succint, and, apart from this passion, sensible woman […], concise and pithy in speech, with a talent for seeing the essence of every situation presented before her eyes.« – Carolyn Heilbrun, »The Character of Hamlet's Mother«, in: *Hamlet*, New York 1963 (Signet Classic), S. 268.

178 Vgl. Epstein (Anm. 1), S. 332 f., die schreibt: »It is Ophelia, not Hamlet, who most commands our sympathy […]. Dutiful daughter and loyal mistress, she is torn between her allegiances to her father and her lover.« – Noch stärker wird Ophelia von Alan Posener entlastet, der sie als unschuldiges Objekt männlicher Abscheu sieht. – Vgl. Posener (Anm. 25), S. 85.

*Laurence Olivier als Hamlet in dem von ihm
inszenierten »Hamlet«-Film, 1948*

zumindest sich seinem Diktat widerstandslos unterworfen zu haben.[179] Ihr Tod ist unter diesem Gesichtspunkt folgerichtig und gibt Hamlet Recht. Wie so oft bei Shakespeare gehorcht ihr Abtreten aber auch der dramaturgischen Logik und der Anlageökonomie des Stückes.[180]

Und wie wird Hamlet selbst bewertet? Eigentlich macht er es den Interpreten leicht. Einer Statistik zufolge spricht Hamlet mit 1530 Zeilen beinahe dreimal so viel wie Claudius und gut viermal so viel wie Polonius.[181] Damit gibt er viel von sich preis. Entsprechend breit und differenziert sind auch die Einschätzungen seiner Person, und dennoch scheint sie sich eines abschließenden ›Urteils‹ zu entziehen. Das 18. Jahrhundert favorisierte Hamlet als todestrunkenen romantischen Helden. Für das 19. Jahrhundert war Hamlet der tiefgründige Denker, in negativer Betrachtungsweise ein Geisteskranker. So wurden im frühen 20. Jahrhundert, freudianisch beeinflusst, die neurotischen und krankhaft sexuellen Obsessionen (»Ödipus-Komplex«) in den Vordergrund des Hamlet-Verständnisses gerückt. Ab der Mitte unseres Jahrhunderts wurde Hamlet als der existentialistische Held gesehen, und dieses Bild prägt noch immer maßgeblich unsere heutige Sichtweise.[182] Jede Zeit aber hatte ihre Schwierigkeiten, und den angedeuteten ›gerundeten‹ Epochen-Bil-

---

179 An Ophelia wird dies ganz offenkundig: »Nevertheless her pitiable story suggests that weakwilled acquiescence is poisened by the evil to which it surrenders.« – *Shakespeare, Four Tragedies*, »Introduction« (Anm. 160), S. 6.

180 Dies hat Holger Klein sorgfältig herausgearbeitet: »Konstante Höflingsfiguren und Confidants bzw. Confidantes [...] würden das Stück nur noch verlängern [...]. Insofern kommt dem Konfigurationswechsel, den Claudius ständig durchmacht, große Bedeutung zu [...]. Indem die dem Zuschauer bekannten Figuren aus der Umgebung des Königs im mittleren Handlungsbogen nacheinander verschwinden, bleibt am Ende [...] tatsächlich ein anonymer Kreis von Leuten, die nur ›stumme Hörer dieser Handlung‹ sind.« – Klein (Anm. 156), S. 154 f.

181 Nach Epstein (Anm. 1), S. 335.

182 »existentialistisch« i. S. der französischen Existentialisten Jean-Paul Sartre und Albert Camus, die mit ihren Werken das moderne Denken entscheidend beeinflusst haben.

dern Hamlets stand und steht eine Vielzahl sehr individueller Deutungen seines Charakters und Wesens entgegen. Einige Zitate: »Hamlet ist das Genie schlechthin« (Schlegel); »Hamlet ist ein schönes, reines, edles, höchst moralisches Wesen« (Goethe); »Hamlet ist der Zuschauer seiner eigenen Tragödie« (Wilde); »Hamlet ist ein meuchelnder Schwächling« (Ludwig); »Hamlet ist wahnsinnig. Das Stück ist eine pathologische Studie« (Stern).[183] Sehr nüchtern und mit ›kollegialem‹ Scharfblick sah der irische Dramatiker George B. Shaw in Hamlet »a dozen characters rolled into one«[184] und beschrieb damit sehr plastisch, womit sich in dieser Figur Schauspieler und Regisseure, Theaterkritiker und Literaturwissenschaftler immer wieder konfrontiert sehen.

Alle Überlegungen zur Person Hamlets müssen sogleich auf das ganze Stück und seine mögliche Deutungsweise bezogen werden, die selbstverständlich über die dargestellten politischen Implikationen hinausgeht. Bei Shakespeares eigenem historisch-politischen Erfahrungsraum ist konkret nirgends anzusetzen.[185] Aus teilweise extremen Interpretations-Positionen zum *Hamlet* möchte ich auf zwei interessante Stellungnahmen kurz eingehen, die für die eigene Beschäftigung mit dem Stück weitere erkenntnisleitende Orientierung ermöglichen.[186]

Sehr reizvoll ist die bei Alan Posener zitierte Auslegung Detlef Brenneckes (1974), der dafür eintrat, Hamlet als »Tragödie der Vernunft« zu lesen, als einen »Beitrag zur Reflexion

183 Zitiert bei Reiner Poppe, *William Shakespeare, »Hamlet«*, Hollfeld ⁴1997, S. 57 f. Rezeptionsgeschichtliches zum *Hamlet*-Drama: s. Kapitel IV.

184 Zitiert in: Epstein (Anm. 1), S. 344.

185 Eine direkte Parallele zu Verhältnissen in England (Elisabeth I. oder James I.) ist aus den Beschreibungen der maroden Zustände im ›Staate Dänemarks‹ konkret keineswegs gegeben. Inwieweit der innere Konflikt Hamlets zu einem Teil auf den Grafen Essex im Zusammenhang mit dem Attentat auf Königin Elisabeth I. zurückgeführt werden kann, bleibt spekulativ. – Mit dieser Einschränkung ist die Relevanz der aufgegriffenen Ansätze (Krippendorf, Baumann) nicht aufgehoben.

186 Vgl. dazu Hans H. Rudnick, *Erläuterungen und Dokumente, William Shakespeare, »Hamlet«*, Stuttgart 1998 (RUB 8116).

über die Verantwortlichkeit der Intellektuellen.«[187] Mag das
ideologiekritische Moment des Jahres 1974 für unsere Gegenwart auch überholt sein – mir erscheint Brenneckes Ge-
danken-Ansatz ungebrochen aktuell, weil er eine Diskussion
zu Fragen anstößt, die wir uns stets neu vorlegen müssen.
Mit Blick auf den Theater-Betrieb der Shakespeare-Zeit und
auf das ›Spiel im Spiel‹ (II,2), das für viele Hamlet-Interpre-
ten zentrale Bedeutung hat, ist das Drama (nach Holger M. Klein) als »Spiegel und die abgekürzte Chronik des
Zeitalters und zugleich als eine Art Organon elisabethani-
scher Dramaturgie« zu verstehen. Diese Sichtweise ist gewissermaßen ›ideologiebefreit‹ und führt, bei präziser De-
tailanalyse und der Aufarbeitung außertextueller Bezüge,
zu einem distanzierten Hamlet-Bild.[188] Beiden Auffassun-
gen schließe ich eine dritte an, die so oder mit einem ähnlichen Wortlaut gern an das Ende von Betrachtungen zur
Gestalt Hamlets und damit zum Drama selbst gestellt wird
und die alles Gesagte relativiert: »He can be explained in
any way we choose – one reason, perhaps, why so many
people treat him less a character in a play than as a mirror
of themselves.«[189]

Othello, the Moor of Venice / Othello. Tragödie in 5 Akten.   Entstanden zwischen 1604 und 1606; in dieser Zeit
auch uraufgeführt. Wichtigste Quelle: Giovanni Batista Gi-
raldi Cinthio, *Hecatommithi* (1565), hundert Erzählungen,
die in einer französischen Übersetzung seit 1584 in England
bekannt waren. – Zugrunde liegender Text: William Shakespeare, *Othello*, übers. von Berthold Bieker [u. a.], hrsg. mit
Vorw., Nachw. und Erl. von Dieter Hamblock, Stuttgart
1976 (RUB 9830).

187 Detlef Brennecke, »Shakespeares *Hamlet*: Die Tragödie der Vernunft«, in:
    Shakespeare Jahrbuch (West) 1974, S. 201–206, zitiert in: Posener
    (Anm. 25), S. 125.
188 Klein (Anm. 156), S. 143.
189 McLeish/Unwin (Anm. 4), S. 47.

Auf den ersten Blick haben wir es in dieser Tragödie mit einer sehr privaten Geschichte zu tun. Es ist die alte Geschichte um Liebe und Hass: Ein junger Offizier (Iago), der sich von seinem Vorgesetzten (Othello) übergangen fühlt, sinnt dafür auf Rache. Othello, ein vornehmer venezianischer Mohr und General, ist mit der jungen Desdemona, der Tochter des Gouverneurs Brabantio, verheiratet. Auf sie haben auch andere ein Auge geworfen (Iago selbst und der einfältige Leichtfuß Roderigo). Obwohl Desdemona ihrem Mann nicht den geringsten Anlass bietet, an ihrer Liebe und Treue zu zweifeln, gelingt es Iago, Othellos Vertrauen in seine Frau durch kompromittierende Gerüchte, der von Othello geschätzte Offizier Cassio habe ein Verhältnis mit Desdemona, und Scheinbeweise derart zu erschüttern, dass der Mohr erst sie, dann sich selbst tötet. *Othello* ist eine dunkle, ergreifende Liebestragödie, die in der Bühnenliteratur der Welt nicht ihresgleichen hat.[190] Durch ihren privaten Charakter unterscheidet sie sich fundamental von der *Hamlet*-Tragödie, in der, so wurde ausgeführt, Historisch-Politisches konkreter und fassbarer anzutreffen ist, und auch von *King Lear* und *Macbeth*. Freilich beansprucht die Politik auch in *Othello* ihren Raum: Da ist Krieg zwischen Venedig und den Muselmanen; da sind Intrigen und Kämpfe um politische Ämter (Iago–Cassio); da ist soldatischer Alltag, und da ist das Gebot an den loyalen Gefolgsmann Othello, sein Privatleben stets den Staatspflichten unterzuordnen. Doch bleibt dies alles Hintergrund, Kulisse für einen Privatkrieg, den der eine aus dem Hinterhalt führt (Iago), ohne dass der andere, der im Rampenlicht öffentlichen Interesses steht (Othello), dies überhaupt bemerkt.[191]

---

190 »The play's visceral hold on an audience is unmatched in Shakespeare«, schreibt Epstein (Anm. 1), S. 372.

191 »His Venice and his Cyprus are without romance and without forgiveness«, lesen wir bei McLeish/Unwin (Anm. 4), S. 160. – Othello ist dem Zwang der Verhältnisse unterworfen, in die er durch seine Ehe mit Desdemona geraten ist. Venedig ist in Kriegsalarm versetzt. Othello bleibt kaum Zeit für sein Privatleben und wenig Gelegenheit, den Geschehnis-

Mit nur 15 Szenen ist die Tragödie um den Mohren-General Othello eines der szenisch am straffsten angelegten Bühnenwerke Shakespeares. Ihr auf kürzestem Wege zur Katastrophe führendes Geschehen übertrifft an dramatischer Konzentration noch die Komödie *A Midsummer Night's Dream*, deren verspielter, dennoch zielstrebig in die Ebene eines ›happy ending‹ gelenkter Aufbau als Beispiel kompositorischer Stringenz bereits hervorgehoben wurde. Sie übertrifft in dieser Hinsicht auch die Kompaktheit der anderen ›Tragödie des Bösen‹, des *Macbeth*. Atmosphärisch und sprachlich-strukturell sind beide einander in ihren durch Gegensätze bestimmten Ergänzungsmomenten des Lichten (Liebe, Vertrauen, Leben) und Düsteren (Hass, Hinterhalt, Tod), des Privaten und Öffentlichen, des Anmutigen und Hässlichen, des Guten und Bösen verwandt.[192] Die Welt ist nirgends aus einem Guss. Wie oft hat Shakespeare uns das gezeigt! Sie hat ihre Tag- und Nachtgesichter. Auch der Mensch hat sie, wie wir wissen, und es ist nicht immer leicht, das Richtige zu erkennen. In *A Midsummer Night's Dream* und in *Twelfth Night* haben sich das vergnüglich-diabolische Vexier- und fröhliche Verkleidungsspiel heiter aufgelöst, und jeder fand zu sich und zu dem Gesuchten. Nicht so in *Othello*. Der Mohr von Venedig kann Iago nicht durchschauen, er sieht nur ein Gesicht, das falsche. »I am not what I am« bekennt Iago in einer Art Selbstcharakteristik (I,1,65), in der er auf den wirklichen Iago anspielt, und später hören wir ihn sagen: »Men should be that they seem« (III,3,130). Erneut entgeht Othello

sen nahe zu sein, die sich während seiner Abwesenheit abspielen. Darauf baut Iago.

192 »Structured like a contrapuntal piece of music that harmoniously combines two opposing melodies, the play's plot *is* sensational – and, indeed, it seems more fitting for an opera which it became. Othello's speeches are pure music; his diction ornate and formal, but the play is also about ordinary men and women, and its opposing voice, as represented by Iago, is colloquial, obscene and knowing.« – Epstein (Anm. 1), S. 373.

Othello: Strukturbild

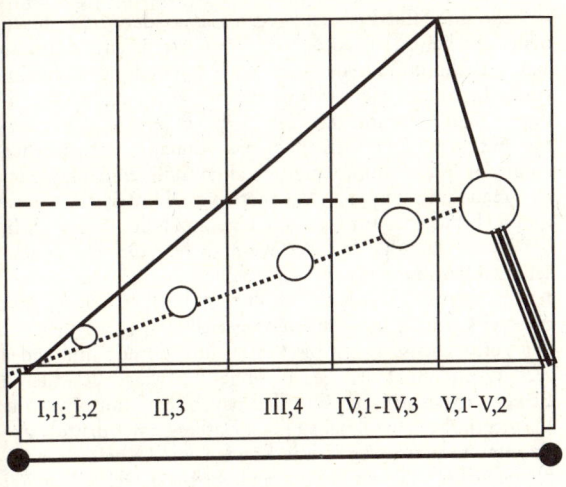

Venedig / Zypern

trotz seiner bestätigenden Wiederholung der in diesen Worten liegende Hintersinn.

In meinen Ausführungen zu *Othello* geht es vorrangig um die Kompositionsmerkmale, die ich, durch ein Strukturbild unterstützt, ausführlich erläutern möchte. Die Tragödie ist ohne Umwege auf den finalen Höhepunkt (Othellos Tod) hin angelegt. Die auffälligste Figur ist Iago, der Antagonist des Stückes, das nur deswegen *Othello* heißt, weil sich das eigentliche Drama in dem Titelhelden selbst abspielt, während Iagos verbrecherisches Handeln die Meilensteine des äußeren Geschehens setzt. Der Bauplan des Stückes nimmt sich schlicht aus. Er folgt geradlinig Iagos mörderischem Ziel. Die Tragödie beginnt mit einer niederträchtigen und beleidigenden Anschuldigung Iagos gegen Brabantio, gegen Othello und seine Frau und gegen Cassio, der jüngst in seinem Amt befördert worden ist. Vom ersten Augenblick an sind Othello und Desdemona den Unterstellungen und Intrigen Iagos ausgeliefert.[193] Sie können sich lediglich verteidigen; Iago bestimmt das Gesetz des Handelns. Über wenige markante Stationen treibt das dramatische Geschehen dann der Katastrophe entgegen. Die äußeren Stützpfeiler der Handlung sind die Momente von Hinterhalt, Verrat und mehrfachem Mord, die alle Iago zuzuschreiben sind. In die Zwischenräume fällt im Wesentlichen Othellos wachsendes Misstrauen gegenüber Desdemona und sein innerer Kampf gegen sich selbst. So füllt sich der Geschehensraum einerseits entlang einer aufwärts gerichteten Bewegung mit der Verbrechenschronik bis hin zu ihrem Ende und andererseits entlang einer gegenläufigen, abwärts gerichteten Bewegung, an der sich Othellos psychische und physische Vernichtung nachvollziehen lässt. Entlang einer dritten, horizontal ausgerichteten Linie können wir Othellos gleichbleibend hohe Meinung von Iago verfolgen, seine Naivität und Blindheit, die erst kurz vor dem Ende der Tragödie mit den beiden anderen Linien zusammenfällt. Der Schnittpunkt markiert Othellos Erkenntnis und seinen Zusammenbruch. Drei Gerichtsverhandlungen begleiten Othellos

---

193 »From the ugly start of the play, Othello and Desdemona have to prove the worth of their love in the face of preset attitudes against miscegenation.« – *Othello*, »Introduction«, New York 1988 (A Bantam Classic), S. 219.

Untergang. An allen ist er beteiligt. In der ersten muss er sich vor dem Senat in Venedig verantworten (I,3), in der zweiten ist er der Richter (II,3), in der dritten Ankläger und Richter in einer Person (V,2).

Folgen wir zunächst dem Kurs von Iagos Verbrechen. Die Tragödie beginnt mit einem Dialog zwischen dem verärgerten Iago und Roderigo. In diesem Dialog wird das Hass-Motiv offen gelegt (I,1,42) und die Absicht, Othello zu vernichten, wird entschlossen ausgesprochen. Iago hat sich offenbar schon einen Plan zurechtgelegt, den er unverzüglich auszuführen beginnt. Wie sich zeigen wird, basiert Iagos Vorgehen auf drei zutreffenden Annahmen: (1) Er weiß, dass er dem amtierenden General an Raffinesse überlegen ist. (2) Er kennt Othellos Unsicherheiten und seinen geheimen Komplex, die in seiner Herkunft und Hautfarbe begründet liegen. (3) Er kennt auch Othellos wundesten Punkt (Desdemona). Es ist sein erklärtes Ziel, Othello und Desdemona leiden zu sehen, ihre Ehe zu zerstören, ihr Leben auszulöschen. Seine Strategie ist bestechend klar. Selber, so ist sein Kalkül, muss er sich die Hände dabei nicht einmal schmutzig machen. Dass es dennoch passiert, gleich mehrfach, hat seinen Grund in Zufällen, die auch dieser kühl berechnende Intrigant nicht immer voraussehen kann. In Roderigo findet er seinen nützlichsten Handlanger.

Iago setzt seinen infamen Plan in mehreren Schritten und mit zunehmender Kaltblütigkeit in die Tat um. Er ist dabei erfolgreich, weil er sich ganz auf kleine, folgerichtige und äußerst wirkungsvolle Einzelaktionen konzentriert, und er profitiert von seinen mentalen Stärken, die darin liegen, abwarten zu können, das Richtige zum richtigen Zeitpunkt zu tun. Nur dadurch ist es möglich, dass er so lange nach Belieben schalten und walten kann, ohne das geringste Misstrauen zu erwecken. Selbstverständlich ist Iago auch deshalb im Vorteil, weil Othello ihn in keinem Moment entschlossen genug zur Rede stellt. Einmal, so scheint es, ist der Schurke durchschaut, als Brabantio ihm im Zusammenhang mit dem inszenierten nächtlichen Krawall ohne Um-

schweife sagt: »Thou art a villain« (I,1,117). Die Wahrheit
steht im Raum, doch sie bleibt für Iago vorerst folgenlos.
Mehr als eine vage Ahnung von dem wirklichen Charakter
Iagos scheint nur seine Frau Emilia zu haben, die erst zum
Schluss – zu spät für Desdemona und Othello – entschei-
dend in das Geschehen eingreift.[194]

Zunächst setzt Iago ein Gerücht über Cassios vermeint-
liches Verhältnis mit Desdemona in die Welt. Damit drängt
er Othello in die Defensive. Noch wichtiger ist, dass er damit einen ersten Stachel in dessen Fleisch setzt. In einem
zweiten Schritt benutzt er den von Othello wegen groben
Dienstvergehens suspendierten Cassio. Durch ihn, den er
als Bittsteller zu Desdemona schickt, erregt er Othellos ersten heftigen Verdacht, es könne an dem Gerücht etwas dran
sein (III,3,35 ff.). Ein Zufall kommt ihm zu Hilfe: Desdemonas Taschentuch, das Emilia ihm ahnungslos übergibt
(III,3,294–317). Dadurch kann Iago seinen nächsten Schritt
ausführen, der darin besteht, Othellos Misstrauen gegen
Desdemona zu schüren (III,3,326–329). Seine Rechnung
geht vollkommen auf. Othellos Zorn ergießt sich über die
absolut ahnungslose Desdemona (III,4,76 ff.). Beinahe ver-
wegen macht Iago dann Othello zum Zeugen seines Ge-
sprächs mit Cassio. Othello hört, was er hören soll
(IV,1,98 ff.). – Iago ist fast am Ziel (IV,1,166). Es ist nunmehr ein Leichtes für ihn, Othello davon zu überzeugen,
dass reiner Tisch gemacht werden müsse: Beide, Cassio und
Desdemona, sollen für ihren Verrat bezahlen. Wie sicher er
sich in dieser Situation fühlt, beweist sein Vorschlag an
Othello, er solle Desdemona im Bett erwürgen (IV,1,203);
er selbst werde Cassio übernehmen. Er bringt Othello dahin, die Beherrschung zu verlieren und seine Frau vor rang-

---

194 »Emilia has less power than almost anyone in the play – a fact which, paradoxically, gives her enormous moral authority.« – McLeish/Unwin
(Anm. 4), S. 159. – Leider wagt sie sich zu spät nach vorn. Sie teilt dieses
Versäumnis mit Othello: »Like Othello she offers atonement too late, by
denouncing her husband.« – *Othello* (Anm. 193), S. 228.

hohen Zeugen aus Venedig beschämend zu erniedrigen. Fast beiläufig beseitigt Iago nun den gefährlichsten Zeugen und lästigsten Konkurrenten aus dem Vorfeld, Cassio. Wiederum bedient sich Iago Roderigos für dieses, sein bisher schmutzigstes Verbrechen. Er setzt darauf, dass bei einem Hinterhalt beide getötet werden. Der Plan funktioniert nicht wie erwartet, und Iago muss erstmals selbst zum Mörder werden (V,1,60–65). Vom Folgenden her betrachtet, zeichnet sich hier eine Wende ab. Das Schicksal stellt sich gegen Iago. Wohl geht seine Rechnung noch einmal auf, und Othello tötet in verzweifelter Wut Desdemona (V,2,84), doch Iago selbst gerät auf vollkommen überraschende Weise in seine eigenen Fallstricke. Ausgerechnet Emilia bringt seine Verbrechen ans Licht, als sie die tote Desdemona sieht und schlagartig die Zusammenhänge erkennt (V,2,156 ff.). Iago ersticht Emilia (V,2,235 f.). Sie ist für ihn nicht mehr als ein weiteres Opfer am Rande.[195] Zweifellos hat er ihren Tod nicht geplant, aber es entspricht seinem verbrecherischen Charakter, dass er sie ohne Zögern ermordet, als er sich in die Enge getrieben fühlt. Als Iagos Urteil gesprochen wird, ist auch Othello tot. Er hat sich eine tödliche Verletzung beigebracht (V,2,239–357). Iagos Saat des Bösen ist aufgegangen.

Allein wegen ihrer seelenlosen Bösartigkeit sind die Zug um Zug vorbereiteten und ausgeführten Verbrechen Iagos bereits mehr als bemerkenswert. Sie werden an Wirkung in diesem Stück nur noch von seiner Fähigkeit übertroffen, die kriminellen Machenschaften bis zum Schluss meisterhaft zu verschleiern. Iago täuscht, lügt, schmeichelt, provoziert, macht behende Rückzieher (I,1,144 ff.), verhüllt Wahrheiten in Andeutungen und Doppeldeutigkeiten (II,1,100 ff.), spielt den Mitfühlenden und Besorgten, den Rücksichtsvollen und zur Mäßigung Mahnenden (III,3,340 ff.) nennt andererseits Dinge rücksichtslos beim Namen oder geht blitzschnell in die Offensive (IV,1,206), ganz wie es die jeweilige

---

195 »Her death-scene is one of the most touching in all Shakespeare«, befinden McLeish/Unwin (Anm. 4), S. 159.

Situation erfordert. Das Besondere daran ist, dass er sich
aus allen für ihn zuweilen prekär werdenden Situationen
hinauswinden, mit seiner Sicht und Darstellung der Dinge
stets überzeugen kann (IV,1,91 ff.). Dazu gehört zweifellos
ein hohes Maß an persönlicher Organisiertheit, Übersicht,
Menschenkenntnis und Intelligenz. Über dies alles verfügt
er, und er ist sich dieser Stärken vollkommen bewusst.[196]
Nichts hat mit ›Hexenkünsten‹ zu tun, alles Gelingen
schreibt Iago nicht ohne Eitelkeit seinem überlegenen Verstand zu. Sein stärkster Antrieb ist dabei der Hass
(I,3,365 ff.), für den sich aus dem verfolgbaren Geschehen
kein Grund zwingend ableiten lässt.[197]
Ich wende mich nunmehr der horizontal verlaufenden
zweiten Linie zu, Othellos »Vertrauenslinie« in Iago.
Warum durchschaut er dessen Machenschaften nicht und
warum hat er keinen Ansatzpunkt, die Planspiele zu durch-
kreuzen und ihn unschädlich zu machen? Warum, so muss
man fragen, hält er im Gegenteil unbeirrt an dem dunklen
›Ehrenmann‹ fest? Dafür sind zwei Hauptgründe verantwortlich. Othello ist ein Mann mit hohem Wahrheits- und
Gerechtigkeitsanspruch an sich selbst und andere. Tricks
und Finten liegen für ihn außerhalb jeder Vorstellung. Er ist
gewohnt, mit offenem Visier zu kämpfen und seinem Gegner in die Augen zu sehen. Als Soldat und Offizier genießt
er Respekt und Ansehen. Zu Recht ist er stolz darauf. Er
vergisst nie, woher er kommt und wer er ist (I,3,76 ff.).
Auch die anderen vergessen das nicht. Das wird aus einer
Äußerung des Dogen über Othello deutlich, in der jedoch
eine in Venedigs besseren Kreisen offenbar unterschwellig
vorhandene rassistische Grundhaltung mitschwingt: »Your

---

196 »And of course, Iago is Shakespeare's ultimate villain«, schreibt der zuvor
      bereits zitierte Joseph Papp, »that fiendishly smooth serpent of a man. I
      see him as a graceful, slender, elegant type, sophisticated, and, like Rich-
      ard III, totally devoid of any moral sense.« – Papp, *Othello*, »Foreword«
      (Anm. 193), S. XVII.
197 »Hatred precedes any plausible motive in Iago, and ultimately does not
      depend on psychological causability.« – *Othello* (Anm. 193), S. 222.

son-in-law is far more fair than black« (I,3,290). Solange man ihn an höchster Stelle so sieht, muss Othello nicht um seine Ehe fürchten, die der Gesellschaft ein Dorn im Auge ist. Genau darin liegt der zweite Grund für Othellos Blindheit gegenüber Iago. In der weißen Mehrheitsgesellschaft Venedigs durch militärische Verdienste aufgestiegen, kompensiert Othello seinen Makel, ein Schwarzer zu sein, und seine beinahe pathologische Angst um den Bestand seiner Ehe durch die Rückversicherung bei einem seiner fähigsten, in allen Schlachten bewährten und zuverlässigen Mitstreiter, bei Iago. Insgeheim mag er fürchten, dieser könne ihm Desdemona streitig machen. Aber nicht Iago, sondern ein anderer bricht vermeintlich in seine Ehe ein. Es ist psychologisch verständlich, dass Othello sich an einen Gewährsmann klammert, nicht ahnend, dass dieser der eigentliche Ausgangspunkt für das sich abzeichnende Verhängnis ist. Je mehr ›Beweise‹ für Desdemonas ›Schuld‹ offenkundig werden, desto stärker wird Othellos Abhängigkeit vom Urteil Iagos (»Othello: I am bound to thee for ever« – III,3,218). Othellos Vertrauen in diesen Mann, dessen Hass er nicht ahnt und für dessen Doppelspiel er blind ist, bleibt fast bis zum letzten Moment ungebrochen. Wie Glieder einer Kette reihen sich seine Irrtümer aneinander. Er vertraut während seiner Abwesenheit Desdemona der Obhut Iagos an (I,3,294 f.); nach dem nächtlichen Aufruhr überträgt er ihm die Vollmacht, in der Stadt für Ruhe zu sorgen (II,3,247); er setzt ihn als Spitzel auf Desdemona an (III,3,243–245); er macht ihn gar zu seinem persönlichen Vertrauten und Ratgeber (IV,1,166). Stets zollt Othello ihm Lob und Anerkennung. In jedem Zusammentreffen, auch im Gespräch mit anderen, nennt er ihn »honest«, »good« oder gar »wise« (I,3,294; II,1,207; II,3,6; II,3,168; II,3,237; III,3,262; IV,1,74; V,1,31; V,2,155). Als er die Wahrheit erfährt, kehren sich seine Gefühle für Iago in nahezu ungläubiges Staunen, aber auch in tiefen Hass um.
Othello und Desdemona sind ein (fast) ideales Paar. Für sie spielen Herkunfts- und Standesunterschiede keine Rolle. In

Liebe und Treue aufrichtig verbunden, bezeugen sie auch in
ihrer menschlichen Achtung voreinander und ihrer Unvor-
eingenommenheit gegenüber Dritten vorbildliche Charaktereigenschaften. Leider sind sie zu gut und zu schwach für
die sie umgebende Welt und haben die Hypothek einer Ehe
vor der Gesellschaft zu tragen, in der beide stigmatisiert
sind, Othello wegen seiner Hautfarbe und Desdemona, weil
sie ihn geheiratet hat. Dazu gehören Mut und Naivität,
denn immerhin ist sie die Tochter eines Gouverneurs. Desdemona steht ohne jedes Wanken zu ihrer Entscheidung.
Demütig und nachsichtig erträgt sie Othellos Verdacht und
seinen Zorn, von dem sie überrascht wird. Sie hofft inständig, dass er sich besinnt (III,4,161). Da sie es in der Männerwelt aber nicht gewohnt ist, sich zu widersetzen[198], fügt sie
sich schließlich ergeben in das ihr Zugedachte, als sie erkennen muss, dass in Othellos kranker Phantasie ihr Tod bereits unausweichlich beschlossen ist.[199] Seine Minderwertig-
keitskomplexe finden eine zusätzliche Triebfeder in dem
ihm eigenen hölzernen Stolz und unebenen Temperament,
die es ihm unmöglich machen, seine aufkommenden Eifer-
suchtsgefühle zu beherrschen. Die fatale Kombination aus
Passivität und Hingabe (Desdemona), aus Hilflosigkeit und
Unbeherrschtheit (Othello) macht beide zu leichten Opfern
für Iago, dessen Gerissenheit und böser Intelligenz sie hoffnungslos unterlegen sind. Mit Othellos wachsendem Misstrauen wird beiden jeglicher Boden unter den Füßen entzogen.[200]
Othellos Reaktionen gegenüber seiner Frau sind völlig entgegengesetzt zu denen gegenüber Iago, wie die dritte Linie

---

198 Desdemona wird als »the most domestic of Shakespeare's tragic heroines«
angesehen. – *Othello* (Anm. 193), S. 225.

199 Hier haben wir es mit einer Parallelsituation zu Hamlets negativer Beur-
teilung seiner Mutter und Ophelias zu tun: auch Othello sieht in Desdemona die Hure. – Vgl. Posener (Anm. 25), S. 80.

200 »As a romantic idealist with a trusting nature, he has little knowledge of
sin. He places all his faith in Desdemona, and when she falls in his eyes,
his entire world falls with her.« – Epstein (Anm. 1), S. 375.

des Schaubildes zeigt. In dem Maße wie er Iago das uneingeschränkte Vertrauen schenkt, verliert er es in die Treue und Verlässlichkeit seiner Frau. Sein Vertrauensschwund spiegelt sich in drei unterschiedlich ausgeprägten Stadien seines Verhaltens wider: im Blindwerden für die Wirklichkeit und Wahrheit (III,3,91–93; III,4,47 ff.), in der gedanklich vorweggenommenen Verurteilung Desdemonas (IV,1,199), in der Gewalt gegen sie und schließlich im tatsächlichen Vollstrecken eines ihm gerecht und notwendig erscheinenden Urteils (IV,1,235 f.; V,2). Vertrauensschwund und immer bedrohlicher werdender Wirklichkeitsverlust – auch an Othellos Sprache sind sie zu erkennen.[201] Seine anfänglich gesetzte und beherrschte Diktion zerfällt mehr und mehr in Fragmente des Fluchens und Klagens, verflacht stellenweise zu einem ihm und seiner Frau unwürdigen Niveau. »Who can control his fate?« (V,2,266) – in diesem verzweifelten Ausruf fasst Othello zusammen, in welches Dilemma er mit sich und der Welt geraten ist. Er fühlt sich vom Schicksal verraten. Glaubwürdig spricht er am Ende des Stückes seinen Schmerz und seine innere Zerrissenheit gegenüber Lodovico aus: »Then must you speak / Of one that lov'd not wisely, but too well; / Of one not easily jealous, but being wrought, / Perplex'd in the extreme; of one whose hand, / Like the base Indian, threw a pearl away / Richer than all his tribe: of one whose subdued eyes / Albeit unused to the melting mood, / Drops tears as fast as the Arabian trees / Their medicinale gum« (V,2,344–352). – Die Worte kommen in ihrer Schönheit und Schlichtheit jenen gleich, mit denen er anfangs vor dem Senat Venedigs sein Leben und seine Liebe zu Desdemona geschildert hatte.[202]

Die drei Gerichtsurteile setzen bedeutsame Akzente in diesem Geschehen, in dem Recht und gerechte Entscheidun-

---

201 »Othello's downfall is measured not so much by what happens to him as by what happens to his language.« – Epstein (Anm. 1), S. 374.

202 Den sprachlichen Schönheiten (in Othellos und Desdemonas Gedanken und Reden etwa) kann nicht weiter nachgegangen werden.

gen von Unrecht und ungerechter Verurteilung verdrängt
werden. In der ersten Gerichtsszene wird noch Recht gesprochen. Othello und Desdemona werden angehört, und
der gegen sie erhobene Vorwurf bricht in sich zusammen.
Doch es ist zu erkennen, dass die private Angelegenheit
deutlich überlagert ist von einer den ganzen Staat betreffenden und demzufolge wichtigeren Nachricht über einen drohenden Türkenangriff. Von daher hält man sich nicht lange
mit Brabantios Ruf nach Genugtuung auf. Als sie erreicht
scheint, wendet man sich dem bedeutsameren Thema zu. In
dieser Situation wird versäumt, den Motiven Iagos für die
Anschuldigungen genauer nachzugehen und ihn deutlicher
in seine Schranken zu weisen.[203] – Othellos Urteil gegen
Cassio in der zweiten Gerichtsszene steht bereits nicht
mehr auf dem Boden der Gerechtigkeit. Der verdiente Offizier hat keine Chance. Zwar spricht Othello sein Urteil mit
Bedauern aus (II,3,239 f.), aber es ist ein Fehlurteil, denn
der Drahtzieher, den das Urteil eigentlich treffen müsste,
gerät nicht einmal in sein Blickfeld. Dieses blinde Urteil gegen Cassio nimmt das dritte voraus. – In Desdemonas Verurteilung und der Urteilsvollstreckung hat Othellos Blindheit ihr letztes, von Iago folgerichtig inszeniertes Stadium
erreicht.[204] Diese dritte Gerichtsszene und der Selbstmord
Othellos beschließen die Abfolge der krankhaften Nach-
stellungen, ungerechtfertigten Verdächtigungen und Verur-
teilungen und leiten ein neues Kapitel ein, in dem nunmehr
Cassio das Sagen hat (V,2,331 ff.).
Hat Shakespeare mit diesem traurigen ›Kammerspiel‹ wirk-

---

203 Allzu unbehelligt kann sich Iago aus dem Prozess entfernen, den er in
   Gang gebracht hat. Die Gründe liegen auf der Hand: Shakespeare setzt
   ihn in seiner Umgebung keinem Verdacht aus, um den verbrecherischen
   Wirkungskreis nicht einzuengen. Dramaturgisch würde dadurch nicht
   mehr erreicht als eine Verkomplizierung der Verhältnisse durch die Einführung eines zusätzlichen Sub-plots.
204 »Iago knows that he must persuade Othello to sentence and execute Desdemona himself, for only by active commitment to evil will Othello
   damn himself.« – *Othello* (Anm. 193), S. 227.

lich nur die Psychogramme zweier unterschiedlicher Männer zeichnen wollen, zweier Psychopathen, die in ihrer Gegensätzlichkeit einander so ähnlich und darum bis in ihren Untergang hinein unauflösbar miteinander verbunden sind? Selbst wenn es ihm darauf angekommen ist, einmal mehr die Bandbreite menschlichen Verhaltens auszuleuchten,[205] so deuten Anlage und Themen des Stückes auf eine tiefer liegende gesellschaftsbezogene Problemstellung, auf die Frage des Umgangs mit Außenseitern und Minderheiten.[206] Das Thema geriet schon einmal in unseren Fokus: In *The Merchant of Venice* lassen Angehörige der etablierten christlichen Mehrheit einen Juden über die Klinge springen. Ganz Ähnliches geschieht in *Othello*: Venedig sieht zu, wie ein Schwarzer vor die Hunde geht, und keiner rührt einen Finger. Es drängt sich der Verdacht auf, genau das habe man beabsichtigt. Ich möchte diesen Gedanken in einige Fragen kleiden, die sich aus den dargestellten Zusammenhängen ergeben. Warum wird Cassio nach Othellos Tod ganz nach oben befördert? Will man endlich, wenigstens nachträglich demonstrieren, wer eigentlich Brabantios Schwiegersohn gewesen sein sollte? Warum schützt niemand Othello, der so viel für Venedig geleistet hat, vor sich selbst, und warum unterbindet niemand sein Wüten, ohne ihn ins eigene Messer laufen zu lassen? Warum verhindert man nicht Desdemonas Tod? Nimmt man ihn gar billigend in Kauf als Strafe für ihr Fehlverhalten, Othello geheiratet zu haben? Will die Stadt sich reinwaschen von einem Iago, den sie hervorgebracht und der sein (ihr) Werk vollendet hat? Iago selbst verweigert jeden Kommentar: »Demand me nothing, what you know, you know« (V,2,304). Was weiß er, und worüber schweigt er sich aus?

---

205 »To all these characters Shakespeare brings his amazing power of perception as he examines a variety of human natures […]. There is nothing in Shakespeare that isn't within the realm of human possibility.« – Papp (Anm. 196), S. XVIII.

206 Vgl. zu diesem Fragekomplex: Martin Orkin, »*Othello* and the ›Plain Face of Racism‹«, in: *Shakespeare Quarterly* 38 (1987), S. 166–188.

Die These scheint vertretbar, dass in diesem gleichgültigen und gnadenlosen Venedig, in dem so vieles an Fragwürdigem unentdeckt im Dunkel der Nacht geschieht und wo der Aufklärungsbedarf gering, der Gedanke an Folter und Vergeltung hingegen übermächtig ist, der Tod des schwarzen Othello nur wenig Bedeutung hat.[207] Welche Gesellschaft aber bildet Shakespeare ab? Immer nur die eigene, und die war zu einem großen Teil selbstgefällig, bigott und wenig einfühlsam.[208]

King Lear / König Lear. Tragödie in 5 Akten.   Entstanden 1605/06; uraufgeführt 1606 in London. Hauptquelle: Raphael Holinshed, *Chronicles of England, Scotland and Ireland* (1587). Weitere *Lear*-Fassungen aus der Tudor-Zeit sind wahrscheinlich. – Zugrunde liegender Text: William Shakespeare, *King Lear / König Lear*, übers. von Raimund Borgmeier [u. a.], hrsg. von Raimund Borgmeier und Barbara Puschmann-Nalenz, Stuttgart 1973 (RUB 9444).

Kann es noch eine Steigerung des Bösen, der Verirrung und des Leids geben? Die Antwort gibt *King Lear*, die erschütterndste aller Shakespeare-Tragödien, die übereinstimmend als ein »Meisterwerk von singulärer Größe« bezeichnet wird.[209] Ich nähere mich ihr in drei ›Anläufen‹: (1) in einer knappen Inhalts- und Strukturübersicht; (2) mit einer grafisch unterstützten Analyse der Figuren und ihrer Beziehungen; (3) in einer ausführlicheren Interpretation des Nar-

---

207 In der von Shakespeare herangezogenen Erzählung des G. B. G. Cinthio (S. 160) wird aus dem anerkannten und beliebten Mohr ein grausamer Rächer und Mörder an seiner Frau, der seine Tat bestreitet und sie auch unter Folterqualen nicht gesteht. Desdemonas Familienangehörige rächen ihren Tod.

208 Vgl. John A. Guy, *Tudor England*, Oxford 1988; Ulrich Suerbaum (Anm. 129).

209 Theoderich Kampmann, zitiert bei Edgar Neis, *William Shakespeare, »King Lear« / »Der Sturm«*, 7., überarb. Aufl., Hollfeld 1998, S. 92.

King Lear: Personengefüge

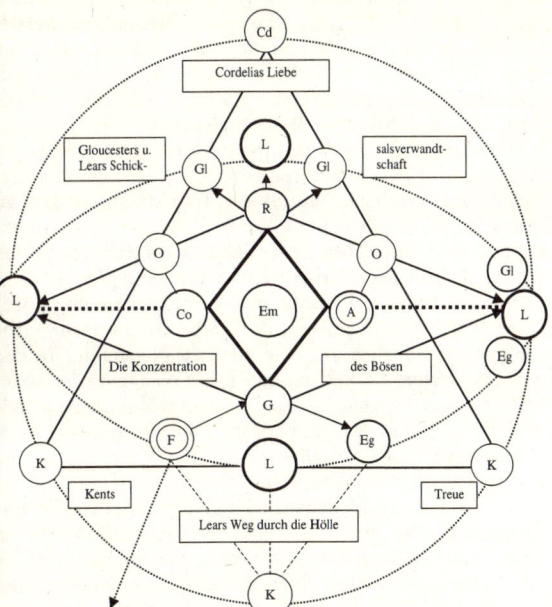

ren (Lear's Fool) und seiner zentralen Rolle in der Tragödie.
Ich möchte dieses Vorgehen begründen:

Die Tragödie *King Lear* ist so detailreich, so verzweigt und
gedanklich verdichtet, dass ich meine Ausführungen auf einige Gesichtspunkte beschränken muss. Überflüssig zu betonen, warum gerade dieses gewaltige Bühnenstück der
wiederholten und ins Detail gehenden Lektüre bedarf. Eine
geraffte Inhaltsangabe soll die wesentlichen Aufbaulinien

des Bühnenstückes – das Zusammenspiel von Haupthandlung (Lear) und Nebenhandlung (Gloucester) – transparent machen. Ihr Zweck ist, dem Leser zu einem ersten ›Verstehen‹ zu verhelfen. – Es gibt nur wenige Schauspiele von Shakespeare mit einer derartigen Fülle an zentralen Figuren, wie sie im *Lear* anzutreffen sind. Durch die ›optische Analyse‹ (S. 175) soll ihr komplexes Beziehungsgefüge strukturiert in den Wahrnehmungshorizont des Lesers gerückt und für das Lesen ›fokussiert‹ werden. Die Erläuterungen zu einzelnen Figuren der Tragödie, besonders zu ihrer dramaturgischen Funktion, habe ich auf das ›Unentbehrliche‹ reduziert. Mit dieser Skizze wird nach den beiden an anderer Stelle eingearbeiteten Schaubildern (*The Sonnets, Othello*) eine dritte Variante zur »Elementarisierung poetischer Strukturen«[210] vorgestellt. – Schwerpunktmäßig gehe ich dann ausführlich auf eine zentrale Nebenfigur in den hier erläuterten Werken ein, auf Lears *Fool*, eine der ungewöhnlichsten Figuren in dem an Ungewöhnlichem so reichen Stück. Wenn das Licht auf ihn fällt, muss es auch noch einmal auf König Lear fallen, denn eine Wegstrecke lang ist der eine des anderen Schatten.

Auch wenn der große deutsche Dramatiker Gerhart Hauptmann sagt, dass (ihm) Handlung nicht das Wesentliche im Drama sei (»Was man der Handlung gibt, nimmt man den Charakteren«), möchte ich an und mit Shakespeare widersprechen, in dessen Bühnenstücken ›Handlung‹ stets wichtig ist, freilich auch dort nicht vorrangig um einer oberflächlichen Spannung willen: Lear, König von Britannien, will sein Königreich unter seinen drei Töchtern Goneril, Regan und Cordelia aufteilen. Entscheidend für den Anteil, den jede erhalten soll, ist die dem Vater erwiesene Liebe. Die

---

210 Vgl. Johann Bauer, »Das Problem des Elementarisierens von poetischen Strukturen im literarischen Unterricht am Beispiel von Diagrammen«, in: Ursula Walz (Hrsg.), *Literaturunterricht in der Sekundarstufe*, Stuttgart 1970, S. 89–114, oder Martin Hussong / Arthur Schütt / Brigitte Stuflesser, *Textanalyse optisch*, Düsseldorf 1971.

König Lear verstößt seine Tochter Cordelia.
Gemälde von Johann Heinrich Füssli, 1795

älteren, Goneril und Regan, schmeicheln dem Vater, die jüngste, Cordelia, äußert ihre Liebe nur in schlichten, aber ehrlichen Worten. Erbost über die ›Undankbarkeit‹ der von ihm besonders geliebten jüngsten Tochter schickt Lear diese nach Frankreich und verteilt das Erbe an die beiden anderen. Der Lear treu ergebene Kent versucht zu intervenieren und wird ebenfalls verbannt (I,1). Cordelia, die u. a. von dem französischen König umworben wird, verlässt Britannien. Als Gemahlin des französischen Königs wird sie später mit einem Heer in ihre Heimat zurückkehren.

Schon bald bekommt Lear zu spüren, wer seine beiden älteren Töchter in Wirklichkeit sind. Beide wollen ihrem alten Vater das Leben zur Hölle machen. Sie werden darin von Oswald, dem Hofmeister, unterstützt. – Als Diener verkleidet kommt Kent an den Hof Lears zurück. Er wird nicht erkannt, aber eingestellt. – Gonerils und Regans Pläne laufen derweil auf die vollständige Erniedrigung des Vaters hinaus. Ihre Männer, die Herzöge Albany und Cornwall, setzen dem nichts entgegen. Der Narr durchschaut die Zusammenhänge. Er hält seinem König einen Spiegel vor, doch dieser ist unfähig, die Wirklichkeit zu erkennen (I,4).

Der alte Gloucester wird von seinem unehelichen Sohn Edmund, den Neid und Eifersucht, Hass und die Lust auf das Böse antreiben, dazu gebracht, den leiblichen Sohn Edgar zu verjagen und ein Kopfgeld auf ihn auszusetzen (II,1). Der Vertriebene versteckt sich in einer einsamen Heidehütte in der Verkleidung eines lumpigen Bettlers (»poor Tom«), um sich seinen Verfolgern zu entziehen. – König Lear ist verzweifelt über die Hartherzigkeit seiner Töchter und seinen Irrtum, gerade das beste Kind verstoßen zu haben. Sein Gemüt verdunkelt sich. In einem tosenden Unwetter irrt er durch die Heide (III,2). Nur sein Narr (und in entscheidenden Augenblicken immer wieder Kent) ist bei ihm. Sie finden in der einsamen Hütte Zuflucht. – Gloucester äußert sich gegenüber seiner Familie mitfühlend über das Schicksal Lears. Trotz der allgemein verhängten Strafandrohung will er dem alten König helfen (III,3). Tatsächlich kann er ihn in Sicherheit bringen. Lear ist nun dem Wahnsinn nahe. Als die Nachricht gebracht wird, dass seine beiden Töchter ihn töten lassen wollen, folgt ein rascher Aufbruch nach Dover, wo auch die Landung des von Cordelia angeführten Franzosenheeres erwartet wird (III,6). – Gloucester, der während seiner Abwesenheit von Edmund des Hochverrats bezichtigt worden ist, wird von Cornwall gefangen genommen, geblendet und verjagt (III,7). – Von einem treuen Diener wird Gloucester zu Edgar geführt, der allein in der Heidehütte zurückgeblieben ist. Er gibt sich seinem Vater nicht zu erkennen, obwohl er schwer getroffen ist über das Verbrechen, das man an dem alten Mann verübt hat. Gloucester möchte von Edgar nach Dover begleitet werden (IV,1). Der Geblendete, der sich und seine Fehler zutiefst bereut, will sich von einer Klippe ins Meer stürzen.

Das französische Heer ist gelandet, und Kent informiert Cordelia über den Zustand ihres Vaters (IV,3). Sie setzt alles daran, seine Gesundheit wieder herzustellen (IV,4). – Durch eine List kann Edgar den Selbstmord seines Vaters verhindern. Für Augenblicke nimmt Lear die Anwesenheit Gloucesters wahr (IV,6,96). – Durch Cordelias unermüdliche Fürsorge wird Lears Geist allmählich wieder klarer, aber er ist zu schwach, um alles um sich herum richtig zu verarbeiten (VI,7). – Cornwall, Edmund und Albany besiegen das Franzosenheer. Cordelia und auch ihr Vater geraten in Gefangenschaft. Lear, wieder gesundet, ist froh und dankbar, dass seine Tochter bei ihm ist, auch wenn die Umstände alles andere als Glück verheißend sind. – Um Edmund für sich allein zu haben und das Aufdecken ihres mit ihm begangenen Ehebruchs zu vereiteln, vergiftet Goneril ihre Schwester Regan. Edmund fällt im Kampf gegen Edgar. Als alles zusammenbricht, nimmt sich auch Goneril das Leben. Der noch bestehende Mordauftrag an Lear und Cordelia wird aufgehoben, doch für Lears jüngste Tochter kommt der Gegenbefehl zu spät. Das Urteil an ihr wird vollstreckt. Aus Gram über den durch ihn mitverschuldeten Tod seiner geliebten Tochter erleidet Lear einen Herzanfall und stirbt (V,3). – Kent und Edgar stehen nun an der Spitze eines zerrissenen Landes, dessen Geschicke eigentlich Gonerils Mann Albany lenken soll. Als Beteiligter an den Verbrechen, die an Lear und Gloucester verübt worden sind, fühlt er sich dazu nicht berufen. Er verzichtet auf Ämter und Ehren. So wird nur einer für die schwere Führungsaufgabe übrig bleiben, Edgar. Kent hält seinem Herrn und König im Tod die Treue und ist bereit, ihm zu folgen.

Es bieten sich mehrere Möglichkeiten an, die Figuren der Tragödie übersichtlich zu gruppieren und dadurch in ihrer dramaturgischen Funktion genauer zu bestimmen. Man könnte drei ›Kerngruppen‹ unterscheiden, die jedoch nicht in trennscharfer Abgrenzung nebeneinander zu sehen sind: Die Hauptfiguren Lear, Gloucester und ihre Töchter/Söhne, als wichtige Nebenfiguren Albany, Cornwall, Kent, Narr und Oswald – schließlich die weniger wichtigen Nebenfiguren. Plausibel ist auch eine Unterscheidung nach mehr ›aktiven‹ und ›passiven‹ Figuren. Denkbar wäre die Gruppierung nach Schicksalen oder Charaktereigenschaften – die Ausgestoßenen (Kent, Cordelia, Edgar), die ›Irren‹ (Lear, Narr), die von einem ähnlichen Schicksal Gezeichneten (Lear, Gloucester), die Missbrauchten (Cornwall, Albany), die gegensätzlichen Schwestern (Cordelia, Goneril, Regan) und Brüder (Edmund, Edgar). Inzwischen ist als vierte Variante üblich geworden, die Personen in eine Gruppe der »Guten« und eine der »Bösen« einzuteilen, weil nirgends sonst bei Shakespeare ein gegensätzliches Personengefüge derart augenfällig wird wie in *King Lear*.[211] Dadurch werden bestehende Verbindungen zwischen Angehörigen beider Gruppen nicht aufgehoben. In meiner Skizze greife ich diese allgemein akzeptierte Einteilung auf.

Zu den Guten müssen im »poetischen Wertsystem des Stückes«[212] Albany, Cordelia, Edgar, Gloucester, Kent und King Lear mit ihren Getreuen gerechnet werden. Auf der Gegenseite befinden sich Cornwall, Edmund, Goneril, Oswald und Regan mit ihren Helfern. Das zahlenmäßige Übergewicht der Guten wird durch den König von Frankreich noch konkret verstärkt. (Ganz Ähnliches, so wird zu sehen sein, geschieht in *Macbeth* durch die Koalition der Edelleute um den designierten Schottenkönig Malcolm mit dem ruhmreichen englischen König Edward »dem Bekenner«.) Ich stelle nunmehr die einzelnen Figuren unter ein knappes ›Blitzlicht‹, ausgenommen King Lear, dem ich mich weiter unten zuwende:

---

211 Raimund Borgmeier, »Nachwort« in William Shakespeare, *King Lear / König Lear*, Stuttgart 1973 (RUB 9444), S. 256.
212 Ebd., S. 266.

– Albany (in der Skizze mit A gekennzeichnet) paktiert militärisch mit den finsteren Kräften. Er ist seiner Frau an Entschlossenheit deutlich unterlegen. Moralisch jedoch steht er mehrere Stufen über ihr. Zu schwach, die Verbrechen zu verhindern, ist er mutig genug, seine gegenteilige Meinung offen auszusprechen. Er verurteilt die Handlungsweise der für Gloucesters Blendung Verantwortlichen. Als Überlebender ist er Kronzeuge der Verbrechen und wird mithelfen, aus den Trümmern ein neues Reich entstehen zu lassen (IV,2,29–97; V,3,295–304).

– Nicht mehr als 100 Zeilen hat Cordelia (Cd) in der Tragödie zu sprechen, dennoch wird sie als eine der reifsten und bedeutendsten weiblichen Gestalten Shakespeares angesehen. Sie scheint kindlich und naiv, als sie ihrem Vater so wenig Schmeichelhaftes zu sagen weiß. Es fehlt ihr aber keineswegs an Klarheit des Denkens, an Mut, Liebe und Leidenschaft. Ihre kontrollierte, doch auch herrische Natur zwingen sie in ihr eigenes Verhängnis, denn ihr Handeln ist beseelt von ihrem Drang nach Rache (I,1; V,3,3–7).

– Seinem Land (und König) treu ergeben, macht sich Edgar (Eg) geschickt die Strategien seines Bruders Edmund zu eigen: Klug verbirgt er sein wahres Ich. Er taucht ins Dunkle ab und nimmt eine neue Identität an, aber nur um hell und in seiner ganzen Integrität wieder ans Licht zu treten, als das Land ihn am dringendsten braucht (III,4,45 ff.; V,3,323–326).

– Gloucester (Gl) erreicht in seinem Leiden nicht die Größe Lears. Wie dieser trägt er aber schwer an seinen Fehlern. Früher als Lear erfasst der gemarterte und schwer geprüfte alte Mann die Wahrheit (I,2; II,1; III,3; III,4; III,6; III,7; IV,1–IV,6; V,2).[213]

– Kent (K) verkörpert den verlässlichen und aufrechten Gefolgsmann des Königs. Schattengleich ist er stets zur

---

213 »Lear achieves spiritual wisdom when he goes mad, Gloucester achieves spiritual vision when he is physically blinded.« – Shakespeare, *Four Tragedies* (Anm. 160), S. 405.

rechten Zeit an dessen Seite. Um sein Leben zu retten, aber auch um dem hilflosen Lear nahe zu sein, stellt er sein eigenes Ich zurück und nimmt Gefahren und Erniedrigungen auf sich. Kent ist das wichtigste Bindeglied zwischen Lear und Cordelia. Er ist eine der unauffälligsten, aber funktional bedeutsamsten Figuren der Tragödie (I,4,11–46; II,2,1 ff.; II,4,4 ff.; III,1,1 ff.; III,6; IV,7; V,3).

Im anderen Lager treffen wir auf Menschen, deren Leidenschaft und kriminelle Veranlagung sie aneinander ketten. Mit ihrem Hass und ihrer Gewissenlosigkeit gegen andere richten sie vielfaches menschliches Leid an und erschüttern die bestehende Ordnung. Sie bricht aber nicht gänzlich auseinander, vielmehr vernichten die von Bosheit und Zerstörungslust Getriebenen sich selbst.

– Cornwall (Co) besitzt nicht das Schurkenformat eines Edmund. Er ist der Schlächter, der primitive und brutale Gewaltmensch an der Seite der Planenden und Intrigierenden. Er findet den zu ihm passenden Tod, den sein Schwager Albany als gerecht und verdient bezeichnet (III,7,29 ff.).

– Edmund (Em) ist die düstere Hälfte des Brüder-Paares, ein Vollschurke, an dem bis zuletzt gewinnende Charakterzüge fehlen. Er hat nicht einmal ein wirkliches Motiv. Er ist die ›Drehscheibe des Bösen‹ in dieser Tragödie, der die Menschen für sich und seine Zwecke missbraucht und ausschaltet (I,2,45–191; II,1,15 ff.; III,1–27; III,5,2–23; V,1,1–39; V,3).

– Das weibliche Gegenstück zu Iago aus *Othello* ist Goneril (G). Sie ist triebhaft und hemmungslos böse. Ihr ungezügeltes Temperament, dem ihres Vaters vergleichbar, macht sie blind für jeden Maßstab. Treue und Aufrichtigkeit existieren nicht in ihrem Wertekatalog. Mit Edmund hintergeht sie schamlos ihren Mann und tötet die eigene Schwester, als diese den Treue- und Vertrauensbruch aufzudecken droht. Dem Wahnsinn, der sich in Lears Kopf austobt, gleicht der Hass in ihrem Herzen, der sie auf einer Stufe primitiver Unmenschlichkeit gefangen hält (I,1–I,4,23–27; IV,2,11–24; V,3,98).

– Gonerils Hofdiener Oswald (O) kann als charakter- und rückgratloser Parvenu bezeichnet werden. Er versteht es, sich in dem unübersichtlichen ›verminten Gelände‹ schadlos zu halten. Das vermag er durch Erfahrung, Instinkt und Intelligenz. Als Handlanger des Bösen ereilt ihn durch Edgars Schwert der Tod (IV,6,253).

– Regan (R) plant im Verborgenen. Anders als ihre impulsive Schwester handelt sie bewusster und kühler. Ihre Worte sind nie leicht zu deuten, ihr Tun ist wenig berechenbar. Sie stirbt, von ihrer Schwester vergiftet und von niemandem betrauert, einen elenden Tod, der ihrem Leben entspricht (I,1,69–76; II,1,119–128; III,7,4 ff.; V,1,5 ff.; V,3,70 ff.).

Ich komme an dieser Stelle zur Person des Narren (F) und in einer parallelen Betrachtung auch zu König Lear. Einige erläuternde Bemerkungen zur historischen Situation der ›Narren‹ als Angehörige gesellschaftlicher Randgruppen in England und zu ihrer Sonderrolle im Theater ihrer Zeit seien hier als kleiner Exkurs eingeschoben.[214]

Ungefähr ab der Mitte des 16. Jahrhunderts nahm in England die Zahl sozial Unterprivilegierter und Ausgestoßener drastisch zu. Mit Irren, Halbirren, Bettlern, von Krankheit Befallenen, Prostituierten, Kriminellen oder sozial anderweitig Abgerutschten konnte die damalige Gesellschaft nicht viel anfangen. Sie wurden als stigmatisierte Personen aus der Öffentlichkeit entfernt. Nur wenige dieser häufig von Natur aus entstellten, unverschuldet in Not und Elend geratenen, mit Füßen getretenen Randfiguren der Gesellschaft hatten das Glück, in eine bessere Lebenslage zu geraten. Selbst dort machte sie ihr Randstatus zu Spielbällen der Willkür jener, in deren Nähe sie sich aufhalten durften, für die sie kleine Arbeiten verrichteten, vor denen sie als komische Spaßmacher auftraten. Andererseits hatten sie, durch ihre Bedürftigkeit relativ geschützt, viele Bewegungs- und Entfaltungsmöglichkeiten, eben ihre ›Narrenfreiheit‹ im

214 Vgl. Posener (Anm. 25), S. 51–56.

Reden und Handeln. Unter ihnen hoben sich die wegen besonderer Fähigkeiten im Dienste des Königshauses stehenden, pfleglichst behandelten und hochprivilegierten Narren
als eine kleine, elitäre Gruppe ab.[215]

Narren gehören seit dem 12. Jahrhundert zu den Traditions-
figuren des englischen Theaters. Das elisabethanische Theater entwickelte zwei unterschiedliche Typen, den natürlichen Narren und eine stilisierte Kunstfigur. Shakespeares
Narren, für die er in Stratford und London lebende Beispiele in allen Schattierungen vorfand, fallen durch das Gewicht ihrer Rollen aus den für ›clowns‹ sonst üblichen Ver-
haltensschemata (erinnert sei an Feste aus *Twelfth Night*
oder auch an den Kobold Puck aus *A Midsummer Night's
Dream*, dem gewisse Züge eines Narren eigen sind). Der
namenlose Fool in *King Lear* ist der herausragendste Re-
präsentant aus Shakespeares Narren-Kosmos, indes weit
mehr ein Weiser als ein Narr, weit mehr ein lebensharter
Realist als ein gaukelnder und alberner Sprüche klopfender
›Pausenclown‹. In der Sekundärliteratur wird er als eine der
befremdlichsten Gestalten im Gesamtwerk Shakespeares
überhaupt eingestuft.[216]

Lears Narr ist plötzlich im Geschehen (I,4) und verschwindet aus ihm, als sei er vergessen worden (III,6). In den insgesamt fünf Szenen aber, in denen er auftritt, ist er neben
dem König die dominante Figur und bleibt als ein perma-
nenter Schatten auch dann noch präsent, als Lear ohne ihn
durch den Wahnsinn bis zur Erkenntnis gehen muss. Lear

---

215 Aufgestiegene Narren hatten ausgesorgt, wie man bei Norrie Epstein le-
     sen kann: »In life, the royal fool was clothed, fed, humored, and loved. In
     death, he was buried with touching solemnity.« – Epstein (Anm. 1),
     S. 414.
216 McLeish und Unwin bezeichnen den Narren als »one of Shakespeare's
     most haunted, derelict creations.« – Vgl. McLeish/Unwin (Anm. 4),
     S. 102. – Norrie Epstein schreibt: »Lear's Fool must be one of the oddest
     characters ever to make his way onto the Shakespearean stage. There's a
     curious, otherwordly quality about him, as if he had suddenly dropped
     into this bleak and cruel landscape, a fantastic figure in motley.« – Vgl.
     Epstein (Anm. 1), S. 409.

selbst ist es, der ihn in sehr ungehaltener Stimmung und offenbar mit seinem Latein am Ende auf die Bühne ruft. Der König, der sich des Respekts seiner Höflinge versichern möchte (und gleichzeitig eine Bestimmung seines eigenen Standortes einleitet), richtet an Oswald die Frage: »Who am I, sir?« (I,4,83). Oswald antwortet geschmeidig und ausweichend, keineswegs zu Lears Zufriedenheit. Ganz anders der Narr, der die im Raum stehende (und später noch einmal gestellte) Frage aufgreift. Mit einer an Verwegenheit grenzenden Offenheit nutzt er Lears wahrnehmbare Verunsicherung und feuert serienweise Wahrheiten auf ihn ab, hält ihm seine Dummheit und Blindheit vor, nennt ihn einen Narren, mit dem selbst er nicht tauschen möchte (I,4,104–111). Mehrfach droht ihm der König, dem die Äußerungen entschieden zu weit gehen, Strafen an. Er kann ihn damit nicht beeindrucken. Im Gegenteil: der Narr ruft sogar Kent auf, zu bezeugen, wie recht er hat (I,4,140–154). Goneril, die gekommen ist, um ihrem Vater einige seiner Rechte zu beschneiden, ist empört ob der losen Zunge des Narren (I,4,209). Auch sie hört wenig Freundliches über sich selbst (I,4,223–226). Kann Lear seinen Zorn gegenüber dem Narren noch in Grenzen halten, so kocht er bei den unverfrorenen Forderungen seiner Tochter über (I,4,284–298; 304–319). Im Abgang sucht der Narr – von Goneril mit »more knave than fool« beschimpft (I,4,324) – seinen König zu besänftigen, abermals mit einem deutlichen Hinweis, was jetzt eigentlich zu tun wäre: »A fox, when one has caught her, / And such a daughter, / Should sure to the slaughter« (I,4,327–331). – Schon mit dem ersten Auftreten des Narren wiederholt sich das Prinzip der vertauschten Rollen, das in *A Midsummer Night's Dream* und direkt vergleichbar in *Twelfth Night* angetroffen wurde. Nicht er ist der Narr; er ist nur »Lear's shadow« (I,4,239). Die Narrenkappe trägt der König, die er sich durch sein allzu naives Vertrauen in das Gute und durch seine blinden Entscheidungen zugunsten seiner beiden bösartigen und abgrundtief schlech-

ten Töchter selbst aufgesetzt hat.[217] – Mit Lear allein, setzt
der Narr im zweiten, sehr kurzen Auftritt seine auf Schock-
wirkung zielende Direkt-Strategie unbeirrt fort. Sein Re-
pertoire an Lebensweisheiten und Kalauern scheint uner-
schöpflich. Als er Lear prophezeit, dass ihm auch seine
zweite Tochter, auf die er zu diesem Zeitpunkt noch baut, in
den Rücken fallen wird, hat dieser Mühe seine Fassung zu
bewahren. Die Einschätzung des Narren (»She will taste as
like this as a crab does to a crab« – I,5,18) deckt sich mit den
Worten Regans »I'm made of that self metal as my sister«
(I,1,69). Lear hatte die Worte seiner Tochter nicht richtig gedeutet, und er versteht auch jetzt den Narren nicht. Allerdings merkt er, dass ihm die Dinge in seinem Kopf zu kreisen beginnen: »O! Let me not be mad, not mad, sweet
heaven; / Keep me in temper; I would not be mad!«
(I,5,47 f.). – In seinem nächsten Auftritt prophezeit der
Narr seinem König gnadenlos eine schwere Leidenszeit
(II,4,55 f.). Er hält guten Rat aber keineswegs zurück
(II,4,71 f.). »Winter« wird zum Schlüsselwort, mit dem der
Narr auf Lears fortgeschrittenes Leben und die ihn umgebende Kälte anspielt. Er warnt den König, ähnlich wie zuvor Kent, vor stürmischen Zeiten (II,4,80 f.). – Das vom
Narren Vorausgesagte ist eingetreten. Lear hat die Kon-
trolle über sich verloren; sein Wüten ist eine Parallele zu
dem der Elemente. Verzweifelt ruft er den Himmel an, den
Untergang der Welt zu beschleunigen. Doppeldeutig weist
der Narr sie beide gegenüber dem plötzlich auftauchenden
und nach ihrer Identität fragenden Kent aus: »A wise man
and a Fool« (III,2,40 f.). Die Rollen sind fast vertauscht; die
Situation lässt keinen Zweifel daran, wer eigentlich der
Weise und wer der Narr ist. Am Schluss dieser Szene setzt
der Narr zu einer großen Prophezeiung an, deren Wirklich-
keits- und Utopiegehalt sich die Waage halten: »When
priests are more in word than matter …« – »This prophecy

---

217 »The real fool, therefore, is Lear himself for having placed himself in
    their power.« – Shakespeare, *Four Tragedies* (Anm. 160), S. 403.

Merlin shall make; for I live before his time« (III,2,81–96).
Diese als eine närrisch-bittere Weissagung Merlins[218] ausgesprochene Umkehrung der Zeitverhältnisse und Alltagswel-
ten enthüllt das Grauen naher Verhängnisse. Sie ist ins
Leere gesprochen, denn Lear hört sie nicht und würde ihren
Sinn nicht verstehen können. Das Publikum jedoch weiß:
die Welt steht bereits Kopf. Im gemeinsamen Auftreten des
Narren, des verwirrten Lear und des als geistesgestörten
Bettler verkleideten Edgar zeigt dann die verkehrte Welt
ihre befremdliche ›Vollkommenheit‹.[219] – Der letzte Auftritt
des Narren steigert dieses Bild auf eine groteske Weise in einer gespielten Gerichtsszene, in der die Töchter Lears vor
ihren ›Richtern‹ (Lear, Narr, Edgar, Kent) stehen. Lear ist
nicht mehr zurechnungsfähig (III,6,85–87). Mit einer nur
scheinbar närrischen Sentenz verschwindet der Narr, der als
Mitbetroffener die geistige Umnachtung seines Königs vorausgesagt hat und ihn Schritt für Schritt ins Dunkle hinein begleitet hat,[220] für den Rest des Stückes von der Bühne
(III,6,88).
Warum muss der Narr gehen?
Dieser Frage, unendlich oft gestellt und sehr unterschiedlich
beantwortet, hänge ich eine Zusatzfrage an: Wann geht der
Narr? Der Zeitpunkt und die Umstände seines Verschwin-
dens aus dem Geschehen liefern uns den Schlüssel zu Antworten auf diese Fragen. Der Narr tritt in dem Augenblick
ab, als sein Herr und König den Gipfelpunkt seiner geistigen Umnachtung erreicht hat. Lear hat sich die Kleider vom
Leib gerissen (III,4,112). Zu seiner materiellen Mittellosig-

---

218 Zauberer und Prophet der Artusrunde.

219 »Edgars Auftreten bedeutet eine weitere persönliche Manifestation der
allgemeinen Unordnung und Verwirrung: wahnsinniger König, berufs-
mäßiger Narr, simulierender Idiot sind nun beisammen.« – Borgmeier
(Anm. 211), S. 264.

220 Für Norrie Epstein teilt nicht nur Gloucester, sondern auch der Narr
Lears Schicksal: »Instead of providing comic relief, the Fool acts as a one-
man chorus who comments on and observes Lears downfall. At the same
time, he also participates in, and is victim of, the same tragedy as his master.« – Epstein (Anm. 1), S. 410.

keit und geistig-seelischen Leere tritt nun die physische
Nacktheit. Er ist an einem Punkt der absoluten Deprava-
tion angelangt. Von hier aus macht Lear die ersten Schritte,
seine Identität neu zu entdecken. Die Rückkehr des Königs
in (eine erheblich veränderte) Realität vollzieht sich in mehreren Phasen, in denen sich sein Verstand allmählich wieder
ordnet.[221]

Lear tritt danach erst wieder, blumengeschmückt und eine
wahrhaft wunderliche Erscheinung, gegen Ende des IV. Aktes auf. In einer der großartigsten Szenen der Tragödie trifft
er auf den geblendeten Gloucester (IV,6,81 ff.). Scheinen
seine Reden Gloucester und Edgar auch bizarr und unver-
ständlich,[222] so nimmt ihn der Blinde doch als seinen alten
König wahr. Für den Zuschauer enthalten Lears Worte in-
dessen bereits mehr als nur einen Schimmer sich erneuern-
der Verstandesklarheit. Sie offenbaren einen Grad von
Welt- und Selbstverständnis, aus denen die Spuren geistiger
Verwirrtheit ihres Sprechers nahezu vollkommen getilgt
sind (»When the rain came to wet me / once …« – IV,6,102-
108). In seiner an Cordelia gerichteten Bitte um Geduld und
Nachsicht bestimmt Lear dann seinen geläuterten Zustand
(»forget and forgive: I am old and / foolish.« – IV,7,84 f.),
dem reife Selbsterkenntnis, Weisheit und Milde eigen sind.
Lears volle Verstandeskraft ist in dem Moment wieder hergestellt, als er seine ermordete Tochter Cordelia in den Ar-
men hält. Die alte unbeherrschte Natur scheint wieder
durchzubrechen: »Howl, howl, howl! O! you are men of
stones: / Had I your tongues and eyes, I'd use them so /

---

221 In der Schlussszene des IV. Aktes bereitet sich durch ›neue Kleider‹, die
Lear angelegt werden, über den äußeren auch der innere Wandel vor. Vgl.
IV,7,20–24.

222 »In einer eindrucksvollen Mischung aus Verwirrung und Einsicht«,
schreibt Raimund Borgmeier in seinem Nachwort zu der Tragödie, »gibt
Lear, der sich selbst als ›natural fool of fortune‹ bezeichnet, einen durch-
dringenden Kommentar zu den großen Themen des Stückes, vor allem:
Königstum, Selbsterkenntnis, Sexualität, Natur, Autorität, Leben und
Tod des Menschen.« – Borgmeier (Anm. 211), S. 267.

That heaven's vault should crack« (V,3,257–259). In seinem tiefsten Schmerz ist Lear allein mit sich und der Toten. Klaren Sinnes spricht er Worte aus, die schon aus einer anderen Welt kommen und vor denen die anderen verstummen.

In gänzlich rätselhaftem Bezug erwähnt Lear dann wieder seinen Narren: »And my poor fool is hang'd! No, no, no, life!« (V,3,305). Shakespeare hat ihn also keineswegs vergessen. Zwei Begründungen zum Verschwinden des Narren aus der Handlung erscheinen mir überzeugend. Die erste: Die Rolle des Narren und die Cordelias wurden von einer Person gespielt. Beide, so wird argumentiert, treten nie zusammen auf. Aber warum lässt Shakespeare dann den Narren nicht nach Cordelias Tod noch einmal leibhaftig erscheinen? Warum überträgt er ihm kein Schlusswort wie in *Twelfth Night*, wo der Narr Feste den Kehraus macht? Die auf der Hand liegende Erklärung zu fortgesetztem Fragen solcher Art ist, dass sich am Schluss dieser Tragödie jedes Narrenwort von selbst verbietet. – Zur zweiten Begründung: König Lear hat auf dem Weg durch die absolute Finsternis bis hin zum Erkennen den Narren als Wegbegleiter endgültig hinter sich gelassen; dessen Wiederauftreten wäre dramaturgisch widersinnig. Der Narr darf nur so lange existieren, wie er Lears zerrissener Gedankenwelt bis zu dessen totaler Gemütsverfinsterung eine Stimme geben muss. Als Lear aus der Umnachtung erwacht und sein gespaltenes Ich wieder eine Ganzheit geworden ist, bedarf es der Anwesenheit des Narren nicht länger. Dennoch: König Lear ist an allem gescheitert. Ist es seine Bestimmung, durch die innere und äußere Hölle zu gehen, um zu sich selbst zu finden? Vage nur deutet sich in Albanys Worten eine Rückkehr der Überlebenden zu Normalität und Ordnung an. Welchen Ausblick lässt Shakespeare hier zu? Können aus dem ungeheuer konsequenten Schluss (Cordelias und Lears Tod) Zuversicht und Hoffnung abgeleitet werden?

Das Stück endet an einem dunklen Nullpunkt. Die Mehr-

zahl der Interpreten schreiben ihm deshalb auch eine
nihilistische Aussage zu. Lears Beispiel steht einmal mehr
für menschliche Schuld und menschliches Versagen, die
Shakespeare uns in seinen Tragödien, aber auch in den beiden späten Romanzen, *The Winter's Tale* und *The Tempest*,
mahnend vor Augen führt. Lears Leid jedoch ist von einer
unfassbaren Beispiellosigkeit. Es steht, so schreibt Kurt
Schilling, »in seiner metaphysischen Realität, unbegründbar
und unerklärbar, da; und es soll auch unerklärbar sein als
ein Bild von der Welt, wie sie dem menschlichen Blick nicht
mehr durchdringlich ist«[223]. Die schlagende Modernität der
Lear-Tragödie, die – wie in Schillings Deutung anklingt
– unser modernes Endzeitempfinden vorwegzunehmen
scheint, wird in zeitgenössischen Interpretationen von Jan
Kott am eindrucksvollsten, wenn auch zuweilen sehr eigen-
willig herausgearbeitet.[224] Ich möchte die Betrachtungen zu
King Lear mit einem Zitat aus dem Buch von Kenneth
McLeish und Stephen Unwin abschließen, in der für mein
Empfinden eine zentrale, auch auf andere Stücke Shakes-
peares übertragbare Erkenntnis aus der Tragödie um König
Lear verständlich und einprägsam zusammengefasst ist:
»Human society is a construct of reason, and will survive so
long as it takes account of the peculiarities of each irreplace-
able individual.«[225]

Macbeth / Macbeth. Tragödie in 5 Akten. Entstanden
zwischen 1602 und 1606; uraufgeführt 1606 in Hampton
Court. In Deutschland durch eine Bearbeitung Friedrich
Schillers bekannt geworden (1800). Wichtige Quellen: Raphael Holinshed, *Chronicles of England, Scotland and Ireland* (1587); Reginald Scott, *Discovery of Witchcraft* (1854).

223 Kurt Schilling, *Shakespeare*, München/Basel 1953, in: Neis (Anm. 209),
   S. 80 f.
224 Vgl. Jan Kott, *Shakespeare heute*, München 1980.
225 McLeish/Unwin (Anm. 4), S. 105.

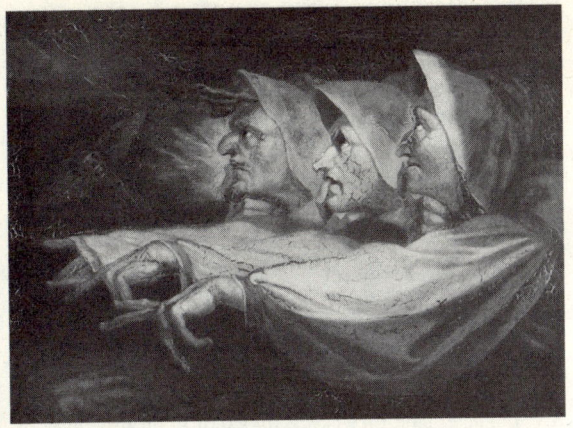

»Die drei Hexen«.
Gemälde von Johann Heinrich Füssli, 1783

Zugrunde liegender Text: William Shakespeare, *Macbeth*,
übers. und hrsg. von Barbara Rojahn-Deyk, Stuttgart 1977
(RUB 9870).

I. Unter Blitz und Donner treffen drei Hexen zusammen
und lassen uns wissen, dass Macbeth, »Thane[226] of Glamis«,
späterer König von Schottland, ihnen bald ins Netz gehen
soll (I,1). – Macbeth hat sich in zwei Schlachten Verdienste
erworben und soll von König Duncan den Titel »Thane of
Cawdor« erhalten, den Titel des Mannes, den er besiegt hat
und dem man den Prozess wegen Hochverrats machen wird
(I,2). – Beim Zusammentreffen der Hexen mit Macbeth
wird eine weitere Hauptfigur der Tragödie, Banquo, in das

226 Thane (Than), ein im damaligen Schottland verliehener niederer Adelsti-
   tel, dem eines Earl vergleichbar.

Geschehen, eingeführt (I,3,38 ff.). Von den Hexen erfährt
Macbeth, dass ihm der neue Ehrentitel verliehen worden ist
und dass er in Kürze König von Schottland werden soll.
Auch für Banquos Nachkommen sagen die Hexen Bedeutendes voraus. Er selbst soll zwar nicht König werden, aber
seine Nachkommen werden dieses Privileg genießen
(I,3,67 f.). Königliche Abgesandte, Rosse und Angus, überbringen Macbeth die Bestätigung dessen, was die Hexen
prophezeit haben. Verwegene Gedanken, noch in Unsicherheit und zögernde Fragen gehüllt, stellen sich bei ihm ein.
Doch er schmiedet bereits Pläne, den Zeitpunkt, König zu
sein, selbst zu bestimmen. – Zusammen mit den Abgesand-
ten brechen Macbeth und Banquo zu König Duncan auf. –
In dessen Palast berichtet der älteste Sohn Duncans, Malcolm, dass man das Todesurteil gegen den abtrünnigen
Thane of Cawdor vollstreckt habe. – Macbeth und seine
drei Begleiter sind inzwischen im Palast Duncans eingetroffen. Macbeth und Banquo erfahren aus dem Mund des Königs höchstes Lob, doch dieser ernennt seinen Sohn Malcolm zum Prinzen von Cumberland und gleichzeitig zu seinem legitimen Thronerben (I,4,38–43). – Lady Macbeth
tritt auf. Ein Brief ihres Mannes stimuliert ihren Ehrgeiz:
mit allen Mitteln will sie ihn unterstützen, König zu werden. Gierig und gedanklich enthemmt, wünscht sie Blut
und Tod herbei (I,5,38–54). – In der Nacht ist König Duncan Gast auf Macbeths Schloss. Lady Macbeth spielt die
vollkommene Gastgeberin (I,6). – Noch während es zu Ehren des Königs und zur Feier der jüngsten militärischen Er-
folge hoch hergeht, sind Macbeth Bedenken gekommen,
den Königsmord auszuführen. In einem langen Monolog
kommt er zu dem Entschluss, jeden weiteren Gedanken
daran fallen zu lassen (I,7,32). Seine Frau kann seinen Entschluss jedoch leicht wieder erschüttern. Sie überzeugt ihn,
dass die Umstände denkbar günstig sind, die Tat auszuführen. Ein Glockenzeichen wird verabredet.

II. Banquo zeigt sich erstaunt, dass Macbeth so spät noch

auf den Beinen ist (II,1,12). Zu gegebener Zeit möchte dieser gern über die Voraussage der Hexen einige Worte mit seinem Freund und Vertrauten wechseln. Als Macbeth allein ist, kommen ihm erneut Zweifel (II,1,34–61). Das Glockenzeichen ertönt. – Der Mord an Duncan ist ausgeführt, dazu wurden zwei Wächter ermordet, auf die der Verdacht gelenkt werden soll. Macbeth und seine Gemahlin beseitigen die Blutspuren von seinen (und ihren) Händen (II,2,63–71). Macbeth empfindet stärkste Schuldgefühle. – Ein Begleiter des Königs, Macduff, entdeckt die Mordtat, die alle in Angst und Aufruhr versetzt. Lady Macbeth täuscht die Männer, indem sie vorgibt, ohnmächtig zu werden. Malcolm und sein Bruder Donalbain fliehen aus Furcht, sie könnten die nächsten Opfer sein (II,3,133–144). Sofort werden sie zu Mitverdächtigen gemacht. Macbeth soll nun, so erfahren wir von Macduff, ohne jede Verzögerung zum König ernannt werden (II,4,31). Er, Macduff, werde an dem bevorstehenden Festakt nicht teilnehmen.

III. Banquo scheint das Motiv und die Hintergründe der Morde durchschaut zu haben (III,1). Macbeth, der inzwischen König ist, gibt sich ihm gegenüber liebenswürdig und ungezwungen. Aber er fürchtet ihn und will ihn und auch seinen Sohn Fleance umbringen lassen. Gedungene Mörder stehen bereit. – Lady Macbeth wird von schweren Zweifeln heimgesucht, ebenso wie ihr Mann, den Lebensängste bedrängen (III,2,13–28). – Banquo wird getötet, sein Sohn und ein Diener können entkommen (III,3). – Die Mörder berichten Macbeth detailgenau über Banquos Tod. Während des abendlichen Festmahls erscheint Macbeth Banquos Geist (III,4,38 ff.) und setzt sich auf den Platz des Königs. Macbeth ist zunächst irritiert, schließlich gerät er in Zorn, und eine Flut von Verwünschungen ergießt sich über den Geist, der daraufhin verschwindet. Mit sich allein, erkennen der König und seine Frau, dass jede Hoffnung auf eine Normalisierung ihres Lebens vergeblich ist. Sie sehen sich gezwungen, ihren blutigen Weg fortzusetzen (III,4,129–

143). Zuvor will Macbeth jedoch noch einmal Rat und Prophezeiung der Hexen hören. – Hecate, die oberste Hexen-
meisterin, tritt mit ihren drei »weird sisters« auf. Sie ist un-
gehalten, dass man sie bisher an den Vorbereitungen, Macbeth ins Verderben zu ziehen, nicht beteiligt hat. Zukünftig
will sie an seinem Untergang mitwirken (III,5). – Aus einem Gespräch zwischen Lennox und einem anderen namentlich nicht näher bezeichneten Lord erfahren wir, dass
Macduff, der es abgelehnt hatte, zu Macbeths Krönungsfest
zu kommen, die Gunst des Königs verloren hat. Malcolm
hält sich inzwischen am Hof des englischen Monarchen Edward auf, zu dem Macduff unterwegs ist (III,6).
IV. Inzwischen bereiten sich die Hexen und Hecate auf den
Besuch Macbeths vor. Sie haben leichtes Spiel mit ihm. Vor
Macduff warnen sie ihn, doch ansonsten sagen sie ihm zwei
tröstliche Dinge voraus: Kein von einer Frau Geborener
könne ihm etwas anhaben, und er sei so lange unbesiegbar,
bis der Birnamswald den Berg nach Schloss Dunsinane hin-
aufklettere (IV,1,77–94). Macbeth will sicher sein und fragt,
ob Banquo der Ahnherr eines kommenden Königsge-
schlechts sei. Als Antwort lassen sie acht Könige auftreten,
gefolgt von Banquos Geist (IV,1,112). Macbeth erstarrt.
Nun weiß er, dass schon beim ersten Mal die Prophezeiung
der Hexen zutreffend war. Er erkennt aber nicht, dass die
Hexen ihm Übles vorausgesagt haben: Macduff, so wird er
später erfahren, ist durch einen ›Kaiserschnitt‹ zur Welt gekommen, und das von England anrückende Heer wird sich
mit Zweigen der Bäume aus dem Birnamswald beim An-
schleichen an Dunsinane tarnen. Als der Hexenspuk vorüber ist, erfährt Macbeth von Lennox, dass Macduff von
England aus gegen ihn rüste. Er zögert keinen Augenblick,
dafür an dessen Familie Rache zu üben (IV,1,150–154). Zu
spät kommt die Warnung für Lady Macduff – die Schergen
des Königs sind schon in ihren Räumen, töten sie und ihren
kleinen Sohn (IV,2,66 ff.). – Malcolm vergewissert sich der

Loyalität Macduffs. Tief erschüttert vernimmt dieser die Nachricht von der Ermordung seiner Frau und seines Kindes (IV,3,204–207). Die beiden Männer sind sich einig, dass es nunmehr gegenüber dem schottischen König keine Zurückhaltung mehr geben darf.

V. Lady Macbeth ist wahnsinnig geworden. Die Gespenster der Vergangenheit haben sie eingeholt (V,1). Ein Arzt ist bei ihr, ohne ihr helfen zu können. – Macbeth erwartet den Gegner auf dem Schloss Dunsinane, gegen das schottische und englische Truppen vorrücken. Auch er, so wird beiläufig erwähnt, ist nicht mehr ganz Herr der Lage (V,2). Dies offenbart sich in Macbeths Worten, der sich vergeblich Mut und Zuversicht zuzusprechen versucht, nachdem er die stützende Hand seiner Frau nicht mehr hat (V,3,1–10). Er rüstet sich zum Kampf, zu seinem letzten, wie er selbst nur allzu genau weiß. – Die herangeführten schottischen und englischen Truppen vereinigen sich unterhalb von Dunsinane. Malcolm lässt Zweige von den Bäumen des Birnamswaldes abschlagen, mit denen sich die den Berg heraufrückenden Soldaten tarnen, um Macbeth über ihre wirkliche Anzahl zu täuschen (V,4,4–7). – Unbewegt nimmt Macbeth die Nachricht vom Tod seiner Frau auf. Zornig reagiert er, als ein Bote ihm mitteilt, dass sich der Birnamswald auf Dunsinane zubewege. Mit den wenigen treu ergebenen Soldaten, die ihm geblieben sind, stellt sich Macbeth dem aussichtslosen Kampf (V,5,51 f.). – Ohne auf nennenswerten Widerstand zu treffen, können Malcolm, Macduff und weitere Soldaten in Macbeths Schloss eindringen (V,6). – Macbeth tötet im Zweikampf den jungen Siward, Sohn des Earls von Northumberland (V,7), ehe er auf Macduff stößt. Es kommt zu einem Duell mit Waffen und mit Worten, in dem Macbeth die volle Wahrheit hört. Jetzt wird ihm der Doppelsinn der Hexenprophezeiungen bewusst. Macduff besiegt ihn, und noch während Malcolm und andere dem alten Siward versichern können, dass sein Sohn heldenhaft ge-

storben sei, erscheint Macduff mit dem aufgespießten Kopf
Macbeths und huldigt Malcolm, dem neuen König von
Schottland (V,9,20–25).

Shakespeare geht in dieser Tragödie mit seiner Hauptquelle
ziemlich frei um. Er verändert zeitliche Abläufe. Einzelne
Details, auch Charaktere, werden abgewandelt oder hinzugefügt. Sechzehn Jahre schottischer Geschichte werden auf
einen engen Zeitraum zusammengedrängt. Bei Raphael
Holinshed ist Macbeth grausam und empfindungslos;
Shakespeare macht aus ihm einen zunächst edle Natur, in ihrem Reflexionshorizont dem Prinzen Hamlet nicht unähnlich. In der Quelle wird der Mord an Banquo eher beiläufig
konstatiert; in Shakespeares Drama nimmt er einen bedeutenden Platz ein. Die Gründe für Macbeths Verhalten werden von Holinshed breit ausgeführt (Verletzung seines
Rechtsempfindens); Shakespeare vernachlässigt sie. In der
Quelle sind die drei Schicksalsschwestern nicht eindeutig
Hexen; in der Tragödie sind sie es. Holinshed erwähnt Lady
Macbeth knapp; Shakespeare formt sie zu einer Charakter-
figur aus. Diese und andere von der Quelle abweichende
Einzelheiten erklären sich aus dramaturgischen Gründen
und aus der Absicht Shakespeares, den inneren Kampf Macbeths auf dem blutigen Weg vom beliebten, bewunderten
und geschätzten Edelmann zum mehrfachen Mörder zu betonen.

Macbeth ist ein kompaktes, atmosphärisch sehr aufgelade-
nes und in seiner dramatischen Handlung unbeirrbar vor-
wärtsgerichtetes Schauspiel. Konzentrierter eilt das Geschehen in keinem der Shakespeare-Dramen der Katastrophe
entgegen, ausgenommen in *Othello*. Die dramatischen Gipfelpunkte reihen sich aneinander: I,1 – I,4 – II,2 – III,3 –
III,4 – IV,1 – IV,3 – V,3 – V,9. Am Schluss des III. Aktes ist
die eigentliche Klimax bereits erreicht. Nach dem Gespräch
Malcolms mit Macduff fällt die Handlung ohne retardie-
rende Momente gleichmäßig und konsequent. – Die Personen des Dramas sind zahlenmäßig begrenzt. Diese Be-

grenzung folgt dem Gesichtspunkt der Straffung und Konzentration. Die meisten Personen der Tragödie treten als eigenständige Charaktere gegenüber Macbeth zurück.[227] Gleichwohl sind neben dem schottischen König mit Lady Macbeth und Malcolm zwei sehr differenziert herausgearbeitete Charaktere zu nennen. – Die Düsternis dieses Dramas ist kaum zu überbieten. Sie wird durch die unwirtlichen Orte, die zumeist nächtlichen Stunden, in denen sich Alptraumartiges abspielt, und durch die intensive Sprache erzeugt. Sie bewegt und fesselt Betrachter wie Leser (I,1 – I,3 – 1,5 – I,7 – II,1 – II,2 – III,1 – III,2 – III,4 – V,5 – V,7). Die vielen sprachlichen Bilder dieser Tragödie haben nichts Vergleichbares, selbst in Shakespeares übrigem Werk nicht. In kontrastreichen Metaphern und Symbolen findet die Polarität von »böse« und »gut«, unter der das Geschehen förmlich vibriert, ihren vollkommenen Ausdruck. Nach Caroline Spurgeon lassen sich vier Hauptgruppen von Bildern unterscheiden: Metapherncharakter der Kleidung, besonders bei Macbeth; Echoklänge; Lichtsymbolik zur Untermalung der gegeneinander gerichteten Prinzipien; Bilder der Sünde als Krankheit.[228] Am Ende setzt sich das Gute durch. Dies zeigte sich in einzelnen der zuvor kommentierten Bühnenstücke (*A Midsummer Night's Dream, The Merchant of Venice, Twelfth Night*) und wird von manchen Interpreten als eine sprechende Auffälligkeit im Werk Shakespeares überhaupt gesehen.[229]

Viele Fragen zum *Hamlet* sind unbeantwortet geblieben; auch zur Tragödie um den mordbesessenen Macbeth blei-

---

227 Wolfgang Rudorff, *William Shakespeare*, »*Macbeth*«, Frankfurt a. M. ⁶1997 (Grundlagen und Gedanken), S. 55 f. Rudorff bezieht sich auf berufene Shakespeare-Interpreten, grenzt sich aber von deren Aussagen teilweise ab.

228 Vgl. Caroline F. Spurgeon, *Shakespeare's Imagery and What It Tells Us*, New York 1930, und Bernard Spivack, *Shakespeare and the Allegory of Evil. A History of a Metaphor in Relation to His Major Villains*, New York/London 1958.

229 Rudorff (Anm. 227), S. 62.

ben Fragen offen. Drei der am häufigsten gestellten sind:
Verderben die Hexen Macbeth? Ist die Lady die eigentlich
Schuldige, schuldiger als Macbeth? Ist Banquo ein zwielich-
tiger oder ein edler Charakter? Zu allen drei Fragen gehen
die Antworten teilweise weit auseinander. Hingegen sind
sich alle Interpreten einig, dass es von Shakespeare kein
Schauspiel gibt, in dem das »Böse« an sich einen ähnlich
herausgehobenen Stellenwert hat.[230] Auf diese Fragen und
die Kernthematik möchte ich in den folgenden Abschnitten
eingehen. Einen deutlichen Akzent in meiner Interpretation
möchte ich jedoch auf die in der Tragödie gezeigten ›Kö-
nigsbilder‹ setzen und damit ihre politische Zielrichtung
unterstreichen.

Alles in dem temporeichen Geschehen der Tragödie ist auf
die Titelfigur Macbeth konzentriert. Er hat die meisten
Auftritte. Selbst in den Szenen, in denen er nicht auf der
Bühne erscheint (I,6; II,4; III,3; III,6; IV,2; IV,3; V,1; V,2;
V,4; V,6), ist er anwesend durch den Schrecken, den er ver-
breitet, und durch seinen dem Bösen ausgelieferten Geist,
der überall spürbar ist. Zwei Bewegungsverläufe sind in der
Tragödie wahrzunehmen: ein äußerer, der sich als die bis zu
Macbeths Untergang führende ›Spur des Todes‹ (II,2 – III,3
– IV,2 – V,7 – V,8) bezeichnen lässt, und ein innerer, der
seinen Gewissenskampf unter bohrenden Schuldgefühlen
zeigt. Macbeth, so sehen ihn viele Interpreten, ist keineswegs nur der verbrecherische Höllenhund; mindestens
ebenso ist er ein Opfer und Instrument des Bösen, der
schwer an seinem ersten Verbrechen trägt. Aus einer solchen Betrachtungsperspektive ist Macbeth als eine Charak-
tertragödie einzustufen. – Ein guter Ruf eilt ihm voraus,
noch ehe er selber auftritt (I,2,16). Mit den bewundernden
Worten seiner Kampfgefährten, durch die Macbeth in die
Tragödie eingeführt wird (Mittel der »Fremdcharakterisie-

230 Baumann (Anm. 4), spricht von Shakespeares »tiefschürfendster und reif-
      ster Vision des Bösen«, S. 81.

rung«[231]), kontrastiert der erste von ihm gesprochene Satz: »So foul and fair a day I have not seen« (I,3,38). Wie ein Echo greift er das von den Hexen ausgesprochene Wortspiel »Fair is foul, and foul is fair« (I,1,11) auf, mit dem das Spiel der Gegensätze und Doppelbödigkeiten dieser Tragödie eröffnet und die unheilvolle Verbindung von Macbeth und den Mächten der Finsternis angedeutet wird. Bedeutsam für eine Bewertung der Titelfigur ist, dass nicht er die dunklen Mächte anruft, vielmehr diese ihn abpassen und in ihren Dunstkreis ziehen (I,3). Noch ist er stark genug, dem Mordgedanken, der ihn sogleich durchzuckt, zu widerstehen. Von diesem Moment an bis zur Verleugnung alles Guten in sich und in der Welt (IV,1,112–124) führt Macbeth einen vergeblichen Kampf, sich gegen die absolute Vereinnahmung durch das Böse zu wehren.[232] Der Weg seiner Zweifel und seines Widerstandes verläuft parallel zu den Mordtaten und endet in der Selbstaufgabe. Noch einmal stellen sich die alten Kämpfertugenden ein, doch in Macbeths letztem Aufbäumen liegt nichts als verzweifelter Todesmut.[233]

Trotz aller entlastenden Momente ist Macbeth der Fokus des Bösen. Um ihn herum bewegen sich ringförmig die Repräsentanten des negativen Prinzips – die Hexen, Lady Macbeth, die Mörder. Zusammen formen sie einen unheilvollen Verbund mit gewaltigem Zerstörungspotential. Wird Schloss Dunsinane als die Hölle angesehen,[234] dann ist die

231 Baumann (Anm. 4), S. 82, dem ich auch mit meinem späteren Hinweis (»Sympathielenkung) folge. – Ferner: Werner Habicht / Ina Schabert (Hrsg.), *Sympathielenkung in den Dramen Shakespeares*, München 1978.

232 Benno von Wiese schreibt: »Das Rätselhafte des bösen Tuns liegt aber auch in den grenzenlosen Qualen, die Macbeth sich durch eben dieses Tun selbst schafft. Schon die Tat wird ihm zur Hölle.« – Benno von Wiese, »Gestaltungen des Bösen bei Shakespeare«, in: Edgar Neis, *William Shakespeare, »Macbeth«*, Hollfeld 1988, S. 93.

233 »Life becomes sterile for Macbeth.« – *Shakespeare, Four Tragedies*, »Introduction« (Anm. 160), S. 604.

234 Rudorff (Anm. 227), S. 60. – Die Auslegung stützt sich auf Interpretationen, in denen der allegorische Charakter der »Pförtner-Szene« (II,3) besonders herausgestellt wird, u. a. auch auf Neis (Anm. 232), S. 104–107.

Hexenküche ihr Vorhof. Nacht, Dunkelheit, Hinterhalt, dunstumkreiste Doppelbödigkeit – darin und darauf bewegt sich Macbeth, und so ist sein Innerstes. Nur selten fällt wärmendes Licht in diese Nacht. Dort wo es vorübergehend leuchtet, wird es umgehend von Höllenspuk verdunkelt (III,4). Das einzige Feuer, das dauernd brennt, ist das Höllenfeuer in Macbeth.

Dennoch nimmt Macbeth uns für sich ein, weil Shakespeare es so will. Dies ist nicht allein durch die glaubwürdig unter Beweis gestellten schweren inneren Kämpfe des Helden begründet. Wie Prinz Hamlet wird er als ein denkender Mensch gezeigt, der sich der Verwerflichkeit seines Handelns ebenso bewusst ist wie der unausweichlichen Konsequenzen (Mittel der »Sympathielenkung«). Er ist auch ein poetischer Mensch, der seine Reflexionen in beeindruckende Worte kleidet. Als Beispiele nenne ich Macbeths großen Monolog unmittelbar vor der Tat (II,1,35–61), die an seine Frau gerichteten Worte im Wissen um den bevorstehenden Mord an Banquo (III,2,45–56) und den tiefsinnigen Monolog im Anschluss an Lady Macbeths Tod, der jene berühmten Sätze enthält, in denen sich die tragische Größe Macbeths erschütternd offenbart: »And all our yesterdays have lighted fools / The way to dusty death. Out, out, brief candle! / Life's but a walking shadow; a poor player, / That struts and frets his hour upon the stage, / And then is heard no more« (V,5,22–26).

Wer sind die Hexen? »Three witches or weird sisters« – als solche sind sie im Verzeichnis der *Dramatis Personae* aufgeführt. In der keltischen Mythologie sind sie kühl und unbeeindruckt waltende Schicksalsschwestern. Shakespeare macht in seiner Tragödie dämonische Kräfte aus ihnen, die Zerstörung und Untergang herbeiführen wollen.[235] Nach ei-

---

235 Ich schließe mich hierin den Argumentationen an, die in den Hexen eine Zerstörungsmacht von geradezu kosmischen Ausmaßen erkennen (u. a. Benno von Wiese). Die Umkehrung aller Werte, d. h. auch des Lebens, in sein Gegenteil ist ihr Ziel. – Anderen Interpreten zufolge hat Shakespeare

nem einführenden Bild treten die Hexen nur noch in drei weiteren Szenen auf (I,3; III,5; IV,1), begleitet von Unwettern und finsterem Höllenspuk. Sie haben es auf Macbeth abgesehen (I,1). Ein Satz setzt alles Unheil in Gang: »Third Witch: All hail, Macbeth! that shalt be king hereafter« (I,3,50). Warnen, locken, verwirren, prophezeien sie? Sie wollen mehr. Sie wollen das Gute in Macbeth, seinen Widerstand brechen, ihn sich und ihrem abgründigen Zauber unterwerfen. Zweifelsfrei haben sie ihn an seiner verwundbarsten Stelle getroffen, der Stachel sitzt. Mit Hecate wird die Ober-Hexe spät, aber noch rechtzeitig eingeführt, um das Untergangswerk an Macbeth mit zu vollenden: »This night I'll spend / Unto a dismal and a fatal end« (III,5,20 f.).[236] Die dritte und letzte Hexenszene (mehr darf es nicht geben, denn damit ist die magische Zahl »drei« erreicht) wirbelt in einem einzigen heidnisch anmutenden Spuk vorüber. Macbeths Schicksal erfüllt sich: »Macbeth: Let this pernicious hour / Stand aye accursed in the calendar!« (IV,1,133 f.).

Und Lady Macbeth, ist sie noch vor ihrem Mann Werkzeug des Bösen geworden? Die unheilvolle Macht der Hexen wird in der Tragödie auch auf sie ausgedehnt. Inbrünstig fleht sie die dunklen Mächte herbei. Dabei ist offenkundig, dass sie schon mit ihnen zu tun hatte (»They met me in the day of success« – I,5,1). Sie verleugnet ihr Gewissen und gibt jede Zurückhaltung auf. Wie unter Zwang, dabei von kühler Entschlossenheit, erfasst sie die sich bietende Gelegenheit, um das Ziel ihrer ehrgeizigen Wünsche zu erreichen. Sie versteht es, ihren Mann, dessen ehrgeiziges Streben und nachgiebigen Charakter sie kennt, für die erste und die weiteren Untaten ›weich‹ zu machen. Danach ist ihre

---

aus ihnen »a kind of supernatural freak show« gemacht. Vgl. McLeish/ Unwin (Anm. 4), deren Formulierung ich witzig, aber dem Sachverhalt hier nicht angemessen finde.

236 Die Urheberschaft Shakespeares für diese Hexenszene wird angezweifelt. Dramaturgisch macht die Szene tatsächlich nicht viel Sinn. Als bühnenwirksamer Zusatz erfüllt sie in jedem Fall ihren Zweck.

Kraft erschöpft. In dem Maße, wie Macbeth den Mächten des Bösen verfällt und ihren ›Vorgaben‹ folgt, versinkt sie, die Ausweglosigkeit ihrer gemeinsamen Situation erkennend, in Passivität, schließlich in Wahnsinn. Ob man in Lady Macbeth einen von Teufelsmächten beherrschten, verbrecherisch veranlagten oder nur von ihrem Ehrgeiz fehlgeleiteten Charakter sehen möchte – die andere, bessere Seite ihrer Natur kann nicht in Frage gestellt werden.[237] Sie steht ihrem Mann in schwierigen Momenten als ein Mensch mit Gefühl, Verständnis und vor allem mit Loyalität zur Seite (III,2; III,4). In der Schlafwandelszene der Lady Macbeth (V,1), Ophelias umnachteten Gesängen im *Hamlet*-Drama sehr verwandt, fällt ein helleres Licht auf ihren Charakter. Geistig umnachtet und unter ihren Seelenqualen zusammengebrochen, geht sie ihrem Ende entgegen. Der Hölle, die sie fanatisiert von Eifer und Blindheit zu sich rief, kann sie nicht mehr entkommen.[238]

Nicht anders als Lady Macbeth wird auch Banquo in der Sekundärliteratur kontrovers diskutiert. Man kann ihn nicht in die Kategorie der nur »Bösen« oder der nur »Guten« einordnen. Es erscheint mir nicht zutreffend, ihn als das positive Gegenbild zu Macbeth hinzustellen.[239] Aber er ist auch weit entfernt, ein gewissenloser Schurke zu sein. Gewiss, er widersteht jeder Versuchung, den Gang der Dinge zu beschleunigen, als die Hexen ihn den Ahnherren zukünftiger Königsgeschlechter nennen (I,3,67); und: er wird ermordet und ist kein Mörder; demgegenüber aber, als einer, der Macbeth auf Schritt und Tritt begleitet, ihn lange

---

237 William Maggin z. B. unterstrich als einer der ersten die positiven Charakterzüge der Lady Macbeth. Seiner Auffassung nach will sie mit ihrem Handeln ausschließlich der ›Karriere‹ ihres Mannes dienen. – Vgl. Maggin, *Shakespeare Papers*, London 1860, zitiert bei Rudorff (Anm. 227), S. 72 f.

238 Die Hölle ist in ihr. – Jede Gleichsetzung Lady Macbeths mit den Hexen stellt aber sicherlich eine Überinterpretation ihrer Rolle dar.

239 In der »Introduction« (Anm. 179) werden Banquo und Macduff als »wise and good men« eingestuft.

und gut kennt, ein Wissender, der schweigt. Banquo hat mehr als nur eine vage Ahnung von den Mordabsichten Macbeths an König Duncan (II,1), denn er hat auch die Voraussagen der Hexen für Macbeth gehört. Er schreitet nicht ein, als er am späten Abend vor der Tat Macbeth begegnet. Auch nach dem Mord steht er zu ihm, obwohl er nun weiß, dass Macbeth tatsächlich der Mörder des Königs ist (»Thou hast it now [...] / Thou play'dst most foully for 't.« – III,1,1–3). Die Erklärung dafür liegt auf der Hand: Banquo hält sich ›bedeckt‹, um die seinen Kindern vorausgesagte Zukunft nicht aufs Spiel zu setzen. Für sein Schweigen stirbt er, und man mag seinen Tod als eine gerechte Bestrafung ansehen.[240] Warum aber tötet Macbeth ihn, von dem ihm doch unmittelbar keine Gefahr droht? Aus der Tragödie lassen sich dafür drei Erklärungen ableiten: Erster Grund: Er muss sich seiner entledigen, denn ein Banquo an seiner Seite würde immer sein schlechtes Gewissen sein, das er nicht ertragen könnte. Zweiter Grund: Macbeth ist auf seinem Mörder-Weg schon so weit fortgeschritten, d. h. im Bann des Bösen, dass es bereits zu diesem Zeitpunkt für ihn kein Zurück mehr gibt. Banquo ist sozusagen das ungeplante, der Logik der Verhältnisse folgende nächste Opfer. Dritter Grund: Shakespeare benötigt Banquos Geist, um das Moment der Verbrechensspiegelung durch die Mächte der Finsternis wirksam gestalten zu können (III,4; IV,1). Dies würde, was Banquo betrifft, die allgemein kritisierte wenig profilierte Charakterzeichnung der zentralen Nebenfiguren in der Tragödie erklären. Andererseits ist noch einmal anzumerken, was zu den Personen der übrigen Schauspiele in der Interpretation zu *Romeo and Juliet* gesagt wurde (siehe Anm. 6): Es gibt bei Shakespeare kaum flache

---

240 »Als heimlicher Mitwisser ist er wohl auch mitschuldig, und Banquos Tod erscheint dann unter dem Aspekt der wohlverdienten Strafe für seine Teilhaberschaft an verbrecherischen Machenschaften«, lesen wir bei Rudorff (Anm. 227), S. 56, der sich wiederum auf namhafte Shakespeare-Interpreten beruft.

Charaktere, deren Bewusstsein und Verhalten auf einen einfachen Nenner zu bringen wären. Macbeth, Lady Macbeth und auch Banquo sind Menschen mit Leidenschaften und Schwächen. Während andere geläutert aus Verfehlungen hervorgehen, gehen sie an ihnen zugrunde.

Ich möchte von diesem Gedanken zum zuvor genannten Betrachtungsschwerpunkt übergehen, zu den ›Königsbildern‹ in *Macbeth*. In nahezu einem Dutzend von Shakespeares Bühnenstücken stehen Könige im Mittelpunkt der Handlung – ihr Werden und Wirken, Aufstieg und Niedergang. Das ist besonders in den *Histories* der Fall, den großen historischen Dramen, in denen Shakespeare sich mit Herrschergestalten aus der englischen Geschichte befasst,[241] aber auch in zahlreichen anderen, z. B. *King Lear*, *Cymbeline* oder *A Winter's Tale*, in denen es aber weniger um das Historisch-Politische geht, wie im *King Lear*-Kapitel bereits gezeigt wurde. Alle großen Königs-Dramen Shakespeares sind politische Dramen. Vier Könige treten direkt oder indirekt in Erscheinung: König Duncan, Macbeth, Malcolm und Edward (»The Confessor«). Sie haben wirklich gelebt und schottisch-englische Geschichte in einem Zeitraum geschrieben, der mehr als ein halbes Jahrtausend vor Shakespeare lag. Einige Fakten zu diesen vier Königen seien in wenigen Sätzen der Betrachtung des von Shakespeare entworfenen idealen Königsbildes vorangestellt.[242]

Anders als Irland oder Wales war Schottland von der stärkeren englischen Krone nie zu kontrollieren. Die Versuche schottischer Könige, die Grenzen nach Süden auszudehnen, führten unweigerlich zu kriegerischen Auseinandersetzun-

---

241 Bei uns hat sich der Begriff Königsdramen behauptet, um diese Kategorie von Dramen gegenüber anderen bei Shakespeare zu unterscheiden, in denen ebenfalls Könige eine zentrale Rolle spielen. Als markante Beispiele für Königsdramen nenne ich *King John* und *Richard III*. Die englischen Entsprechungen sind *Histories* oder *Chronicle Plays*.

242 Vgl. John Randle, *Understanding Britain. A History of the British People and Their Culture*, London 1986, S. 13 f. und 40–44.

gen mit dem Nachbarn. Der schottische König *Duncan I.*, der von 1018 bis zu seiner Ermordung im Jahre 1040 regierte, war auch König des angelsächsischen Strathclyde, eines Gebietes zwischen dem heutigen Glasgow und dem englischen Lake District. Er hatte es sehr schwer, sich in dem von verschiedenen angelsächsischen Volksstämmen bewohnten Gebiet zu behaupten. Der Einfluss der schottischen Krone war dort sehr gering. Auch mussten ständig Überfälle und Übergriffe der Dänen abgewehrt werden. Sie und andere Gegenkräfte, unter ihnen Macdonwald, machten König Duncan im eigenen Lande schwer zu schaffen. Der Holinshed-Chronik zufolge hatte er als König nicht die glücklichste Hand.

Macbeth, der sich die Nachfolge Duncans gewaltsam sicherte, stärkte während seiner Herrschaft (1040–57) die Bedeutung der schottischen Krone. Einen Namen hatte er sich als Soldat gemacht und mit der endgültigen Niederwerfung der Dänen für sein Land Unschätzbares geleistet. Die gewaltsame Übernahme der Krone war in jener Zeit allgemein üblich, zumindest in Schottland, wo zuvor bereits sieben von neun Königen ermordet worden waren, und so schmälert es Macbeths Ruf in der Geschichte seines Landes nicht, dass auch er seinen Vorgänger tötete, zumal er ein sehr fortschrittlicher und frommer Regent gewesen sein soll.

Gleiches lässt sich von *Malcolm (III.)* sagen, der den englischen Bestrebungen, eine Zentralregierung zu errichten, erfolgreich entgegenwirkte. Mit ihm beginnt die eigentliche Geschichte des ›modernen‹ Schottland. Er regierte von 1058 bis 1093; während dieser Zeit vergrößerte er den schottischen Einflussbereich nach Süden beträchtlich. Seine Beziehungen zu England waren sehr angespannt; nicht weniger als fünfmal fiel er weit in die von der englischen Krone beherrschten Grenzgebiete ein. Er war nicht weniger gefürchtet als William der Eroberer, vor dessen Grausamkeit viele Engländer aus dem Süden des Landes in die scheinbar sichereren nördlichen Regionen geflohen waren. Malcolm heiratete 1070 Margaret (aus dem Hause Essex) und leistete damit auch einen bedeutenden strategischen Beitrag zur Absicherung der schottischen Krone. Er fiel bei seinem letzten Invasionszug gegen England im Jahre 1093.

König Edward (»the Confessor«), um 1022 geboren, war der Sohn von Ethelred (»the Unready«) und Emma of Normandy. Er wuchs in Essex auf. Zu seinen bedeutendsten Leistungen nach der Inthronisation (1042) zählt die Befreiung seines Landes von der dänischen Herrschaft. Lange Jahre hatte er in Earl Godwin, den eigentlichen Herrscher über England, seinen größten Widersacher. Edward starb 1066, in dem Jahr, als William der Eroberer gegen England zog.

Die drei Gegen-Könige unterstreichen die zuvor angesprochene Antithetik der Tragödie zwischen »gut« und »böse«. Dem ermordeten König Duncan und dem im entfernten England regierenden König Edward, den man wie einen Heiligen verehrt, wird ein designierter König zugeordnet, Malcolm, der sich aber erst noch bewähren muss. Shakespeare vereinigt sie zu einer geistigen und moralischen Allianz gegen den vom Teufel besessenen Macbeth. Die geballte Macht des Bösen kann nur unter Aufbietung aller menschlichen und übermenschlichen Kräfte gebannt werden.

König Duncan kommt nur in drei kurzen Szenen der Tragödie vor (I,3; I,4; I,6). Sein Handeln ist ohne Arg und Vorbehalt. Er kommt ganz ohne große Gesten aus. Seine gemessenen, sehr klaren und zumeist wenigen Worte geben ihm Bedeutung und Würde. Aufgrund seines hohen Alters nimmt er an den Kämpfen gegen die Aufständischen nicht mehr teil. Die Jahre haben ihn weise gemacht, jedoch nicht misstrauisch genug, um Macbeth zu durchschauen. In dem Verräter Cawdor hat er sich schon geirrt (»There's no art / To find the mind's construction in the face« – I,4,11 f.). Mit ergreifender Schlichtheit und Herzenswärme vertraut er sich seinen Gastgebern an (I,6,10), denen er ahnungslos zum Opfer fällt.

Der Thronerbe Malcolm tritt in sieben Szenen auf (I,2; I,4; II,3; IV,3; V,4; V,6; V,9). Er scheint alle Qualitäten zu besitzen, die sein Land und Volk von ihm erwarten. Ein Großer (Duncan) ernennt ihn zu seinem Nachfolger; ein noch Größerer (Edward) adelt ihn, indem er ihm das Vertrauen schenkt und ihn für würdig befindet, Seite an Seite mit Soldaten der englischen Krone gegen Macbeth zu kämpfen. Die Güte und Milde, Weisheit und Gelassenheit des Alters stehen in ihm nicht zu Gebote, dafür wird er sich durch Bescheidenheit, Besonnenheit, Aufrichtigkeit, Frömmigkeit, Entschlusskraft, List und Umsicht gegenüber Freunden und Feinden behaupten. Die Auszeichnung aus dem Munde seines Vaters nimmt er entgegen, ohne Aufhebens zu machen. Klug bezähmt er seinen Zorn in Gegenwart Macbeths, als ihm Macduff die Nachricht von der Ermordung König Duncans bringt. Um der drohenden Gefahr zu entgehen, das nächste Opfer zu werden, entscheidet er sich klaren Blickes für die Flucht nach England (II,3,136), und von dort plant er den Gegenschlag. Zu Macduff ist er absolut offen, prüft seine Loyalität aber hart und unerbittlich, indem er sich selbst schwerer Verfehlungen und Schwächen bezichtigt, vor denen sich sogar Macbeths Verbrechen geradezu harmlos ausnähmen (IV,3,61–66). In den von ihm umrissenen Charakter- und Wesensmerkmalen, die Königen eigen sein müssten, stellt er seine eigenen Defizite heraus (IV,3,91 ff.). Sie können Macduff nicht beeindrucken, der treu zu ihm steht. Nun offenbart sich Malcolm, weist die Selbstverleugnung zurück als das, was sie war, als Finte in der Not einer schweren Stunde. Die Wahrheit, so betont er, sei für ihn das höchste Gut, mit ihr die Demut vor dem Land und Volk, für die er sich mit ganzer Kraft einsetzen will (IV,3,114–138). Er weiß, dass nun die Zeit gekommen ist: »Macbeth is ripe for shaking« (IV,3,237 f.). – Malcolm kann schnell beweisen, dass er keine leeren Versprechungen gemacht hat. Bei seinem Vorrücken gegen Dunsinane zeigt er sich als vorausdenkender Stratege, der seine Männer schont und ihnen Vorteile sichert, noch ehe der eigentliche Kampf gegen Macbeth begonnen hat (V,4,4–7). Noch einmal unterstreicht er nach dem Sieg seine Bescheidenheit und Dankbarkeit in der Ansprache an die Kampfgefährten (»We shall not spend a large expense of time …« – V,9,26 ff.), mit der die Tragödie endet.

König Edward wird lediglich erwähnt. Der historischen Bedeutung seiner Persönlichkeit gemäß, wird er in einer der kritischsten Situationen des Dramas ins Gespräch gebracht (IV,3). Von ihm und seiner Entscheidung, Malcolm die erforderliche militärische Unterstützung zuzusichern oder zu verweigern, hängt das weitere Schicksal Schottlands ab.

Die positiv gezeichneten Gegenbilder der drei Könige können nicht verdecken, dass ihr tatsächlicher Abstand zu Macbeth weitaus geringer ist, als er sich in der Tragödie darstellt. Sie alle huldigen kriegerischer Gewalt; ihr Verhaltens- und Ehrenkodex leitet sich von oft zweifelhaften Prinzipien her. Duncan vertritt die Traditionen einer Gesellschaft, für die Krieg und Gewalt selbstverständlich ist.[243] Malcolm vernichtet seinen Gegner mit den alten Gefolgsleuten seines Vaters, und sein Triumph findet über einem Leichenfeld statt. Selbst für einen König wie Edward ist ›Kriegführen‹ eine Normalität. Seine wundertätige Kraft, von der die Welt spricht, verhilft ihm zum Nimbus der Unbesiegbarkeit, den sich Malcolm zu Nutze macht.

Was Shakespeare eigentlich von einem König erwartet, spricht er durch Malcolm aus: »Justice, Verity, Temp'rance, Stableness, / Bounty, Perseverence, Mercy, Lowliness, / Devotion, Patience, Courage, Fortitude« (IV,3,92–94). Die drei ›guten‹ Könige besitzen, in der Summe, diese Qualitäten. Ein Einzelner kann sie kaum in sich vereinen.

Hielt Shakespeare seinem Regenten James I. einen Spiegel vor? Zu Shakespeares Zeiten lebte man mit seinen Königen, und jeder verstand die direkten und indirekten zeitbezoge-

---

243 Vgl. Anmerkung 170; dort wurde ein ähnlicher Gedanke formuliert.

nen Anspielungen. Shakespeare wäre einfältig gewesen, ›Systemkritik‹ unverschlüsselt auszudrücken. Das konnte selbst er sich nicht leisten. Auf der anderen Seite wurde von ihm anregende und auch kritische Unterhaltung erwartet und man war bereit, ihm manch starken Tobak zu verzeihen. Wenn es zutrifft, dass diese Tragödie eigens anlässlich des Besuchs des Dänenkönigs Christian geschrieben und aufgeführt worden ist, so wurde den beiden Regenten in der Tat mehr als nur spannende Unterhaltung vorgesetzt. Sie sahen ein geschichtliches Lehrstück der besonderen Art, in dem die Vergangenheit, in der die Völker Dänemarks, Englands und Schottlands über Jahrzehnte einen hohen Blutzoll entrichtet hatten, höchst eindrucksvoll dokumentiert wurde.[244] Als unbequemer Zeitgenosse mochte Shakespeare in den Kontrastbildern der trotz aller kriegerischen Härte nach christlichen Maßstäben handelnden Könige (und ihres unter dem Zwang diabolischer Mächte stehenden Widersachers) an die rechte Königsmoral appelliert haben. Kannte er den Satz: Übereinstimmungen mit lebenden Personen sind beabsichtigt?

Wir können *Macbeth* auch als psychologische Studie eines Menschen lesen, der sich dem Teufel verschreibt und folgerichtig in der Hölle endet. Noch mehr aber verstehe ich ihn als ein kühnes politisches Drama mit hohem Aktualitätspotential. Nicht selten, das wissen wir aus jüngerer Vergangenheit, wird ein Weg, wie ihn Macbeth beschritt, zum Alptraum einer ganzen Nation.[245]

The Winter's Tale / Das Wintermärchen. Romanze in 5 Akten.   Uraufgeführt 1611 in London. Deutsche Erstaufführung 1859 in Weimar. Hauptquelle: Robert Greene, *Pandosto: The Triumph of Time* (1588). – Zugrunde liegen-

244 Der Rückblick auf einen Ausschnitt englisch-schottischer Geschichte war zugleich ein Rückblick auf die dänische Geschichte, in der König Knut der Große England nahezu vollständig erobert hatte.
245 McLeish/Unwin (Anm. 4), S. 117.

der Text: William Shakespeare, *The Winter's Tale / Das Win-termärchen*, übers. und hrsg. von Herbert Geisen, Stuttgart 1987 (RUB 8393).

Werfen wir noch einen Blick in den letzten Schaffensab-schnitt Shakespeares. Er hatte sich und der Welt als Büh-nenautor nichts mehr zu beweisen, aber es mochte ihn nach den großen düsteren Tragödien gedrängt haben, sein künst-lerisches Werk versöhnlich abzuschließen. Fünf Stücke ent-standen in den fünf letzten Jahren seines Lebens, darunter *The Winter's Tale* und *The Tempest*, ebenfalls aus dem Jahr 1611, das als Shakespeares Requiem bezeichnet wird.[246] Aber nicht die Romanze um Prospero und Caliban, Ferdi-nand und Miranda soll Gegenstand des abschließenden In-terpretationskapitels sein, sondern *The Winter's Tale*, ein sehr optimistisches und gehaltvolles Bühnenstück, dessen Besonderheit erst spät erkannt wurde.[247] In den Werken aus Shakespeares letztem Schaffensabschnitt, so lesen wir bei Norrie Epstein, kommen noch einmal alle großen Themen und Gestaltungselemente seines Theaters zusammen, »the-atrical illusion and its relation to life, the conflict between appearance and reality, the discovery of the self, the capac-ity of art to transform terror into beauty, and the power of love to heal.«[248] Ihnen möchte ich in der Betrachtung des letzten Beispiels noch einmal meine Aufmerksamkeit zu-wenden und mit einzelnen Rückverweisen eine zusammen-fassende Aussage zu den erläuterten Stücken versuchen.

The Winter's Tale umfasst 15 Szenen, von denen die 2. Szene des I. Aktes und die 4. des IV. Aktes die ausführ-lichsten sind. Allein diese beiden Szenen nehmen etwa zwei Fünftel des Gesamtumfangs der Romanze ein. Das Bühnen-geschehen wird durch eine große zeitliche Zäsur von 16 Jah-

---

246 Vgl. Epstein (Anm. 1), S. 462.
247 Mehr als hundert Jahre lang war die Romanze vergessen; erst 1741 wurde sie in London gleichzeitig zweimal neu inszeniert.
248 Vgl. Epstein (Anm. 1), S. 451.

ren nach der Schlussszene des III. Aufzuges geteilt. Die beiden etwa gleich langen Hälften (I,1,–III,3 und IV,1–V,3) ergänzen einander. Ich folge zunächst inhaltlich jeder Szene in ihren wesentlichen Momenten, um sodann ihre Bedeutung für den Gesamtaufbau des Stückes zu kommentieren.

Leontes, König von Sizilien, möchte seinen Jugendfreund König Polixenes von Böhmen[249], der zu Besuch bei ihm ist, noch ein wenig länger bei sich haben. Höflich hebt der böhmische Edelmann Archidamus gegenüber Leontes' Freund Camillo die Gastfreundschaft hervor, die er bei Leontes genossen hat, und äußerst sich sehr positiv über die Zukunft des jungen sizilianischen Prinzen Mamillius (I,1). – Polixenes, der Leontes' Angebot abgelehnt hat, ändert seinen Entschluss, als Hermione, die Gattin des Königs, ihn zum Bleiben einlädt. Leontes vermutet als Grund für den Sinneswandel eine Liebesbeziehung zwischen seiner Frau und dem Gast. Er fordert von Camillo, den böhmischen König zu töten. Camillo warnt Polixenes, und beide fliehen (I,2). – Leontes ist aufgebracht und sieht seinen Argwohn bestätigt. Er lässt Hermione, die ein Kind erwartet, trotz der Warnungen und Bitten gutmeinender Freunde einkerkern und schickt zwei Boten (Cleomenes und Dion) nach Delphi, um das dortige Orakel zu befragen (II,1). – Hermione, die inzwischen ein Mädchen zur Welt gebracht hat, wird von ihrer Vertrauten Paulina im Gefängnis besucht. Paulina will versuchen, den König durch das Neugeborene milde zu stimmen (II,2). – Leontes ist unzugänglich. Er will das Kind nicht als sein eigenes anerkennen. Vergeblich bemühen sich Paulina und ihr Mann Antigonus, den König in seiner Empörung zu mäßigen. Leontes gibt nach und verzichtet darauf, seine Forderung zu erfüllen und das Neugeborene verbrennen zu lassen. Er besteht aber darauf, dass es ausgesetzt wird. Antigonus führt den Befehl aus, legt aber das Bündel, das er irgendwo in Böhmen seinem Schicksal überlassen

---

249 Shakespeares Böhmen drückt das Märchenhafte und Unreale durch einen geographisch so nicht existierenden Staat aus.

wird, einen Namen (Perdita), Papiere und Geld bei. – Der
König erhält die Nachricht, dass die Boten nach 23 Tagen
endlich aus Delphi zurück sind. Unverzüglich lässt er die
Gerichtssitzung vorbereiten, in der das Urteil über seine
Frau gesprochen werden soll (II,3). – Cleomenes und Dion
tauschen die Eindrücke ihrer Reise aus und hoffen auf einen
guten Ausgang für Hermione (III,1). – In der öffentlichen
Gerichtsverhandlung hört man Hermione an, die sich nichts
vorzuwerfen hat, ebenso wenig Polixenes, der für sie nicht
mehr als ein guter Freund ist. Ihre Aussagen werden durch
das Orakel bestätigt. Zum Entsetzen der Anwesenden erklärt Leontes es dennoch für falsch. Ein Diener unterbricht
die Sitzung mit der Nachricht, dass Prinz Mamillius aus
Kummer über die Qualen, die seine Mutter erleiden muss,
gestorben ist. Hermione bricht zusammen und wird aus
dem Gerichtssaal getragen. Sie ist nur scheintot und wird
von Paulina versteckt. Leontes schwört verzweifelt für den
Rest seines Lebens, ihrer und seines Sohnes trauernd zu ge-
denken (III,2). – Antigonus hat das Mädchen nach Böhmen
gebracht und setzt es in einem Wald aus. Ein schweres Unwetter bricht los. Noch ehe Antigonus wieder an Bord des
Schiffes gelangen kann, mit dem er nach Böhmen gebracht
worden ist, wird er von einem Bären zerrissen. (Dass es so
ist, erfahren wir erst in der 2. Szene des V. Aktes.) Ein Schäfer und sein Sohn finden das ausgesetzte Mädchen und
kümmern sich um es (III,3).
Father Time erscheint und erklärt nun einen Sprung des
Geschehens über die lange Zeit von 16 Jahren (IV,1). – Camillo möchte seine Heimat wieder sehen und bittet Polixenes, ihn dorthin zurückgehen zu lassen. Er wird abgewiesen, stattdessen aufgefordert, sich mit dem böhmischen König verkleidet zur Hütte des Schäfers zu begeben, der dort
nach seinem Sohn Florizell Ausschau halten will (IV,2). –
Das Schlitzohr Autolycus bestiehlt den Schäfer und dessen
Sohn. Heiter macht der Dieb Pläne, sich auch auf dem bevorstehenden Schäferfest auf seine Weise zu bereichern

(IV,3). – Perdita, die vom Schäfer aufgezogen wurde, und Florizell bekennen vor Camillo und Polixenes ihre Liebe, ohne zu ahnen, wen sie wirklich vor sich haben. Polixenes verbietet seinem Sohn, Perdita je wieder zu sehen. Es bleibt den jungen Liebenden kein Ausweg als die Flucht, zu der ihnen Camillo verhelfen will. Ihr Ziel heißt Sizilien (IV,4). – Die Jahre haben Leontes weicher und weiser gemacht, aber seinem Schwur getreu, hat er nicht wieder geheiratet, obwohl man ihn mehrfach dazu gedrängt hat (V,1). Nun erscheinen Perdita und Florizell in Sizilien. Leontes ist überglücklich, seine Tochter am Leben zu wissen. Er verwendet sich für beide bei Polixenes, der mit Camillo auch in Sizilien eingetroffen ist (V,1). – Autolycus leistet Abbitte beim Schäfer und dessen Sohn, die sich mit der Errettung Perditas große Verdienste erworben haben, und bittet sie, ein gutes Wort für ihn bei Florizell einzulegen (V,2). – Die beiden Könige, miteinander versöhnt, stehen mit ihren Kindern vor Hermione, die von Paulina als Statue enthüllt und endlich ›entzaubert‹ wird. Hermione, zu aller Überraschung und Freude wieder ein lebendiges Wesen aus Fleisch und Blut, umarmt ihren Mann, der genug gelitten hat. Dreifaches Glück steht am Schluss dieses Schauspiels: Nach Perdita und Florizell, nach dem wieder vereinten Königspaar werden auch die beiden Getreuesten, Paulina und Camillo, ein glückliches Paar (V,3).

In den beiden komplementären Hälften des Stückes verschmelzen *Tragödie* und *Komödie* zu einer Einheit. Die beiden ersten Akte zeigen einen in ungeheurer Selbstherrlichkeit handelnden Leontes, der das Glück und die verheißungsvolle Zukunft seiner Familie und seines Landes mit Füßen tritt (I,1,35–48). Dem Wort seiner Frau und dem seiner engsten Vertrauten schenkt er keinen Glauben (I,2,300); dem treuen Camillo verlangt er einen ungeheuren Freundschaftsdienst ab (I,2,352). Seine Vorverurteilung Hermiones und ihres gemeinsamen Freundes Polixenes (II,1,88–94) wird von niemandem verstanden und von allen bedauert.

Noch mehr Schuld lädt er auf sich, als er das Neugeborene
dem Tod überantwortet (II,3,90–94). Anmaßend setzt er
sich über den Orakelspruch hinweg, um das Urteil über
seine Frau endgültig zu fällen und sie in tiefstes Leid zu sto-
ßen (III,2,140 f.). – Schlagartig aber fallen im III. Akt die
von Leontes mit erschreckender Hartherzigkeit getroffenen
Entscheidungen binnen Minuten auf ihn zurück und bewegen ihn zu Einkehr, Reue und demütiger Abbitte.[250] Doch
er kann nichts mehr ungeschehen machen – nicht den Tod
seines geliebten Sohnes Mamillius (III,2,142–145), nicht
Hermiones (vermeintlich) tödlichen Kollaps (III,2,146),
nicht das Aussetzen des Kindes (III,3,15 ff.), auch nicht den
Tod des Antigonus (III,3,55–58). König Leontes von Sizilien verlässt die Bühne als ein Gewandelter, dem lange Jahre
der Erinnerung an glücklichere Zeiten und des selbstver-
schuldeten Leids bevorstehen: »Prithee«, sagt er zu Paulina,
»bring me / To the dead bodies of my queen and son: / One
grave shall be for both: upon them shall / The causes of
their death appear, unto / Our shame perpetual. Once a day
I'll visit / The chapel where they lie, and tears shed there /
Shall be my recreation. So long as nature / Will bear up
with this exercise, so long / I daily vow to use it. Come,
and lead me / To these sorrows« (III,2,234–243). Erst zu
Beginn des Schlussaktes tritt er wieder auf.

Der zweite Teil der Romanze gliedert sich noch einmal
in zwei Hälften (IV,1–IV,4 und V,1–V,3). Zuerst wird die
Leontes-Hermione-Handlung durch die Florizell-Perdita-
Handlung abgelöst. Anschließend, in den drei Schlusssze-
nen, gehen beide harmonisch ineinander über. Mit der
2. Szene des IV. Aktes wandelt sich das Stück, das in den
drei ersten Akten alle Merkmale einer Tragödie in sich vereinigt, endgültig zur Komödie.[251] Musik, Tanz, Maskera-

---

250　Vgl. McLeish/Unwin (Anm. 4), S. 244 f.

251　Streng genommen findet dieser Umschlag bereits am Schluss des III. Ak-
　　tes statt, als Antigonus von dem Bären verfolgt wird. – Hier gewinnt
　　›Mother Nature‹ die Oberhand.

den und närrische, harmlose Lieder (hoffentlich keine
»scurrilous words«, möchte Perdita sichergestellt wissen –
IV,4,215) sind die auffallenden dramatischen Stilmittel, die
der 3. und 4. Szene stellenweise eine an *A Midsummer
Night's Dream* erinnernde Leichtigkeit und bukolische Heiterkeit geben. Doch über der Unbekümmertheit liegen auch
Momente von Bedrohung und Angst. Aber keinen Augenblick kommen Zweifel auf, dass die beiden jungen Lieben-
den ihr Glück machen werden.
Das Herzstück der zweiten Hälfte ist die breit ausgeführte
4. Szene des IV. Aktes. Um die Bedeutung und Funktion
dieser Szene für das Ganze zu sehen, ist es hilfreich, sie in
einzelne Handlungsabschnitte zu zerlegen: Florizell und
Perdita bereiten sich auf das Schäferspiel vor (IV,4,1–51) –
Polixenes' Ahnungen und Camillos Wissen (55–110) –
Schäfer und Autolycus (168–324) – Tanz der verkleideten
Bauern und Polixenes' Machtwort (325–442) – Camillos
Hilfsangebot (519–710) – Tausch der Kleider und Flucht
mit Autolycos (595–843). Der hier angedeutete Wechsel
fröhlicher und unbekümmerter Auftritte mit bedrohlich-
lähmenden zeigt, dass die Leontes-Hermione-Handlung
noch nachwirkt. Perditas Worte »even now I tremble«
(IV,4,18) unterstreichen dies ebenso wie Florizells nach-
drücklich-bemühte Mahnung an sie: »Apprehend / Nothing but jollity« (IV,4,24 f.). Diese jedoch kann sich nicht un-
belastet einstellen, denn Polixenes verlangt die Trennung
seines Sohnes von der ›Schäferin‹ (IV,4,345), und diesen
bleibt nichts übrig als Flucht. Die Situation parallelisiert in
abgewandelter Form die Vorgänge um Polixenes aus der
2. Szene des IV. Aktes. Zum zweiten Mal wird Camillo,
»bluff, sincere and honest«[252], zum Retter in höchster Not.
Durch den alten Schäfer und seinen Sohn, die mehrmals zusammen mit dem Galgenstrick Autolycus auftreten, erreicht
das Stück in dieser Szene seinen komischen Höhepunkt. Sie

252 Vgl. McLeish/Unwin (Anm. 4), S. 246.

sind die unentbehrlichen ›Narren‹, gemütvoll und tölpelhaft die einen, durchtrieben der andere, jedoch ohne jede Bösartigkeit.[253]

Im V. Akt werden zurückliegende Ereignisse aufgegriffen, miteinander verknüpft und dem glücklichen Finale entgegengeführt (Leontes/Polixenes – I,2; Leontes/Perdita – II,3; Leontes/Hermione – III,2; Florizell/Perdita – IV,4; Polixenes/Florizell – IV,4). Die erste Szene hat ihren Höhepunkt in der Begegnung Leontes' mit Florizell. Der König von Sizilien, der durch alle Stadien des Leids und der Entsagung gegangen ist, wünscht nun nichts mehr, als einer Tochter (und einem Schwiegersohn wie Florizell) seinen Segen zu geben. (»What might I have been, / Might I a son and daughter now have look'd on, / Such goodly things as you!« – V,1,175–177). Noch weiß er nicht, dass sie in sein Leben zurückgekehrt ist. – In der zweiten Szene erfährt das Publikum durch ein Gespräch, das drei Edelleute und Autolycus führen, über das Wiedersehen des Königs mit seiner Tochter und die unendliche Freude darüber (V,2,9 ff.). Aus demselben Gespräch erfahren wir auch, dass der alte Streit zwischen Leontes und Polixenes nun endlich beigelegt ist (V,2,43–56). Beiläufig wird in einer knappen Rückblende der Tod des Antigonus unter den Pranken des Bären bestätigt (V,2,63–65).

Die Hindernisse und Schwierigkeiten, die einem guten Ende entgegenstanden, sind aus dem Wege geräumt, auch für Autolycus (V,2,113 ff.), der sich noch rasch auf die richtige Seite schlägt, um einen Gewinnanteil ins Trockene zu bringen. Für das entscheidende Ereignis, die Versöhnung Hermiones mit Leontes, sind alle Voraussetzungen geschaffen (V,3,75 ff.). Der durch Hybris und Autoritätswahn (Leontes und Polixenes) über Zeiten und Räume hinweg zer-

---

253 Im Gegensatz zu anderen Schurken und Strolchen bringen wir als Zuschauer (Leser) Autolycus gern unsere Sympathien entgegen, der zurecht als »one of the most disarming rogues in Shakespeare« bezeichnet wird. – McLeish/Unwin (Anm. 4), S. 247.

sprengte Familien- und Geschlechterkreis schließt sich wieder: »Good Paulina, / Lead us from hence, where we may leisurely / Each one demand and answer to his part / Perform'd in this wide gap of time, since first / We were dissever'd« (V,3,151–155).

Viele Fragen drängen sich zu dieser Romanze auf, von denen keine (wie schon zu *The Merchant of Venice, Hamlet, Othello, King Lear*) ganz einfach und absolut überzeugend beantwortet werden kann.[254] Warum verschont Shakespeare Leontes? Warum macht er so wenig von seinem sechzehnjährigen Leiden deutlich? Ist Leontes weniger schuldig als König Lear? Der Zuschauer erfährt so gut wie nichts über diese lange Leidenszeit, auch nichts über die Hermiones. Welche Erklärung findet die Tatsache, dass der einzige Sohn und Thronerbe Mamillius nicht auch ›aufersteht‹ und wie der böhmische Thronerbe Florizell den ihm gebührenden Platz einnehmen kann? Warum schrieb Shakespeare nach den vier leid- und blutgetränkten Tragödien ein Stück mit solch unterschiedlichen Grundstimmungen und einem solchen Schluss?

Wir haben zuerst einmal wahrzunehmen, dass Shakespeare in seinen späten Stücken den Experimentierraum ›Bühne‹ in einem selbst für ihn ungewöhnlichen Maße erweitert. Aus moderner Sicht wird nicht einmal der Vergleich mit Steven Spielbergs Show-Effekten gescheut.[255] Nicht umsonst heißt diese Romanze *The Winter's Tale*, eine Erzählung für einen Winterabend. Da steht das rational Nachvollziehbare eben

---

254 Diese Fragen und andere ergeben sich aus der Tatsache, dass die Romanze in sich so wenig einheitlich ist. – Vgl. Stephen Orgel, »The Winter's Tale: A Modern Perspective«, in: The New Folger Library Shakespeare, hrsg. von Barbara A. Mowat und Paul Werstine, New York 1998, S. 257–272.

255 »At their most superficial, the romances are spectacular shows filled with special effects (one reason why they are now coming back into vogue), and Shakespeare, capitalizing on the contemporary taste for such spectacle, proves himself the Elizabethan equivalent of a Steven Spielberg.« – Epstein (Anm. 1), S. 452.

nicht an erster Stelle. So selbstverständlich wie in *A Mid-summer Night's Dream* Wirkliches und Märchenhaftes in-einander übergehen, so selbstverständlich geschieht dies auch in *The Winter's Tale*. Die zwei Welten des I. und des II. Aktes stehen als eigene Wirklichkeiten nebeneinander. Ihr Einklang wird durch die wohlbedachten dramaturgi-schen Kompensationseffekte erzeugt, von denen weiter oben die Rede war.[256]

Darüber hinaus werden für das Zustandekommen von *The Winter's Tale* und von *The Tempest* autobiografische Hinter-gründe und Zusammenhänge vermutet. Es mag sein, dass Shakespeare aus der Behaglichkeit konsolidierter privater Verhältnisse die Welt wieder in einem etwas freundlicheren Licht gesehen hat.[257] Vielleicht gibt vor diesem Hintergrund die Romanze jenen Kritikern recht, die in ihrer Zweiteilung mit dem so friedlichen Ausgang Shakespeares endgültige Ver-söhnung der Geschlechter erkennen, die in so vielen seiner Stücke keine tragenden Brücken zueinander bauen können. Ich schließe mich einer solchen Sichtweise vorbehaltlos an.

Für den ersten Teil von *The Winter's Tale* konnte gezeigt werden, wie ein bekanntes Muster mit präzisen Konturen abgebildet wird: eine männliche Zentralgestalt – Leontes – scheint unangefochten zu dominieren. Wiederum erlebt der Zuschauer, dass dieser Mann die ihm verliehene Macht schlecht nutzt und sich selbst um seine Ruhe und vor allem um seine Würde bringt. (Für Prinz Hamlet wurde sein selbstgerechtes Wüten zur inneren Hölle. – Othello, bei-nahe ein König, vernichtete in krankhafter Eifersucht seine

---

256 »The dramatic synthesis of natural and supernatural, medieval and classi-cal, sacred and secular, and symbolic and realistic makes *WT* ›the supreme literary expression of the baroque‹.« – Samuel L. Bethell, »*The Winter's Tale:* A Study«, London 1947, zitiert nach: The New Folger Library Shakespeare (Anm. 254), S. 275.

257 Shakespeare, der sich um diese Zeit bereits nach Stratford zurückgezogen hatte, war dem Theater und Theaterleben weiterhin sehr verbunden. Dennoch trug er nicht mehr die Hauptlast der Verantwortung. Finanziell war er ein gemachter Mann.

Liebe und sein Leben. – Unter Macbeth erschauerte ein ganzes Reich, ehe es sich gewaltsam von ihm befreite. – König Lear brachte durch seine Irrtümer und blinde Überheblichkeit sein Reich zum Einsturz und sich den Untergang.) In *The Winter's Tale* wird der König dann aber zur Einsicht geführt. Um dies zu begreifen, benötigt Leontes weit weniger Zeit als Lear. Wohl dauern seine Trauer und sein Leid, an denen er reift und wächst, viel länger an. Ihm aber ist es beschieden, sich durch die Liebe Perditas und Florizells noch einmal zu erneuern und das Glück einer heilen Welt zu erfahren. Gewiss: auch Leontes wird schuldig an seiner Frau, seinem Sohn und an seiner Tochter. Er versündigt sich an den Göttern, schickt Menschen in den Tod (Antigonus), setzt seine Beziehungen und Freundschaften fahrlässig aufs Spiel. Zwangsläufig zerbricht darüber auch die Koalition der Männer (Leontes–Polixenes; Leontes–Camillo und fortgeführt in der Parallele Polixenes–Camillo). Es entsteht ein tatsächliches ›Herrschaftsvakuum‹, in das die Gegenkräfte mühelos einbrechen könnten. In dieser Romanze gibt es aber keine, und so wartet sie in ihrem zweiten Teil nicht mit heimtückischen Intriganten, neidischen Rivalen, enttäuschten Erben oder feindlichen Großmächten auf. Die Frauen treten in Erscheinung, angeführt von der resoluten Paulina.[258] Sie ist eine starke Natur, die ihrem Mann und selbst Leontes furchtlos entgegentritt (III,2,175 ff.). Mit Hermione ist sie einen geheimen Pakt eingegangen, in den Perdita, die durch Anmut, Schönheit und natürlichen Adel bezaubert, einbezogen ist (V,1,105–109). Sie bilden eine festgefügte Phalanx, deren Unzerstörbarkeit die Statue Hermiones versinnbildlicht.[259] Nicht der Mann – die Frau

---

258 »Paulina is presented in one sense as a heroic figure, intensely serious«, beschreibt Stephen Orgel die eine Seite der unerschrockenen Frau, während er sie auf der anderen Seite für die Männerwelt sehr angepasst hält. – Vgl. Orgel (Anm. 254), S. 266. – An anderer Stelle heißt es über sie: »her steadfast humanity is an important emotional and dramatic anchor«. – McLeish/Unwin (Anm. 4), S. 246.

259 Den Widerstreit des männlichen und weiblichen Prinzips, der bisher

gebietet über Zeit und Stunde der endgültigen Versöhnung, und da wird Paulina gar zur Magierin. Die Frauen nutzen ihre Stärke und Überlegenheit jedoch nicht aus und bescheiden sich mit ihrer Rolle an der Seite *des* Mannes, der ihnen zugedacht ist.[260]

In einem abschließenden Gedanken möchte ich noch einmal die politische Ebene ansprechen, auf die wir beinahe in jedem der hier kommentierten Stücke stießen, so dass es nicht überrascht, wenn Shakespeare-Kenner auch in *The Winter's Tale* eine deutliche Anspielung auf seine Zeit und Gesellschaft sehen. Mit Beharrlichkeit hat der Dramatiker familiäre Krisensituationen thematisiert, aus denen sich in konzentrischen Kreisen unheilvolle Entwicklungen formen, an denen Könige und ihre Reiche zerbrechen (*Hamlet, Macbeth, Lear*). Das politische Handwerk Elizabeths I. und später James' I. war ganz ohne Zweifel täglich im Gespräch der Menschen auf den Straßen, erst recht bei einem Dramatiker wie Shakespeare, der allein aus beruflichem Interesse gern sehr genau hinsah und hinhörte. Er, der in seiner Zeit die Möglichkeiten der Bühne wie kein anderer genutzt und sie zu einem Forum mit weitestem Wirkungsradius gemacht hat, dürfte keine Gelegenheit ausgelassen haben, seine Re-

mehrfach thematisiert worden ist, macht u. a. Valerie Traub zum Gegenstand einer eingehenden und sehr lesenswerten Untersuchung. – Valerie Traub, *Desire and Anxiety: Circulations of Sexuality in Shakespearean Drama*, London / New York 1992.

260 »Paulina returns to her proper status of obedient wife – to somebody, to anybody, to whomever the king chooses.« – Orgel (Anm. 254), S. 272. – Dieses zu Beginn des 17. Jahrhunderts in Europa vorherrschende Rollenverständnis hebt auch Shakespeare nicht auf. Es wäre falsch, darin die unumschränkte Autorität der Männer zu sehen. »Der Patriarchalismus des Hausvaters war keine absolute, von allen Bindungen freie Willkürherrschaft. Man dachte sich den Hausvater als einen von Gott, dem obersten Hausvater, Prinzipal und Lehnsherrn, eingesetzten Verwalter und Vasallen, dessen Herrschaft letztlich abgeleitet und nur delegiert war [...]. Die hausväterliche Herrschaft scheint trotz ihres autoritären Charakters auch keine völlig ungeteilte, monarchische Herrschaft gewesen zu sein.« – Paul Münch, *Lebensformen in der frühen Neuzeit. 1500–1800*, Frankfurt a. M. / Berlin 1996. S. 197.

genten und ihren Hof auf den Prüfstand der Kritik zu heben, auch in einer Romanze nicht, die einen so ganz privaten Charakter zu haben scheint: »Though the play has a family setting, its issues are deeply informed by the political and legal history of Jacobean England – by questions of the perquisites and responsibilities of the monarch, the relation between royal authority and the will of the people, the limits of the protocol, and what sanctions may be brought to bear on the actions of a criminal king. All these issues were being actively debated throughout the first decade of King James I's reign, and the play's focus on the king is certainly a reflection of the world of contemporary politics.«[261]

261 Orgel (Anm. 254), S. 258.

IV. Zur Shakespeare-Rezeption

Shakespeare starb als ein geachteter und bekannter Bürger seines Landes. Er hinterließ seiner Tochter Suzanna ein nicht unbeträchtliches materielles Erbe und wurde als *gentleman* beerdigt. Er galt zu Lebzeiten bereits als ein bedeutender Dichter, doch bei seinem Tod hat sich niemand auch nur entfernt eine Vorstellung davon machen können, welches Ausmaß sein dichterischer Nachruhm einmal annehmen würde. Als 1623 die erste Gesamtausgabe seiner Werke mit 36 Dramen erschien (*First Folio*), ging sein Name bald rund um den Erdball. Bis zum heutigen Tag stellen seine Aufnahme und die Auseinandersetzung mit seinem Werk in ihrer Breite und Vielfalt weltweit ein einzigartiges kulturgeschichtliches Phänomen dar.

Bereits zu Shakespeares Lebzeiten hatte es unterschiedliche Einzelveröffentlichungen seiner Werke gegeben (*Quartos*), deren Authentizität und Qualität nach dem Kenntnisstand der heutigen Shakespeare-Forschung von echt bis unecht und von brauchbar bis untauglich variieren. Bühnentexte waren damals Spielvorlagen, oftmals mehr angedeutet als ausgeführt, den momentanen und sich ändernden Bedürfnissen des Theatergeschmacks angepasst (und der konnte von einem zum anderen Tag, je nach Situation oder Zusammensetzung des Publikums Texteingriffe erforderlich machen). Oft existierten mehrere Textfassungen nebeneinander, von wem auch immer erstellt und selten vom Autor geprüft. Die Forschung unterscheidet dabei ganz unterschiedliche Textfassungen, die einem einzigen Stück ein gänzlich anderes ›Aussehen‹ geben konnten: eine *rough copy* mit Hinweisen und Korrekturen des Autors; sodann eine *fair copy* als eine saubere Abschrift eines ›gültigen‹ Textes; schließlich noch ein *prompt book*, ein Handexemplar, mit dem bei Proben und in Aufführungen gearbeitet

wurde.[1] Diese *prompt books* erlebten noch Veränderungen
während oder nach den Aufführungen, etwa wenn spontane
Einfälle eines Schauspielers oder Reaktionen des Publikums
einen Eingriff in den Text anzeigten. Das war zu Shakespeares Zeiten nicht selten. Es ist anzunehmen, dass viele
seiner Stücke dadurch erst ihre ›Rundung‹ erhielten, und
ebenso könnte dies manche Unfertigkeit in ihnen erklären.
Man hat heute eine Vorstellung davon gewonnen, welchem
Text-Dilemma jene Männer gegenüberstanden, die sich
nach Shakespeares Tod um eine authentische und geschlossene Werkausgabe bemühten, die sich auf die handschrift-
lichen *True Originall Copies* stützten.[2] Auch sie ist nicht absolut verlässlich, dennoch muss der Leistung der Herausgeber großer Respekt gezollt werden. Sie stellt bis heute die
allgemein akzeptierte authentische Textgrundlage für jede
seriöse Shakespeare-Ausgabe dar.

Naturgemäß sind die zurückliegenden 400 Jahre Shakespeare-Rezeption auf das Innigste mit internationaler Büh-
nen- und Theatergeschichte verbunden. Deswegen wurden
der Mensch William Shakespeare und sein Werk aus anderen
Ausdrucks- und Darstellungsbereichen aber keineswegs aus-
geklammert. In schier unendlicher Zahl und Vielfalt haben
sie Eingang in Literatur, Musik, bildende Kunst, Film und
Fernsehen gefunden. Die internationale Shakespeare-Litera-
tur stellt sich als ein kaum mehr erschließbarer Kosmos dar.[3]
Am Rande sei erwähnt, dass in Stratford-on-Avon eine
Shakespeare-Kultindustrie ohnegleichen betrieben wird.[4]

---

1 Zur Textgeschichte siehe V. Literaturhinweise; ich beziehe mich hier auf
   Uwe Baumann, *Shakespeare und seine Zeit*, Stuttgart 1998, S. 20 ff.
2 Die Herausgeber waren John Heminges und Henry Condell, Freunde
   Shakespeares und Schauspieler.
3 Der bekannte Shakespeare-Forscher Jan Kott wird häufig mit seinem ironi-
   schen Bonmot zitiert, allein die *Hamlet*-Literatur sei so umfangreich wie
   das Warschauer Telefonbuch.
4 Vgl. dazu Norrie Epstein, *The Friendly Shakespeare*, New York 1993,
   S. 477 ff.

Shakespeares Werk wurde auf den Bühnen Londons bekannt; berühmt wurde es durch seine Verbreitung auf den Theatern in allen Teilen der Welt. Von Beginn an besaß das englische Theater eine einmalige Shakespeare-Vormachtstellung. Schauspieler-Berühmtheiten wie Will Kemp, Richard Burbage, Thomas Betterton, David Garrick, John Philip Kemble oder Edmund Kean trugen dazu Entscheidendes bei, und sie hatten später ihre Nachfolger in Laurence Olivier oder Alec Guiness. Unter den weiblichen Darstellern ragen Sarah Siddons, Fanny Kemble und Peggy Ashcroft heraus. Englische Schauspielgruppen waren es, die den Ruhm Shakespeares in der ganzen Welt verbreiteten.[5] Der Bühnengeschichte jedes einzelnen Stückes konnte in den werkbezogenen Einzelkapiteln und kann auch hier nicht nachgegangen werden, dennoch möchte ich dem Leser einige bemerkenswerte Daten und Einzelheiten aus ihrem stets lebendigen Realisationsumfeld nicht vorenthalten:[6]

Es war keineswegs selbstverständlich, dass Männer in *Romeo and Juliet* die männliche Titelrolle besetzten oder sie überzeugend ausfüllten. Als eine der ersten herausragenden Darstellungen in der langen Bühnengeschichte der Tragödie wird die von Charles Kemble aus dem Jahre 1810 angesehen.

Erst Felix Mendelssohn-Bartholdys Musik (1843) sicherte *A Midsummer Night's Dream*, bis dahin hemmungslos geplündert und auf den Kopf gestellt, wieder seine ursprüngliche Form und Fassung.

---

5 Bereits im 17. und frühen 18. Jahrhundert reisten englische Schauspielgruppen durch europäische Staaten und führten vor unterschiedlichstem Publikum teilweise arg zurechtgebogene Stücke ihrer großen Landsleute Jonson, Marlowe oder Shakespeare auf. – Aus unseren Tagen ist die »Royal Shakespeare Company« zu nennen. Erwähnenswert sind in diesem Kontext die Shakespeare-Impulse, die stets neu von Londoner Bühnen ausgehen, so die aus dem Jahre 1999 durch das »Royal National Theatre«, die »Actors Touring Company«, das »Queen's Theatre«, das »Riverside« und last, not least das »Globe Theatre«.

6 Zusammengestellt nach Kenneth McLeish / Stephen Unwin, *A Pocket Guide to Shakespeare's Plays*, London 1998.

The Merchant of Venice blieb bis 1741 verschollen. Nachdem die Komödie wieder entdeckt worden war, wurde sie fortan zu einem der großen Erfolgsstücke auf allen Bühnen der Welt.

Bis 1900 erfuhr *Twelfth Night, or What You Will* unausgesetzt drastische Eingriffe durch Herausgeber, Regisseure und Darsteller; erst in unserem Jahrhundert berücksichtigte man bei Aufführungen wieder die ursprüngliche Folio-Fassung des Jahres 1623.

Drei Brüder (Edwin, Junius und Wilkes Booth) spielten 1864 nebeneinander in *Julius Caesar* die Rollen des Brutus, Cassius und Antonius.

Einen *Hamlet* mit gutem Ausgang gab es 1750, dargestellt von dem legendären englischen Schauspieler David Garrick (1719–79).

Der Mohr in *Othello* wurde fast ausnahmslos von weißen Darstellern gespielt; mit Paul Robeson füllte 1930 erstmals ein afroamerikanischer Schauspieler die Rolle aus und spielte sie danach noch weitere 30 Jahre.

Erst seit 1838 spielt man den *King Lear* wieder in seiner ursprünglichen Fassung. Mehr als 150 Jahre wurde die mit einem ›happy end‹ veröffentlichte Fassung Nahum Tates bevorzugt.

Es war auch David Garrick, der ab 1740 *Macbeth* zum Durchbruch verhalf. Er re-etablierte die authentische Textvorlage von 1623 für die Bühnen des Landes und setzte mit seiner Interpretation neue Maßstäbe.

Auch *The Winter's Tale* war lange Zeit vergessen worden und erlebte durch keinen anderen als David Garrick im Jahre 1756 eine relativ späte Auferstehung.

Die deutsche Shakespeare-Rezeption begann erst vor gut 150 Jahren mit Schlegels und Tiecks beispielhaften Werkübertragungen.[7] Seitdem ist in Deutschland eine Shakespeare-Tradition gewachsen, die sich primär durch den bedeutenden Stellenwert seines Werkes auf unseren Bühnen

---

7 Die Übersetzungen Wilhelm Schlegels gelten weiterhin als unübertroffen.

ausweist. Max Reinhardt oder Fritz Kortner sollen stellvertretend für andere genannt werden, die durch ihre Regiekunst Shakespeare-Aufführungen auf deutschen Bühnen zu unvergesslichen Erlebnissen machten. Offenbar ist es auch Regisseuren aus unseren Jahren dabei immer wieder möglich, mit Shakespeare auf der Bühne positiv zu überraschen, wie neben anderen eine Kölner Inszenierung des *King John* bewies.[8] Von den deutschen Dramatikern ist Gerhart Hauptmann (1862–1946) als einer der unermüdlichsten Shakespeare-Adepten hervorzuheben, dessen Schauspiel *Hamlet in Wittenberg* (1935) sich explizit auf die Tragödie Shakespeares bezieht.[9] Das wissenschaftliche und literarisch-künstlerische Interesse der Deutschen an Shakespeare ist an der Übersetzungsgeschichte der *Sonnets* besonders gut abzulesen. (Im entsprechenden Interpretationskapitel wurde sie angesprochen.) Es bleibt die erstaunliche Zahl von 53 Gesamt- und 124 Teilübertragungen der Sonette anzuzeigen.[10]

Zahlreiche Untersuchungen sind der Wirkungsgeschichte Shakespeares in der Musik gewidmet. Sein Werk, in dem Liedeinlagen wichtigste dramaturgische Elemente darstellen und in denen Verse oft reine Musik sind,[11] hat Komponisten immer wieder zu bedeutenden Schöpfungen angeregt. Allein zum *Hamlet* wurden mehr als 20 Ballett-Musiken, sechs Opern und Dutzende von Liedkompositionen geschrieben.[12] Andere klassische Beispiele sind Mendelssohn-

---

8 Frank-Patrick Steckel inszenierte das Königsdrama im September 1997 am Kölner Schauspielhaus und erntete eine gute Kritik nicht zuletzt auch für seine gelungene Übersetzung des Stückes.

9 Gerhart Hauptmanns Shakespeare-Verehrung war sprichwörtlich; mit seinem *Hamlet*-Stück erfüllte er aber nicht ganz die eigenen Erwartungen und die der Kritik. Seine (Hamlets) prophetischen Untergangsvisionen lassen sich auf Deutschlands Katastrophe des Jahres 1945 beziehen.

10 Vgl. Manfred Pfister, *Mein Lebenszins, er liegt in dieser Schrift*, Essay in der zweisprachigen dtv-Ausgabe der Sonette, München 1999, S. 174–194.

11 Vgl. Dietrich Klose, in: *Habt ihr auch Schnupftücher genug bei euch? Shakespeare zum Vergnügen*, Stuttgart 1999 (RUB 9779), S. 12.

12 Norrie Epstein im umfangreichen *Hamlet*-Kapitel (Anm. 4), S. 324–364.

Bartholdys Hochzeitsmarsch zu *A Midsummer Night's Dream* (1843), Tschaikowskys Ballett-Musik zu *Romeo and Juliet* (1869), Verdis Oper *Falstaff* (1893) nach der Komödie *The Merry Wives of Windsor*, Brittens Oper *A Midsummer Night's Dream* (1960), Cole Porters *Kiss Me, Kate* (1951) nach *The Taming of the Shrew* und Leonard Bernsteins berühmtes Musical *West Side Story* (1961), das in einer modernen Form die Liebestragödie *Romeo and Juliet* aufgreift.

Seit 1900 etwa nahm sich auch der Film des Shakespeare-Werkes an. Von allen seinen Stücken forderten *Romeo and Juliet*, *Hamlet*, *Macbeth* und *King Lear* das neue Medium zu den meisten Produktionen heraus. In den Jahren 1899–1927, als die Bilder erst das Laufen lernten, entstanden ca. 20 Versuche, *Romeo and Juliet* filmisch umzusetzen, und 17 *Hamlet*-Verfilmungen. Zumeist handelte es sich um Kürzest-Streifen in Form kondensierter Situationsbilder. Heute sind weltweit an die 400 Verfilmungen der Liebestragödie und ca. 45 des *Hamlet*-Dramas bekannt. Aus der Stummfilm-Zeit sind die 22-minütige Verfilmung des *Hamlet* (1913), die deutsche Filmversion von *A Midsummer Night's Dream* (1913), der US-Film zu *King Lear* (1916) und zwei weitere deutsche Versuche zu *Hamlet* (1920) und *Othello* (1922) als beeindruckende Meilensteine der frühen Shakespeare-Filmgeschichte anzuführen.[13] Zu den beispielhaften Verfilmungen nach 1945 zählen der *Hamlet* (England 1948), die bereits erwähnte US-Filmfassung des *Julius Caesar* (1953), die englisch-italienische Koproduktion von *Romeo and Juliet* (1968), der *King Lear* (England 1971) und die US-Fassung des *Hamlet* (1990), in der Mel Gibson den Helden unserem heutigen Selbstverständnis und weithin propagierten Lebensgefühl gemäß interpretierte: Gibson spielte einen entschlossenen und dynamischen Dänen-Prinzen. Nach dem Urteil der Fachpresse brauchte er den Ver-

---

13 Zum Werk Shakespeares in Film und Fernsehen vgl. Jack J. Jorgens, *Shakespeare on Film*, Bloomington 1977, oder Kenneth S. Rothwell and Annabelle H. Melzer, *Shakespeare on Screen – An International Filmography and Videography*, New York 1990.

gleich mit anderen herausragenden Hamlet-Darstellern unseres Jahrhunderts (Richard Burton, Peter O'Toole oder David Warner) nicht zu scheuen.[14] Schließlich gilt es die extrem moderne Version von *Romeo and Juliet* zu erwähnen (USA, 1996), die bei der Kritik und in der Öffentlichkeit nicht nur auf Zustimmung stieß. Abgerundet sehen sich die bisherigen Shakespeare-Verfilmungen durch den einfallsreichen und amüsanten Beitrag *Shakespeare in Love* (1998), der mit sieben Oscars ausgezeichnet wurde. Insgesamt mag die Einschätzung, Shakespeare habe für die künstlerischen Entwicklungsmöglichkeiten des Films mehr geleistet als das Medium selbst unter dem Aspekt qualitativer Werkadaptation und -transformation, nicht überraschen. – Es hat auch nicht an Versuchen gefehlt Shakespeares Stücke im Fernsehen für ein Massenpublikum einzurichten. Sie waren nur teilweise erfolgreich. Das gilt für die US-amerikanischen Bemühungen (1950–65) und die ehrgeizigen englischen Bestrebungen, alle 36 *Folio*-Stücke auszustrahlen (BBC, 1978 ff.). Die gelungene Realisation von vier Komödien – *Love's Labour's Lost, The Two Gentlemen of Verona, All Well That Ends Well* und *The Winter's Tale* – wurde hervorgehoben; daneben beeindruckten aber auch, und dies wurde besonders anerkannt, die Fernsehfassungen von *Othello, Henry VI, Henry IV* und *The Merchant of Venice*.[15]

Shakespeare und kein Ende. Er ist mit uns in ein neues Jahrtausend gegangen, offenbar in ungebrochener Aktualität. In der Schlussbetrachtung seiner Monographie dreht Alan Posener die häufig gestellte Frage nach der Zeitgenossenschaft Shakespeares um und fragt stattdessen: »sind wir noch Shakespeares Zeitgenossen«, und »wie ist es umgekehrt mit unserer Fähigkeit bestellt, uns auf Shakespeare und seine Welt einzulassen?«[16] In den zahlreichen Theater-Insze-

---

14 Adolf Heinzlmeier, *Mel Gibson – Schauspieler und Regisseur*, München 1996, S. 112.

15 Norrie Epstein, »Shakespeare and Television«, in: Epstein (Anm. 4), S. 523 ff.

16 Alan Posener, *William Shakespeare*, Reinbek bei Hamburg 1995, S. 126.

nierungen (pro Woche zwei Shakespeare-Premieren auf deutschen Bühnen), den jüngsten Filmerfolgen und Werkveröffentlichungen scheint sich die Frage von selbst zu beantworten. Jährlich erscheint eine große Zahl neuer wissenschaftlicher Publikationen. Danach ist auch für die Sprach- und Literaturwissenschaft das »Kapitel Shakespeare« noch lange nicht abgeschlossen. Die Prognose erscheint nicht allzu gewagt, dass Shakespeare die Menschen weiter beschäftigen und auch dieses Jahrhundert überstehen wird. – Mit gespannter Erwartung mag man unter diesem Aspekt auf die nahezu unbegrenzten Möglichkeiten der Medienentwicklung blicken. Ich habe keinen Zweifel, dass durch sie das Spektrum schöpferischer Auseinandersetzung mit Shakespeare um neue und interessante Varianten bereichert wird, ohne die lebendige Bühne je verdrängen zu können. Die Sorge, dass die technische Entwicklung unserer Zeit jeder beliebigen Art der Werkvereinnahmung Tür und Tor öffnen könnte, ist indes nicht von der Hand zu weisen. Durch sie wäre Shakespeare dann tatsächlich in der Gefahr, nicht nur primitiv ausgebeutet und nivelliert zu werden, sondern dabei sein Wertvollstes einzubüßen: die Schönheit seiner Sprache und den unendlichen Reichtum an Gedanken.

»By me William Shakespeare«. Testamentsunterschrift

V. Literaturhinweise

1. Ausgaben

Gesamtausgaben

The Oxford Shakespeare. Hrsg. von S. Wells und G. Taylor. Oxford 1986.

The Norton Shakespeare. Hrsg. von S. Greenblatt, W. Cohen, J. E. Howard, K. E. Maus. New York / London 1997.

Mehrbändige Ausgaben

The Pelican Shakespeare. Hrsg. von A. Harbage. Baltimore 1956 ff.

The New Penguin Shakespeare. Hrsg. von T. J. B. Spencer, Harmondsworth 1967 ff.

Einzelausgaben

Zweisprachige Reclam-Ausgaben

Romeo and Juliet / Romeo und Julia. Übers. und hrsg. von Herbert Geisen. Stuttgart 1979. (RUB 9942.)

A Midsummer Night's Dream / Ein Sommernachtstraum. Übers. und hrsg. von Wolfgang Franke. Stuttgart 1975. (RUB 7955.)

The Merchant of Venice / Der Kaufmann von Venedig. Übers. und hrsg. von Barbara Puschmann-Nalenz. Stuttgart 1975. (RUB 9800.)

Twelfth Night / Was ihr wollt. Übers. und hrsg. von Norbert H. Platz und Elke Platz-Waury. Suttgart 1976. (RUB 9838.)

Julius Caesar. Übers. und hrsg. von Dietrich Klose. Stuttgart 1976. (RUB 9816.)

The Sonnets / Die Sonette. Englisch und in ausgewählten deutschen Versübersetzungen. Hrsg. von Raimund Borgmeier. Stuttgart 1974. (RUB 9729.)

Hamlet. Hrsg., übers. und komm. von Holger M. Klein. Bd. 1: Text. Bd. 2: Kommentar. Stuttgart 1984. (RUB 8243 und 8244.)

Othello. Übers. von Berthold Bieker, Hanno Bolte, Dieter Hamblock, Theo Klamt und Reinhard Rahmlow. Hrsg. von Dieter Hamblock. Stuttgart 1976. (RUB 9830.)

King Lear / König Lear. Übers. von Raimund Borgmeier, Barbara Puschmann-Nalenz, Bernd Santesson und Dieter Wessels. Hrsg. von Raimund Borgmeier und Barbara Puschmann-Nalenz. Stuttgart 1973. (RUB 9444.)

Macbeth. Übers. und hrsg. von Barbara Rojahn-Deyk. Stuttgart 1977. (RUB 9870.)

The Winter's Tale / Das Wintermärchen. Übers. und hrsg. von Herbert Geisen. Stuttgart 1987. (RUB 8393.)

Englisch-deutsche Studienausgabe der Dramen Shakespeares. Hrsg. von A. Fischer, W. Habicht, E. Leisi, U. Suerbaum. Tübingen 1976 ff.

The New Folger Library Shakespeare. Hrsg. von B. A. Mowat und P. Werstine. New York 1992 ff.

The Signet Classic Shakespeare. Hrsg. von S. Barnet. New York 1963 ff.

2. Handbücher, Bibliographien

Schabert, Ina (Hrsg.): Shakespeare-Handbuch. Die Zeit – Der Mensch – Das Werk – Die Nachwelt. Stuttgart ²1978.

Wells, Stanley (Hrsg.): Shakespeare. An Illustrated Dictionary. Oxford ²1985.

– Shakespeare. A Biographical Guide. Oxford 1990.

3. Forschungseinrichtungen

Institut für englische Philologie der Ludwig-Maximilian-Universität München (Shakespeare-Bibliothek).

Deutsche Shakespeare-Gesellschaft (Herzogin-Anna-Amalia-Bibliothek Weimar).

4. Elisabethanisches Zeitalter und das Theater Shakespeares

Dodd, Arthur H.: Life in Elizabethan England. London 1961.

Greenblatt, Stephen: The improvisation of power. Renaissance Self-Fashioning: From More to Shakespeare. Chicago 1980.

Gurr, Andrew: Playgoing in Shakespeare's London. Cambridge 1987.

Guy, John A.: Tudor England. Oxford 1988.

Nette, Herbert: Elisabeth I. mit Selbstzeugnissen und Bilddokumenten. Reinbek bei Hamburg ⁵1999.

Randle, John: Understanding Britain. A History of the British People and their Culture. London 1986.

Suerbaum, Ulrich: Das elisabethanische Zeitalter. Stuttgart 1989.

Urry, William: Christopher Marlowe and Canterbury. London/Boston 1988.

Weiß, Wolfgang: Das Drama der Shakespeare-Zeit. Stuttgart/Berlin/Köln/Mainz 1979.

5. Gesamtdarstellungen, übergreifende Untersuchungen

Baumann, Uwe: Shakespeare und seine Zeit. Stuttgart 1998.

Bloom, Harold: Shakespeare. The Invention of the Human. New York 1998.

Boyce, Charles: Shakespeare: A to Z: The Essential Reference to His Plays, His Poems, His Life and Times, and More. New York 1990.

Bradbrook, Muriel: On Shakespeare. New Jersey 1984.

Brown, John Russell: Shakespeare's Dramatic Style. London 1970.

Clark, Sandra (Hrsg.): Shakespeare Dictionary. Lincolnwood (Ill.) 1996.

Dale, Vera K.: Shakespeare and the age that made him. Stuttgart 1994.

Dobson, Michael: The Making of the National Poet. Shakespeare, Adaption and Authorship, 1660–1769. New York 1992.

Epstein, Norrie: The Friendly Shakespeare. A Thoroughly Painless Guide To The Best Of The Bard. New York 1993.

Greer, Germaine: Shakespeare. Oxford / New York 1986.

Kott, Jan: Shakespeare Our Contemporary. New York 1974.
– Shakespeare heute. München 1980.

McLeish, Kenneth / Stephen Unwin: A Pocket Guide to Shakespeare's Plays. London 1998.

Michel, John: Who Wrote Shakespeare? London 1999.

Ogburn, Charlton: The Mysterious William Shakespeare: The Myth and the Reality. New York 1984.

Park, Honan: Shakespeare. A Life. Oxford 1998.

Posener, Alan: William Shakespeare. Reinbek bei Hamburg 1995.

Schoenbaum, Samuel: William Shakespeare: A Compact Documentary Life. Überarb. Ausg. Oxford 1987.

– Shakespeare's Lives. New York ²1991.

Taylor, Gary: Reinventing Shakespeare: A Cultural History, from the Restauration to the Present. New York 1989.

Vollmann, Rolf: Who's who bei Shakespeare? München ²1998.

6. Veröffentlichungen zu den erläuterten Werken

Romeo and Juliet

Gibbons, Brian: *Romeo and Juliet*. New York 1980.

Goldman, Michael: *Romeo and Juliet*: The Meaning of a Theatrical Experience. In: J. A. Bryant, Jr. (Hrsg.) The Signet Classic Shakespeare. New York 1998. S. 160–170.

Holderness, Graham: Shakespeare's *Romeo and Juliet*. Harmondsworth 1990. Penguin Critical Studies.

Jenkin, Leonard: William Shakespeare's *Romeo and Juliet*. New York 1997.

Leimberg, Inge: Shakespeare's *Romeo und Julia*. Von der Sonettdichtung zur Liebestragödie. München 1968.

Linnea, Sharon: William Shakespeare's *Romeo and Juliet*. New York 1984.

Novy, Marianne: Violence, Love, and Gender in *Romeo and Juliet*. In: J. A. Bryant (Hrsg.), S. 187–197.

Poppe, Reiner: William Shakespeare: *Romeo und Julia*. Hollfeld 2000.

Rolle, Dietrich: *Romeo and Juliet*. In: Literaturstudium. Interpretationen. Stuttgart 2000. (RUB 17513.) S. 99–128.

Schlösser, Anselm: Komplexe Wirklichkeit und Dialektik in *Romeo und Julia*. In: A. S.: Shakespeare. Analysen und Interpretationen. Berlin/Weimar 1977. S. 267–289.

Snyder, Susan: Beyond Comedy: *Romeo and Juliet*. In: J. A. Bryant (Hrsg.), S. 171–186.

Watts, Cedric: *Romeo and Juliet*. Boston 1991.

A Midsummer Night's Dream

Fender, Stephen: Shakespeare's *A Midsummer Night's Dream*. Studies in English Literature 35. London 1968.

Kermode, Frank: The Mature Comedies. Stratford-upon-Avon Studies 3. In: The Early Shakespeare. Hrsg. von John Russell Brown und Bernard Harris. London 1961.

Myers, Henry Alonzo: *Romeo and Juliet* and *A Midsummer Night's Dream*: Tragedy and Comedy. In: William Shakespeare: *A Midsummer Night's Dream*. Hrsg. von Wolfgang Clemen. New York 1987. S. 155–170.

Price, Anthony (Hrsg.): Shakespeare's *A Midsummer Night's Dream*: A Casebook. London 1983.

Warren, Roger: *A Midsummer Night's Dream*: Text and Performance. London 1983.

The Merchant of Venice

Barton, John: Exploring a Character: Playing Shylock. In: Playgoing Shakespeare. London 1984. S. 169–180.

Cohen, Derek: Shylock and the Idea of the Jew. In: Shakespearean Motives. New York 1988. S. 104–118.

Danson, Lawrence: The Harmonies of the *Merchant of Venice*. New Haven 1978.

Leggatt, Alexander: *The Merchant of Venice*: A Modern Perspective. In: The New Folger Library Shakespeare. New York 1992. S. 211–220.

Overton, Bill: *The Merchant of Venice*: Text and Performance. London 1987.

Schülting, Sabine: *The Merchant of Venice*. In: Literaturstudium. Interpretationen. Stuttgart 2000. (RUB 17513.) S. 129–155.

Twelfth Night, or What You Will

Berry, Ralph: Shakespeare's Comedies. Explorations in Form. Princeton (N. J.) 1972.

Engler, Balz: *Twelfth Night, or What You Will*. In: Literaturstudium. Interpretationen. Stuttgart 2000. (RUB 17513.) S. 273–287.

King, Walter N. (Hrsg.): Twentieth Century Interpretations of Twelfth Night: A Collection of Critical Essays. Englewood Cliffs 1968.

Leggatt, Alexander: Shakespeare's Comedy of Love. London 1974.

Nero, Ruth: Comic Transformations in Shakespeare. London / New York 1980.

Wells, Stanley (Hrsg.): *Twelfth Night*. Critical Essays. New York 1986.

Julius Caesar

Blits, Jan H.: Manliness and Friendship in Shakespeare's *Julius Caesar*. In: Interpretation 9 (1987) S. 155–167.

Green, Gayle: The Power of Speech to Stir Men's Blood: The Language of Tragedy in Shakespeare's *Julius Caesar*. In: Renaissance Drama 11 (1980), S. 67–93.

Hanke, Michael: *Julius Caesar*. In: Literaturstudium. Interpretationen. Stuttgart 2000. (RUB 17513.) S. 183–206.

Miles, Gary: How Roman Are Shakespeare's ›Romans‹? Shakespeare Quarterly 40 (1989) S. 257–283.

Kytzler, Bernhard: William Shakespeare: *Julius Caesar*. Dichtung und Wirklichkeit. Frankfurt a. M. / Berlin 1963.

Leggatt, Alexander: Shakespeare's Political Drama. The history plays and the Roman plays. London / New York 1988.

Neis, Edgar: William Shakespeare: *Julius Caesar*. Hollfeld [17]1994.

Rabkin, Norman: Structure, Convention and Meaning in *Julius Caesar*. In: Journal of English and Germanic Philology 63 (1964) S. 240–254. Revised and reprinted in: Shakespeare and the Common Understanding. New York 1967.

Thomas, Vivian: Shakespeare's Roman Worlds. London / New York 1989.

Traversi, Derek A.: Shakespeare: The Roman Plays. Stanford 1963.

The Sonnets

Bloom, Harold (Hrsg.): Critical Interpretations: Shakespeare's Sonnets. New York 1987.

Martin, Philip: Shakespeare's Sonnets: Self, Love and Art. Cambridge 1972.

Puschmann-Nalenz, Barbara: Loves of comfort and despair. Konzeption von Freundschaft und Liebe in Shakespeares Sonetten. Frankfurt a. M. 1974.

Shakespeare, William: Die Sonette. Zweisprachige Ausgabe. Neu übers. von Christa Schuenke. Mit einem Essay und Literaturhinweisen von Manfred Pfister. München 1999.

Vendler, Helen: The Art of Shakespeare's Sonnets. Cambridge (Mass.) 1997.

Hamlet

Alexander, Nigel: Poison, Play and Duel: A Study of *Hamlet*. Lincoln (Nebrasca) 1951.

Bevington, David (Hrsg.): Twentieth-Century Interpretations of Hamlet. Englewood Cliffs (N. J.) 1968.

Bolt, Sidney: Shakespeare: *Hamlet*. Harmondsworth 1985.

Calderwood, James L.: To Be and Not to Be: Negation and Metadrama in Hamlet. New York 1983.

Erzgräber, Willi (Hrsg.): *Hamlet*-Interpretationen. Darmstadt 1977.

Goldman, Michael: To be or Not to Be and the Spectrum of Action. Acting and Action in Shakespearean Tragedy. Princeton (N. J.) 1985.

– William Shakespeare: *Hamlet*. Stuttgart 1987.

Gurr, Andrew: Hamlet and the Distracted Globe. Edinburgh 1978.

Heilbrun, Carolyn: The Character of Hamlet's Mother. In: William Shakespeare: The Tragedy of Hamlet, Prince of Denmark. New York 1963. S. 265–274.

Höfele, Andreas: *Hamlet*. In: Literaturstudium. Interpretationen. Stuttgart 2000. (RUB 17513.) S. 238–272.

Kliman, Bernice W.: *Hamlet*: Film, Television and Audio Performance. Rutherford (N. J.) 1988.

Levin, Harry: The Question of Hamlet. New York / London 1959.

Mack, Maynard: The World of *Hamlet*. In: William Shakespeare: The Tragedy of Hamlet, Prince of Denmark. New York 1963. S. 234–256.

Mercer, Peter: Hamlet and the Acting of Revenge. London 1987. (Contemporary Interpretations of Shakespeare.)

Muir, Kenneth / Stanley Wells (Hrsg.): Aspects of *Hamlet*. Cambridge 1979.

Poppe, Reiner: William Shakespeare: *Hamlet*. Hollfeld ⁴1997.

Watts, Cedric: *Hamlet*. New York 1988. (Harvester New Critical Introductions to Shakespeare.)

Othello, the Moor of Venice

Adamson, Jane: *Othello* as Tragedy: Some Problems of Judgement and Feeling. Cambridge / New York 1980.

Greenblatt, Stephen: The Improvisation of Power. Renaissance Self-Fashioning. From More to Shakespeare. Chicago 1980.

Neumeier, Beate: *The Tragedy of Othello the Moor of Venice*. In: Literaturstudium. Interpretationen. Stuttgart 2000. (RUB 17513.) S. 288–316.

Rosenberg, Marvin: The Masks of Othello: The Search for the Identity of Othello, Iago and Desdemona by Three Centuries of Actors and Critics. Berkeley 1961.

King Lear

Adelman, Janet (Hrsg.): Twentieth Century Interpretations of *King Lear*. Englewood Cliffs (N. J.) 1978.

Elton, William R.: King Lear and the Gods. San Marino (California) 1966.

Neis, Edgar: William Shakespeare: *King Lear. Der Sturm*. 7., überarb. Aufl. Hollfeld 1998.

Reibetanz, John: The Lear-World: A Study of King Lear in Its Dramatic Context. Toronto 1977.

Rosenberg, Marvin: The Masks of King Lear. Berkeley 1972.

Stratmann, Gerd: *King Lear*. In: Literaturstudium. Interpretationen. Stuttgart 2000. (RUB 17513.) S. 317–342.

Taylor, Gary / Michael Warren (Hrsg.): The Division of the Kingdoms: Shakespeare's Two Versions of *King Lear*. Oxford / New York 1983.

Macbeth

Booth, Stephen: *Macbeth*, Aristotle, Definition, and Tragedy. *King Lear, Macbeth*. Indefinition and Tragedy. New Haven / London 1983.

Bremer, Horst: *Macbeth*. In: Literaturstudium. Interpretationen. Stuttgart 2000. (RUB 17513.) S. 343–368.

Brown, John Russell (Hrsg.): Focus on Macbeth. London/Boston 1982.

Calderwood, James L.: If It Were Done: *Macbeth* and Tragic Action. Amherst (Mass.) 1986.

Jorgensen, Paul A.: Our Naked Frailties: Sensational Art and Meaning in *Macbeth*. Berkeley 1971.

Rudorff, Wolfgang: William Shakespeare: *Macbeth*. Frankfurt a. M. ⁶1997. (Grundlagen und Gedanken.)

The Winter's Tale

Bethell, Samuel L.: *The Winter's Tale*. A Study. London 1947.

Hunt, Maurice (Hrsg.): *The Winter's Tale*. Critical Essays. New York 1995.

Orgel, Stephen: *The Winter's Tale*: A Modern Perspective. In: The New Folger Library Shakespeare. Hrsg. von Barbara A. Mowat und Paul Werstine. New York 1998. S. 257–272.

Traub, Valerie: Desire and Anxiety: Circulations of Sexuality in Shakespearean Drama. Darin: Jewels, Statues and Corpses: Containment of Female Erotic Power. London / New York 1992. S. 25–49.

6. Shakespeare in Film, Fernsehen und auf CD-ROM

Jorgens, Jack J.: Shakespeare on Film. Bloomington 1977.

Neuhaus, Joachim: Shakespeare DATABASE CD-ROM. Hildesheim 1994.

Rothwell, Kenneth / Annabelle H. Melzer: An International Filmography and Videography. New York 1990.

William Shakespeare: The Complete Works. Hrsg. von S. Wells und G. Taylor (CD-ROM). Oxford 1986.

7. Sonstige

Daiber, Hans: Deutsches Theater seit 1945. Stuttgart 1976.

Heinzlmeier, Adolf: Mel Gibson – Schauspieler und Regisseur. München 1996.

Frenzel, Herbert A.: Geschichte des Theaters. Daten und Dokumente 1740–1840. München 1979.

Mehl, Dieter (Hrsg.): Das englische Drama I. Düsseldorf 1970.

Melchinger, Siegfried: Geschichte des politischen Theaters. 2 Bde. Frankfurt a. M. 1974.

Münch, Paul: Lebensformen in der frühen Neuzeit. 1500–1800. Frankfurt a. M. / München 1996.

Popp, Helmut (Hrsg.): Theater und Publikum. München 1978.

Unger, Wilhelm: Wofür ist das ein Zeichen? Köln 1984.

Vossler, Karl: Südliche Romania. Leipzig 1950.

VI. Abbildungsnachweis